"十二五"国家重点出版物出版规划项目
国家新闻出版广电总局深入学习宣传贯彻党的十八大精神重点出版物

故事 我党好作风

与青少年谈优良传统

王树荫 张润枝 主编

温静 连欢 高斐 周翔 吴七慧 编委

中国青年出版社

1 启航

从苦难到辉煌，

3 新中国从这里走来

2 流亡·奋起·抗争

中国共产党90多年

5 中国"潮"：改革开放

4 我们的幸福生活

从启航到中国"潮",
五幅国家重大历史题材美术工程作品,
展现中国共产党90多年从苦难到辉煌的历程。
49个党的优良传统故事,
给当代青少年讲述从过去承传到现在的"我党好作风"。

前言
与青少年讲中国好故事：坚守和弘扬我党好作风

青少年是民族的希望、祖国的未来。

"青年兴则国家兴，青年强则国家强。"

"你们一定要注意系好人生的第一个扣子，第一个扣子系好了，衣服就顺了，第一个扣子系不好，衣服是这样的（歪斜的）。"

以习近平同志为总书记的党中央高度重视对党的历史和传统的学习、总结和运用。坚守和弘扬我党好作风，能够促使青少年坚定理想信念，锤炼优良作风，提高学习、工作和生活能力。

人生的扣子从一开始就要扣好。如何让青少年坚守和弘扬我党优良传统和作风？首先要让青少年了解党的优良传统和作风。

这就要求我们贴近实际、贴近生活、贴近青少年……因此，我们选择了跟青少年讲故事的方式，叙述和传习我党好作风。

弘扬我党好作风

"功崇惟志，业广惟勤。"理想指引人生方向，信念决定事业成败。没有理想信念，就会导致精神上"缺钙"，就会得"软骨病"。

如何帮助当代青少年坚定理想信念，为精神"补钙"呢？中国革命、建设和改革的历史是最好的教科书，中国共产党的优良传统和作风是最好的营养剂。

习近平同志强调，要把党的历史作为各级各类学校思想政治课的重要内容，开展形式多样的党的历史知识、光荣传统和优良作风、英雄模范事迹的教育，从小培养青少年热爱党、热爱祖国、热爱社会主义的感情极为重要，任何时候都不可忽视。

党的作风，即党风，是党的各级组织和广大党员在政治、思想、组织、工作、生活等各个方面的一贯态度和行为，是党的世界观在党的组织和广大党员行动中的具体体现。

党风和党性既有联系又有区别。党性属于思想和观念范畴，不能直接感知，必须通过一定的表现形式间接得知；党风则属于实践活动的范畴，人们随时随地都可以直接感觉到。党性决定党风，党风表现党性。

作风是世界观、人生观、价值观的外在反映。对一个政党来讲，作风反映着党的品格特征和精神风貌。无产阶级政党的党风具有鲜明的阶级性，最大特点和集中表现就是全心全意为人民服务，毫无自私自利之心，吃苦在前，享乐在后，以解放无产阶级以及全人类为历史使命。

党的作风是一个整体，相互影响、相互渗透、相互联系、相互促进，集中反映党的性质、宗旨和路线、方针、政策。

党风决定社会风气；继承了优良党风的青年一代更具有特别重要的意义。这是因为："青年是引风气之先的社会力量。一个民族的文明素养很大程度上体现在青年一代的道德水准和精神风貌上。"（习近平语）

因此，我们要在青少年中开展党史、革命史和国史的学习教育，深刻阐明学习和弘扬党的优良作风在其认识事物、明辨事理、走向社会、把握未来中的重要作用，增强党的作风建设的辐射力和影响力。

讲述我党好故事

如何让青少年坚守和弘扬我党优良传统和作风呢？先辈们的精彩故事、现实生活中的华丽篇章感动了我们,给青少年讲述"我党好作风"是一个很好的路径选择。我们认为,讲好故事要做到"三贴近":首先是思想上要贴近,要把"大道理"转化为青少年易于理解和接受的"小道理";其次是语言上要贴近,要善于把讲究精准的"文件语言"转化为明白易懂的"通俗语言";其三是对象上要贴近,要根据当代青少年的不同特点,选择宣讲的重点和方式……

中国共产党的作风可以分为思想作风、学风、领导作风、工作作风、生活作风等五个方面。为了使这本青少年读物更加具有唯实求真的科学精神、鲜明深刻的思想内涵、新鲜活泼的语言风格,更加具有说服力、吸引力和感染力,我们的认识理解和具体做法如下:

中国共产党作风的五个方面是一个整体,相互交融和渗透。为了叙述方便,从思想、学习、领导、工作和生活等五个方面分篇讲述我党好作风,在谋篇布局、确定材料和具体写作时根据情况和需要会有所侧重。

中国共产党90多年的历史,可以分为1921~1949年的新民主主义革命时期,1949~1978年的社会主义革命和建设时期,以及1978年以来改革开放新时期等三大时期。

党的好作风各个方面的讲述大致按历史顺序,必要时会有回溯和延伸。党的作风涉及的重要人物、事件、内容,大致一人、一事、一内容出一个条目,有的则是几个、多个人物、事件、内容合并成一个条目,尽量做到不遗漏重要的人物、事件、内容,注意到集体、人物、事件、内容等条目之间的比例。

书中目录采取主副标题格式,文体不求统一,要求轻盈、活泼、形象、生动,有文采、有内容为佳。主标题以虚,副标题为实,都要画龙点睛、题旨鲜明。每个故事尽量点面结合,或者是一个个故事串起来;或者是一条主线带动几个故事;或者是一个重点加几个一般;所谓一个人、一件事,也是由多个情节、多方面内容组成的。每个故事后面都有简短的"青春寄语",既是对故事的点评,也是与青少年共勉。不同故事可以有不同写法,不强求一律,尽量做到简明扼要、文笔清新、切中主题、富有启示。

本书的选材和写作将中国共产党历史和中国共产党建设理论相结合,力保著作的真实性、理论性和严肃性，不出现史实性错误。每个故事都用权威资料、最新材料，不会只有一件材料和孤证，做到多种资料的综合、考证、概括、提炼。

本书是故事书，有情节、有血肉，不只是言论骨架和理论条文，但不是戏说；本书是通俗读物，做到文笔生动、通俗易懂；本书也是学术著作和政治书籍，体现历史价值、教育意义和现实启示。

传播青春正能量

当代青少年生活在改革开放取得巨大成就的年代，没有经过艰苦岁月的磨炼。学习我党好作风，有利于帮助他们抵御拜金主义、个人主义、享乐主义的影响和浸染，培养与坚持求真务实、积极进取、艰苦奋斗、勤俭节约等优良作风。

"全国广大青少年，要志存高远，增长知识，锤炼意志，让青春在时代进步中焕发出绚丽的光彩。"习近平同志在第十二届全国人民代表大会第一次会议上的讲话中，如是寄语青少年。

"我党好作风"是中国共产党90多年来凝聚、积淀而成的宝贵精神财富，既有领袖人物的光辉事迹，也有普通党员的平凡业绩；既是全党集体智慧的结晶，也是每一个共产党员精神气质的缩影，具有强大的感召力和生命力。

"青年是标志时代的最灵敏的晴雨表，时代的责任赋予青年，时代的光荣属于青年。"今天，我们选择了给当代青少年讲述过去和现在的故事；明天，当代青少年将会为整个世界展现中国未来的故事……

正如习近平同志所言，为每个青少年播种梦想、点燃梦想，让更多青少年敢于有梦、勇于追梦、勤于圆梦，让每个青少年都为实现中华民族伟大复兴的中国梦增添强大青春能量。

这正是我们编撰本书的出发点和回归点。

目 录
CONTENTS

壹 为中华民族的伟大复兴而奋斗——中国共产党的思想作风 /1

1. 以马克思主义作为毕生的旗帜
　　——早期先进分子的思想抉择 /3
2. 为共产主义的信仰奋斗终身
　　——朱德、贺龙入党记 /8
3. 长征路上创史诗
　　——红军将士信念的力量 /14
4. "实事求是"走出中国道路
　　——从共产党人的座右铭到党的思想路线 /20
5. 一切反动派都是纸老虎
　　——共产党人必胜的信心 /25
6. 中华民族永远的丰碑
　　——为救国救民献身的英雄们 /31

7. 以鲜血凝铸"狱中八条"
　　——红岩烈士的最后嘱托　/37

8. 此生唯愿长报国
　　——人民科学家的爱国情　/42

9. 冲破"两个凡是"的思想禁锢
　　——真理标准问题大讨论　/48

10. 鞋子合不合脚，自己穿了才知道
　　——"走什么路"的历史接力棒　/55

贰　为有源头活水来——中国共产党的学习作风　/61

1. 从学习西方到"以俄为师"
　　——中共早期领导人的求学路　/63

2. 在斗争实践中学习
　　——走农村包围城市的革命道路　/69

3. 改造我们的学习
　　——延安整风运动的着力点　/75

4. 我们还将善于建设一个新世界
　　——在学习中探索执政经验　/80

5. 任重道远，修身治世
　　——陈云终身学习记　/87

6. 提高我们党的战斗力
　　——党的领袖研读马列经典记　/92

7. 问苍茫大地，谁主沉浮
　　——毛泽东的书卷人生　/98

8. 在游泳中学习游泳
　　——改革开放初期的"学习潮"　/104

9. "一把手"抓学习，每个党员爱学习

  ——建设马克思主义学习型政党　/110

10. 历史是最好的教科书

  ——执政党继往开来的必修课　/117

叁　只见公仆不见官——中国共产党的领导作风　/121

1. 老骥伏枥，志在千里

  ——延安"五老"的优良作风　/123

2. 没有调查就没有发言权

  ——调查研究的光辉典范　/129

3. 从善如流集众思

  ——张闻天的民主作风　/135

4. 三省吾身方知病，惩前毖后乃知行

  ——批评与自我批评的"秘密武器"　/140

5. 从百战沙场走进十里洋场

  ——人民的好市长陈毅　/146

6. 国家领导人更不能搞特殊

  ——老一辈革命家大公无私的故事　/152

7. "这条新路，就是民主"

  ——中国共产党人践行民主的历史足迹　/159

8. 用好的作风选人，选作风好的人

  ——干部选拔任用的路线和标准　/165

9. 俯首甘为孺子牛

  ——基层干部的优秀代表孔繁森、郑培民、杨善洲　/171

10. 亲民、务实、节俭

  ——"八项规定"迎来执政新风　/177

肆 "人民"成为心中最重要的词——中国共产党的工作作风　/183

 1. 为人民服务
   ——中国共产党人工作的出发点与归宿　/185

 2. 自带干粮去办公
   ——苏区干部好作风　/191

 3. 自己动手，丰衣足食
   ——八路军三五九旅开垦南泥湾　/196

 4. 进京赶考
   ——从"革命"走向"执政"之路　/201

 5. 平凡中的伟大
   ——县委书记焦裕禄的"公仆"作风　/206

 6. 像春蚕那样吐完最后一根丝
   ——人民的好总理周恩来　/212

 7. 巾帼不让须眉
   ——岗位尖兵李素丽与宋鱼水的模范事迹　/217

 8. 他们，感动中国
   ——医界楷模吴孟超和钟南山的仁爱之心　/223

 9. 人民利益至上
   ——"八个坚持、八个反对"践行记　/229

 10. 照镜子 正衣冠 洗洗澡 治治病
   ——全党开展群众路线教育实践活动　/235

伍 为官清正，做人清白——中国共产党的生活作风　/241

 1. 红米饭，南瓜汤，金丝被儿盖身上
   ——井冈山上的艰苦生活　/243

2. 激情燃烧的岁月

  ——宝塔山下的延安新生活 /249

3. 霓虹灯下的哨兵

  ——南京路上好八连 /254

4. 只做平凡事,皆成巨丽珍

  ——雷锋的"一颗螺丝钉"精神 /259

5. 降工资,减口粮,吃野菜

  ——三年困难时期的共和国领袖 /264

6. 以身许国埋名大漠,二十八载两地相思

  ——邓稼先和许鹿希的传奇人生 /269

7. 即使翅膀断了,心也要飞翔

  ——"当代保尔"张海迪 /275

8. 常修为政之德,常思律己之心

  ——新世纪的"时代先锋" /280

9. 实干兴邦,从自身做起

  ——"六项禁令"传递正能量 /285

后记 /291

附录 本书获得授权使用的油画、国画画家简介 /292

壹

为中华民族的伟大复兴而奋斗
——中国共产党的思想作风

> 别梦依稀咒逝川，故园三十二年前。
> 红旗卷起农奴戟，黑手高悬霸主鞭。
> 为有牺牲多壮志，敢叫日月换新天。
> 喜看稻菽千重浪，遍地英雄下夕烟。

1959年，66岁的毛泽东回到阔别已久的故乡。触景生情，回首往事，他写下这样的诗句，表达了对故乡的深情，更高亢地赞美了中国革命者的精神和斗志。

胜利的果实来之不易，在马克思主义指导下的中国共产党，使中国革命的面貌焕然一新。

共产主义的远大理想，革命必胜的坚定信念，实事求是的科学态度，乐观向上的革命风貌和勇往直前的精神状态，既是中国共产党克敌制胜的重要法宝，也是党的思想作风的突出体现。

2014年9月30日，在国务院举行的庆祝新中国成立65周年的招待会上，习近平同志提出："用共同理想信念凝聚民族意志，用中国精神激发中国力量，动员全体中华儿女共同创造中华民族新的伟业。"

"长风破浪会有时，直挂云帆济沧海。"在历史新阶段，继承和发扬党的优良作风，求真务实，开拓创新，无论是风和日丽，还是云谲波诡，中华民族伟大复兴的梦想一定会实现！

《启航:中共一大会议的召开》,何红舟、黄发祥绘

1 以马克思主义作为毕生的旗帜
——早期先进分子的思想抉择

近代以来,无数爱国志士和知识青年在寻找救国救民的真理的过程中,一度崇尚资产阶级民主主义或空想社会主义。

"那时的思想,受长期禁锢,像小脚女人把脚裹住,放开以后,不知怎么走路,有倒的,有歪的,也有跌跤的。那时是百家争鸣,各种思潮都有。"一些先进分子也曾"隔着纱窗看晓雾"。

经过反复比较,最终从俄国十月社会主义革命成功中看到了希望,马克思列宁主义开始在中国广泛传播。1921年7月,马克思主义和中国工人运动相结合,中国共产党应运而生。

中国共产党自诞生之日起,就把马克思列宁主义作为行动指南,写在了自己的旗帜上。

中国向何处去

1840年鸦片战争爆发后,中国逐渐沦为半殖民地半封建社会,一批先进的中国人开始了"中国向何处去"的理论探索和道路选择。

从"师夷长技以制夷",到"中学为体,西学为用",再到资产阶级改良主义，中国人付出了几十年的艰辛，向西方国家寻找真理，渴望找到一种从根本上摆脱落后挨打、挽救危亡的主义、学说。

但是，"先生总是欺负学生"，帝国主义的肆意侵略打破了中国人向西方学习的迷梦。中国的先进分子认识到，唯有通过流血革命，改变旧制度，才能拯救中国。19世纪末20世纪初，以孙中山为代表的资产阶级革命派登上了历史舞台。

1894年10月，孙中山怀揣着革命理想，以振兴中华为己任，远涉重洋来到檀香山。少年时期的他曾两次来过这里，那时是为了生计投奔哥哥，这一次却是为了救国救民。到檀香山后，他四处联系华侨同胞，宣传革命思想。

经过一个月的奔波，孙中山终于在这里创立了中国第一个资产阶级革命团体——兴中会。在兴中会秘密宣誓仪式的誓词中，他鲜明地提出了"驱除鞑虏，恢复中华，创立合众政府"的行动纲领。

孙中山曾说，什么是主义？主义就是一种思想、一种信仰、一种力量。以兴中会为起点，孙中山逐步将自己的政治理念发展成为包括"民族、民权、民生"的三民主义。在三民主义的引导下，辛亥革命最终爆发，结束了统治中国两千多年的封建专制制度，建立了中华民国。

但辛亥革命的胜利果实最后被北洋军阀袁世凯窃取，国家独立富强无望，人民没有民主权利，百姓仍然民不聊生。辛亥革命成了"一朵不结果的花"。事实证明，三民主义救不了半殖民地半封建社会的中国。中国进步的闸门虽已开启，但艰辛的探索还将继续。

开启思想解放的闸门

1848年，年轻的马克思和恩格斯发表了具有划时代意义的巨著——《共产党宣言》。但中国人直到50年之后，才第一次看到马克思这个名字。

1899年的一天，上海的《万国公报》首次提到了马克思和他的学说。之后，梁启超、朱执信等人也对马克思主义做过简单的介绍。但他们都把马克思主义作为西方的一个学术流派来对待，马克思和他的学说在当时的中国并没有产生广泛的影响。

1915年9月15日，陈独秀在上海创办《青年杂志》。1916年9月1日出版第二卷第一号，改名为《新青年》。《新青年》一创刊，就高举起民主和科学（"德先生"和"赛先生"）两面大旗，向封建主义发起了猛烈的进攻。

陈独秀在《新青年》的发刊词《敬告青年》中，提出政治民主、信仰民主、经济民主、社会民主、伦理民主，以及用科学与理性认识事物等观点，号召青年人"战胜恶社会，而不可为恶社会所征服"。

这一年的年底，北京大学校长蔡元培在看了一沓《新青年》后，决定聘任陈独秀到校任教。面对比自己小12岁的陈独秀，蔡元培表现出了非同一般的耐心与宽容，大有当年刘皇叔"三顾茅庐"邀请诸葛亮之风。他不止一次来到陈独秀的寓所，坐在凳子上静静地等待陈独秀醒来。

面对蔡元培的盛情，陈独秀说，来北大可以，但我的《新青年》怎么办？蔡元培说，带到北京来一起办。

1917年初，《新青年》迁到北京，从此登上了全国舞台。《新青年》摒弃文言文，运用白话文，举起了"文学革命"的大旗；也进入了社会革命领域，提倡科学与民主，反对愚昧与专制；提倡新道德，反对旧道德。十月革命后，《新青年》成为五四运动的号角，成为传播马克思列宁主义、宣传反帝反封建思想的阵地。

马克思主义成为新思潮的主流

列宁说："没有革命的理论，就不会有革命的运动。"动荡不安的中国，民族生存的危机，被动挨打的困境，国人迫切需要迅速找到一种思想武器，一个救国救民的主义，以救亡图存。

十月革命一声炮响，给中国送来了马克思主义。先进的知识分子以高昂的革命热情，开始传播马克思主义。正如毛泽东所说："十月革命帮助了全世界的也帮助了中国的先进分子,用无产阶级的宇宙观作为观察国家命运的工具,重新考虑自己的问题。"

1918年1月,时任北京大学图书馆主任的李大钊加入了《新青年》编辑部。作为中国最早接受马克思主义的人,他利用北大图书馆的优越条件,一面深入学习、研究、宣传马克思主义,一面到师生和群众中去从事革命活动。

从1918年7月到11月,李大钊先后发表了《法俄革命之比较观》《庶民的胜利》和《布尔什维主义的胜利》等文章和演说。他宣称:人民是推动历史前进的主力,而一切历史的残余——皇帝、贵族、官僚、军国主义和资本主义,都要被群众的革命巨流彻底摧毁。"以俄为师"——李大钊代表了当时中国先进知识分子的思想抉择和前进方向。

五四时期中国形成了先进知识分子群体,他们中有李大钊、陈独秀、毛泽东、李达、李汉俊、杨匏安、瞿秋白、赵世炎、恽代英、蔡和森、周恩来、邓中夏、董必武、陈潭秋、向警予、何孟雄等。

从1918年初到中国共产党成立前夕,在《新青年》《每周评论》等各种刊物上发表的马克思主义经典著作和介绍马克思主义学说的文章就有三百余篇。经过与各种非马克思主义思潮的论争,马克思主义逐渐成为新思潮的主流,研究、宣传马克思主义已经成为不可抗拒的时代潮流。

1918年春,毛泽东在他的家乡湖南集合了一群志同道合的青年,创办了"新民学会",探求改造中国的道路。随着十月革命和五四运动的影响在中国迅速扩大,毛泽东受到马克思主义及各种社会主义观点的影响,逐渐从资产阶级民主主义者转变成为马克思主义者。他认为,要改造旧中国,一定要另辟道路,另造环境;而要开辟新路,首要的就是同志中要有一种"主义"的结合。

1920年11月25日,毛泽东在给新民学会会员罗章龙的信中说,要改造中国的坏空气,"固然要有一班刻苦励志的'人',尤其要有一种为大家共同信守的'主义',没有主义,是造不成空气的"。

还说:"要变为主义的结合才好。主义譬如一面旗子,旗子立起了,大家才有所指望，才知所趋赴。"

中国的先进分子经过反复比较，最终选择了马克思主义作为自己的毕生信仰，从激进民主主义者向具有初步共产主义思想者转变，中国革命的面貌从此焕然一新。

> **青春寄语**
>
> 旗帜是形象，旗帜也是方向。旗帜凝聚力量，旗帜引领未来。
>
> 中国共产党靠什么让中国革命的星星之火发展成了燎原之势，赢得了新民主主义革命的最终胜利？
>
> 中国共产党又是靠什么把一个8668万人的大党凝聚起来，成为领导中国特色社会主义事业的核心力量？
>
> 是靠马克思主义！它是我们立党立国的根本指导思想，是我们认识世界、改造世界的强大思想武器。
>
> 有了马克思主义的指导，我们就有了正确的方向，就能在中国特色社会主义道路上不断前进。

2 为共产主义的信仰奋斗终身
——朱德、贺龙入党记

在中国共产党一路前行的历史征程上，有阳光普照、高歌奋进，也有白色恐怖、腥风血雨；充满了太阳初升般的希冀，也屡有曲折坎坷面前的彷徨。

在中国近百年沧桑荣辱之中，有这样一些人：他们在迷惘中追寻自己的政治信仰，在打压中坚守自己的政治立场，在威逼利诱中坚定自己的政治方向，守得云开见月明之时，却淡然处之，依旧呕心沥血苦苦思索着前进的方向。

这些追求光明，向往革命，在中国共产党处于低迷时期依然秉持着共产主义理想信念的人们，始终与党站在一起。

朱德和贺龙，便是其中的杰出代表。

路漫漫其修远兮，吾将上下而求索

1886年12月1日，朱德出生在四川仪陇琳琅寨一个佃农家庭中，平时必须十分节俭才能勉强维持家中11口人的生活。为了改变贫穷、受欺辱的现状，朱德在恩师刘寿川的支持下，只身踏上了救国救民的从军之路。

在云南讲武堂，朱德结识了蔡锷。他常常到蔡锷的办公室阅读各地的报纸和进步书籍，并与蔡锷探讨治军思想。

1911年5月，朱德被蔡锷任命为新军的协统，相当于旅长的职务。此后，朱德在辛亥革命、护国战争、护法战争中立下了赫赫战功，被授予陆军中将军衔。他先后担任云南陆军宪兵司令官、云南警务处长兼昆明警察厅长等职，一路仕途坦荡，节节高升。

一般而言，当时，像朱德这样的地位的将领，可以拥有的资财足够他享受上等人的生活。在别人看来，作为川滇名将的朱德已是功成名就，前途一片大好。

但当时的朱德常常忧虑苦闷。因为，每一次战争的结束都没有带来他所希望看到的国强民富，而依然是军阀混战，民不聊生。于是，朱德开始了不断探求新道路的历程。

1922年，朱德在上海见到了仰慕许久的孙中山。孙中山以十万大洋作为军饷，恳请朱德重回滇军。朱德谢绝了孙中山的提议。残酷的社会现实让他明白，靠军阀打军阀来获得反帝反封建斗争的胜利是不可能的。朱德表示："我愿意到欧洲去。听说社会主义在欧洲最强大，很得人心。去研究这个新的革命理论和运动，也许对我们中国革命会更有好处。"从此，朱德踏上了追寻社会主义的道路。

1896年3月22日，贺龙出生在湖南省的一户贫农家庭，祖孙三代11口人。贺龙的父母只有趁着农活清闲的时候，在外做些缝缝补补的活计补贴家用，才能勉强度日。

当时，国内陷入了连绵不断的军阀混战，人民的生活处于水深火热之中。面对这样的现实，贺龙很苦闷，时常在琢磨，中国的出路到底在哪里？贺龙曾对好友刘达五说："孙中山是个伟人，我一直是对他敬佩的。可是，经过两三年在四川打仗，我有点想法，依我看，孙中山很多次出兵作战，都是正义的。照理说，正义应该得胜嘛，毛病就出在他依靠的还是军阀队伍。这帮人有奶便是娘……早晚是靠不住的。"

1921年下半年，贺龙的两位同学就革命的出路问题展开了激烈的争论。一位同学认为，吸取俄国十月革命的经验，走社会主义道路更符合当时外有帝国主义侵略、内有封建军阀混战的国情。贺龙问道："世界上有没有领导和实现社会主义的政党？"当得知"俄国有个布尔什维克党，全世界有个总的国际党"时，贺龙连忙追问："中国有没有共产党？"

与同学的交流使贺龙的思想发生了极大的转变。这也是他第一次接触马克思主义。他对这种主张没有剥削压迫、人人自由平等的学说表示出了极大的兴趣。1924年起，贺龙开始阅读《向导》等宣传共产党信仰及主张的进步书籍，不由得感叹道："看来只有找到共产党，革命才有办法！"贺龙参加革命的思想火花被点燃了，加入中国共产党的愿望越来越强烈。

人生贵有胸中竹，经得艰难考验时

1922年7月，朱德在挚友孙炳文的陪同下去见李大钊。可此时李大钊已经去南方了，两人商量后，决定立即动身拜访居住在上海的陈独秀。

但是，当得知这位远道而来的客人是一个在滇军中"混"过十多年，并且是位及旅长的"军阀"时，陈独秀不客气地拒绝了他："像你这样身份的人，要经过长时间的学习和真诚的申请，再经过长期的锻炼和考验，共产党才会接受。我奉劝你不要加入共产党，还是回到旧军队里去。那样对革命和自己都会有好处的。我看你是典型的军人，不适合搞政治。"

朱德十分难过。他怎么也想不明白，自己历尽磨难想要脱离旧阵营，甚至可以把生命奉献给共产主义事业，为什么会遭到拒绝。他备受煎熬，彻夜难眠。他的好友劝他："党，一时入不了，不要紧。我们还可以去争取！你已经迈出的这只脚，应该一直朝前走，不能退回去！"朱德说："我有生以来一直都是朝前走的，从未后退过！"

这一次的挫折并没有打消朱德想要加入共产党的信念。在远赴欧洲的旅途中，朱德如饥似渴地阅读马克思主义著作，更加坚定了加入中国共产党，向党靠拢的决心。朱德说："我一定要争取成为共产党员。今年不行，明年；一年不行，两年，三年。"

9月初，朱德在德国柏林见到了共产党旅欧支部的主要领导人周恩来。朱德讲起了他的经历，并要求加入中国共产党，无论党让他做什么都可以。朱德的经历和不懈追求的精神深深打动了周恩来，表示愿意介绍他入党。

1922年11月，经中共中央批准，朱德终于成为一名中国共产党党员。那一年他36岁。

同为旧军队高官的贺龙入党经历也十分曲折。他曾回忆说："有的材料写着我七十次找党，算上历次的要求，我也记不清楚了，没有七十次，恐怕也有几十次吧！"

早在1926年8月，贺龙诚恳地向周逸群表示愿意接受党的考验和培养，希望早日成为中国共产党的一员。但是，碍于贺龙是国民党高级将领的身份，入党的事被搁置了。周逸群安慰他说："共产党是不关门的，只要够条件，时机一到，一定会有人找你。"

党的考验不仅有红旗招展、歌声嘹亮，更有千难万险、生离死别。在蒋介石、汪精卫发动反革命政变，大肆逮捕和屠杀共产党员的危难时刻，一些号称革命家的人退缩了。报纸上每天都有人刊登启事或声明，宣布脱离中国共产党。而贺龙拒绝了国民党抛来的中央委员、江西省主席、一栋位于南京的大洋楼等巨大诱惑，表达了跟共产党走到底的坚定决心。

1927年8月1日，南昌起义爆发，打响了武装反抗国民党反动派的第一枪，贺龙担任总指挥。当起义军南下至瑞金时，贺龙光荣地加入了中国共产党，实现了平生最大的夙愿。

当天，贺龙怀着无比激动的心情召集官兵开会说："过去我们所作所为，无非就是打富济贫，扶弱抑强，替穷苦百姓平冤出气，但干不出么子名堂。现在我知道，共产党的共产主义就是为了消灭人剥削人、人压迫人的万恶社会，进而建立共产主义的美好社会。这个远大目标我非常向往……向往，就是要争取加入到中国共产党里来。当一个中国共产党员可不是很容易的，是要经得起考验的，我就考验了整整三年！"

亦余心之所善兮,虽九死其犹未悔

贺龙入党前,曾有人问他:"现在国民党一统天下,势大力强,你当过军长,可以大有所为。当共产党落个啥,脱下将军服穿粗布衣,脱下皮鞋穿草鞋,图什么?"

贺龙在入党后向全体官兵宣讲时说,没有剥削、没有欺侮的美好社会只有在共产主义社会才能实现,只有在共产党的领导下才能实现。正因如此,贺龙一次次要求加入共产党,并把自己辛苦经营十年的军队交给党。

贺龙坚定地表示:"就是把我脑壳砍了,我也要跟共产党走到底!"他坚信心中的理想一定能实现,坚决拥护党的各项决定。

1937年7月,抗日战争爆发。贺龙被任命为国民革命军第八路军一二〇师师长。起初,大部分官兵对穿国民党军队服装的抵触情绪很大。他们不理解建立抗日民族统一战线、发动全民族抗战的伟大意义。贺龙对战士们说:"国民党的帽子我戴过,国民党的官服我穿过,因为国民党叛变革命,我痛恨它,不穿了!今天国难当头,为了共同对付日本帝国主义,我愿意带头穿上灰军服,戴上白帽徽。别看我们外表是白的,可心是红的,永远是红的!"听完贺龙的话,战士们放下了心里的包袱,顺利地换了装。

朱德加入中国共产党时,同样受到了很多人的质疑:"共产主义是穷人的主义,共产党是穷人的党。你为啥跟着他们走呢?"那时朱德是名将,生活条件优越。但是朱德用行动回答了质疑,义无反顾地为了解救生活在水深火热中的同胞们,与洋房、名利缠身的旧社会彻底决裂。

朱德对共产主义的热爱还体现在对子女的严格教育上。朱德要求子女踏实工作,奋斗在工作的第一线;要求他们贴近群众、勤俭节约、热爱劳动。朱德反复叮嘱子女:"我不要孝子贤孙,要的是革命事业接班人。"

朱德病重时,甚至连一句完整的话都无法说出口,但当孙女赶来看他时,他断断续续地说:"我们的大学生来了……"接着他说:"要做……无产阶级……"

为中华民族的伟大复兴而奋斗
中国共产党的思想作风

他想告诉孙女要做无产阶级革命事业的接班人,可他再也没能把这句话说完。这是他一生中说的最后一句话。朱德的一生都在实践入党誓词:"终身为党服务,做军事运动。"

青春寄语

中国革命的胜利和新中国的诞生,是由每一位共产党人"砍头不要紧,只要主义真"的斗志和决心铸造的。

朱德和贺龙入党的故事告诉我们,当我们坚定了共产主义信仰时,地位、名誉、利益都不足以成为前进道路上的绊脚石。唯有理想、信仰才是鞭策我们前进的动力源泉。

在今天这样一个价值多元的年代,理想、信仰依然崇高,金钱、权力并不能代表人生真正的价值。只有理解了信仰作为鼓舞我们不断前行的精神号角和人生最高追求的重要意义,才能明了我们的先辈为什么甘愿牺牲自己的一切,包括生命。

习近平同志说,要坚定理想信念,坚守共产党人精神追求,始终是共产党人安身立命的根本。对马克思主义的信仰,对社会主义和共产主义的信念,是共产党人的政治灵魂,是共产党人经受住任何考验的精神支柱。形象地说,理想信念就是共产党人精神上的"钙",没有理想信念,理想信念不坚定,精神上就会"缺钙",就会得"软骨病"。

3 长征路上创史诗

——红军将士信念的力量

1934年10月10日晚,中央红军五个军团连同后方机关共8.6万余人,从福建长汀、宁化和江西瑞金、雩都出发,开始了战略大转移。

在两年的时间里,中国共产党领导的工农红军战胜了异常恶劣的自然环境和数十万国民党军队的围追堵截,历尽艰难险阻,保存了骨干力量,最终胜利会师陕北,使中国革命转危为安。

据不完全统计,红军长征途中,历经重要战役、战斗约120次,共歼敌40个团,击溃敌军数百个团。其中,红一方面军行军2.5万里,跨越11个省;红二方面军行军1.8万里,途经8个省;红四方面军行军1.3万里,途经3个省。

红军将士在革命事业必胜的信念支撑下,历尽艰辛,创造了无可比拟的辉煌业绩,谱写了一篇凝刻历史、激励人心的雄伟乐章。

血战湘江:红色长征是鲜血染成的

1934年11月中旬,中央红军成功地突破了国民党军在赣南、湘粤边、湘东南的三道封锁线,进入"湘桂走廊"。蒋介石为了消灭红军,调集大量兵力,构筑了第四道封锁线。

11月25日,中革军委下达了抢渡湘江的命令。但携带大量辎重的部队行军迟缓,到了27日,只有部分部队渡过了湘江,中央纵队和一些伤病员以及所有辎重都还没有渡江。蒋介石借着红军被分隔在湘江两岸的时机,下令一面夹击已经渡江的红军,一面堵击还未过江的红军。

许多战士在构筑工事的过程中,被炮弹、炸弹声震得耳鼻直流血,昏倒在地。在这场白热化的战斗中,红军战士没有先进的武器,用血肉之躯顽强地抵挡住了敌人飞机大炮的狂轰滥炸,打垮了敌军一次又一次的进攻。最终,中央红军成功渡过湘江,突破了敌人的封锁线。

湘江战役虽然取得了成功,却付出了惨重的代价,无数红军将士牺牲在了湘江两岸。红五军团和少共国际师损失惨重,红八军团全军覆没,红三十四师大部分同志牺牲。湘江之战后,中央红军人员折损过半,减至三万余人。

几十年之后,湘江边上李家村的一位老人回忆说:"我帮助掩埋红军遗体,埋了整整三天三夜……"

1986年,老红军战士、部队作家陈靖将军重走长征路时,在全州写下了"血染十里溪,三年不食湘江鱼,河底遍尸体……"的悲壮诗句。

过草地:钢铁是这样炼成的

参加过长征的老红军都说:"没过草地路,难知长征苦!"老百姓则说:"自古到今朝,看到有鸟儿进去了,还没有见风儿送出一片羽毛。"张闻天的夫人刘英回忆说,红军过草地牺牲最大,走出草地后,"我觉得是从死亡的世界回到了人间"。

1935年8月21日,红军分别从卓克基和毛儿盖两路出发进入草地。由于草地处于青藏高原与四川盆地过渡的特殊位置,所以终日被迷雾覆盖,身在其中难以辨别方向,很容易迷路。草丛里到处都是积水和沼泽,很难看清道路。气候更是变幻莫测，恶劣异常。

　　经历过的老红军回忆说，在过草地的时候，由于天气阴冷，从衣服到脚都是湿漉漉的。好不容易到了宿营地，却发现地面和柴草也是湿的，根本没法睡觉，浑身上下都是冷冰冰的。

　　还有一些草甸特别不好分辨，看着挺厚的，结果下面却是个害人的陷阱，一旦战士掉进去，转眼工夫，救他的战士也会跟着掉下去……夜晚特别冷，露营时，落队的同志只能三五个人一起互相靠着休息。翌日，收容队的同志去叫醒他们时，却发现他们的身体早已变得冰冷僵硬，这些战士就这样安详地离开了这个世界。

　　过草地最艰难的事莫过于粮食匮乏。由于没有食物，大家只能吃一些树皮和野菜。但走在前面的战士还能靠这些充饥，后面的战士就真的没有能吃的了，最后没有办法就吃皮带，甚至粪便里未消化的青稞粒都用来维持生命。很多战士因此牺牲在了草地上。

　　朱德发现掉队和牺牲的同志不断增多，就把自己的坐骑杀了分给大家当食物；贺龙专门组织党员开展"尝百草"活动，由党员首先尝吃不同的野草，然后把没有毒性的野草分给大家。不少党员在这个过程中牺牲了。

　　面对不断增加的伤病员，贺龙命令各部队："不管多么难，都不许丢掉伤病员。活着的人只要有一口气，就要抬着他们走！"很多倒下的战士为了不拖累战友们，就躺在地上用草盖住脸，主动放弃了被收容的机会，让走过身边的战友以为他们已经牺牲了。死亡人数愈来愈多，牺牲战士的尸体源源不断地连成线，标记出一条自然的行军路线。

　　在这样严酷的情况下，红军官兵以钢铁般的意志和革命乐观主义精神，一步步走出了草地，走向了辉煌。许多党员干部，不顾长途转战之苦，坚持写日记，字字句句都饱含了对明天的渴望和期许。

　　长征途中，谢觉哉带着一枚"中华苏维埃共和国内务部"印章。谢老在过草地时不惜扔掉防寒的毯子，却始终把印章挂在脖子上，并把它完好无损地带到了陕北。他说，因为这印章就是红色政权的象征。

解放脚：女战士走出光明路

在漫漫的长征途中，还有许多女战士。

她们每个人都有任务：有的人负责做军衣军服，往前方送粮食和弹药，往后方送战利品；有的人担负作战任务；还有的人帮助通信、宣传、筹粮筹款、做群众工作等等。

据不完全统计，参加长征的女战士，红一方面军30人，红二方面军18人，红四方面军两千余人。

行军过程中条件极差，很多女兵的身上生满了虱子，十分难受。有的女兵干脆剃去了头发，省去了捉虱子的麻烦，平时就把帽子戴在头上。由于过雪山时极寒的刺激，她们中的有些人打乱了生理周期，导致绝经的发生。有些待产的女兵只能在极其恶劣的环境下分娩，落下了终身疾病。

还有一些人，因为艰难的战争环境不能带着婴儿上路，无奈只能把刚出生的婴儿留在了出生地，这包括毛泽东的夫人贺子珍。

长征时，贺子珍被安排在了中央红军干部休养连。她本来身体底子就不好，又加上有身孕，气色特别不好，脸色煞白，行走比较困难。但她从来不接受特殊照顾，紧紧地跟着大部队。

有天下午，正当部队快步通过贵州的一个村子时，大家突然发现贺子珍脸色很难看，疼痛难忍。"要生了！"于是，在休养连党总支书记董必武的指挥下，贺子珍被抬到路边一间十分简陋的窝棚里，由随队的李治医生负责接生。

就在此时，后面却传来了敌我交火的打枪声。敌人马上就要追上来了，董必武焦急万分。只见，窝棚上方一架敌机呼啸而过，同时有炸弹在距窝棚几百米的地方爆炸了。就在爆炸声响起的时候，窝棚里传出了婴儿的啼哭声，是个女孩！

婴儿边哭闹着边摇动着小手。大家连忙用白布把她包裹起来，因为当时连一件像样的衣服都找不到。董必武写了张纸条，找出几十块银元，一起放到了孩子的包裹里。

纸条的大致意思是：我们要出发去打王家烈（贵州军阀），行军不能带着孩子，这个孩子就寄养在你家，送给你做孙女吧。

贺子珍向董老点头示意，嘴角露出了一丝苦涩的微笑。于是，她躺在担架上，跟随行军的队伍一起出发了。

女兵杨厚珍是当时中央机关合作社的主任。她在很小的时候就被裹过足，在长征途中，她硬是踩着那双血迹斑斑、伤痕累累的小脚，和其他同志一道行走在崎岖的山路上，克服了常人难以忍受的苦痛。同志们让她坐担架，但每次都被她拒绝了。她说："哪怕是爬，我也要和同志们一起前进。"

就是靠着这样一双"解放脚"（缠过足的小脚被放开后称之为"解放脚"），杨厚珍艰难地从瑞金一直走到了陕北。

红军长征中的女战士，靠着这样的牺牲精神和坚定信念，不管是爬极寒的雪山，还是过地狱般的草地，或是吃无法下咽的野草，嚼坚硬粗糙的树皮，她们和男同志一样，风餐露宿，日晒雨淋，克服了严重缺少粮食衣被带来的饥饿寒冷，战胜了长途跋涉带来的体力严重透支，忍受了缺医少药造成的伤病痛苦，硬是以顽强的毅力走完了迢迢长路，走出了一条通向光明的路。

青春寄语

中国工农红军二万五千里的漫漫长征路，留下了中华儿女战胜艰难险阻的长征精神，创造了中华民族坚强不屈的壮丽诗篇，更造就了人类历史上的伟大奇迹，被誉为"前所未闻的故事"。

在长征途中，红军将士们除了要承受恶劣的自然环境，还要摆脱穷追不舍的数十万敌军，时刻面临着极其艰难的困境，可谓步步艰难，处处险关。

著名军旅作家、长篇纪实文学作品《长征》的作者王树增说："红军官兵前仆后继、视死如归,靠什么?对党对共产主义的信念!"这是长征精神的本质所在,也是长征得以胜利的根本原因。

红军长征早已成为历史,长征精神却历久弥新。它和二万五千里长征路上的一个个脚印,一起留在了祖国大地上,永远镌刻在人们的心中!

习近平同志强调,我们党90多年的历史中,一代又一代共产党人不惜流血牺牲,靠的就是对共产主义的坚定信仰,为的就是实现国家富强、民族振兴、人民幸福的伟大理想。

"实事求是"走出中国道路
——从共产党人的座右铭到党的思想路线

1942年6月12日,在延安宝塔山下,中共中央党校大礼堂落成了。看着宏伟、宽敞、大气的新礼堂,人们心里有说不尽的欢喜,纷纷提议在礼堂的正面挂个题词。

一说到题词,在中宣部工作的历史学家范文澜自然是不二人选。范文澜欣然接受提议并草拟了几条,但都不甚满意,遂建议去找毛泽东题词。在中央党校副校长彭真的邀请下,毛泽东兴致勃勃地在四张二尺见方的纸上,洋洋洒洒地写下了"实事求是"四个大字。字体遒劲有力,兼具山海之势,毫末笔端尽显伟人的非凡气度和风采。

1943年12月12日,毛泽东题写的"实事求是"四个大字被镌刻在一块花岗岩石碑上,镶嵌在大礼堂正面的墙壁上,成为中共中央党校的校训和全体师生的座右铭。

"实事求是"一词不是中国共产党人的创造发明,却是共产党人的发挥和升华。它是党的思想路线的核心,也是马克思主义中国化理论成果的精髓,是党领导中国革命、建设和改革的重要法宝。

既读有字之书，又读无字之书

关于读书，毛泽东历来主张既要重视书本知识，也要重视参加社会实践，反对死读书，读死书。1938年3月15日，在抗日军政大学三大队的毕业典礼上，毛泽东对学员们说："学习的书也有两种，有字的讲义是书，'无字天书'——社会上的一切也是书。"

毛泽东早在青年时代就萌发了"遍读无字之书"的想法，主张深入实际、深入实践、深入群众，学习最丰富最生动的知识。

1917年，毛泽东在湖南第一师范读书。暑假前的一天，他对当时在楚怡小学教书的萧子升说："这个暑假有近三个月，我们是不是也出去'游学'？"萧子升欣然赞同。学校一放假，两人就带着简单的装备——雨伞、挎包、换洗衣服和"文房四宝"，开始了他们人生中的第一次漫游。

在湖南俗称中，"游学"就是"打秋风"的意思，是指贫穷的知识分子靠作诗、写字来换钱糊口。在这一个多月的时间里，毛泽东和萧子升做了一回"乞丐"。他们身无分文，靠着"一双鞋一把伞一支笔杆子"，走农村、串城镇，徒步游走了长沙、宁乡、安化、益阳、沅江五县。途中，更是结交了船工、农民、财主，拜访了县长、老翰林、寺庙方丈等社会各阶层人士，查阅了各地县志和佛经，做了一次最贴近民生的社会考察。之后，两人还专门穿着游学时的草鞋衣服褂子到照相馆照了相，以作为此行的纪念。

1918年春天，毛泽东与蔡和森相邀在洞庭湖南岸和东岸游学。他们前后到过湘阴、岳阳、平江、浏阳等地方，时间也有半个月。此后，毛泽东在校期间还进行过几次这样的游学。读过毛泽东游学笔记的人，都说他"身无分文，心忧天下"。

正是因为对"无字之书"的重视，毛泽东把更多的注意力放在对中国国情的调查和探究上。早在第一次国内革命战争时期，他就写出了《中国社会各阶级的分析》和《湖南农民运动考察报告》等名篇。

第二次国内革命战争时期，毛泽东在中国共产党的历史上第一个明确提出解决思想路线这个问题。"思想路线"这一概念最早出现在毛泽东1929年写的一封信中，这封信深刻、全面地剖析了红四军内存在的多种错误思想的原因。在同年12月主持起草的《古田会议决议》中，毛泽东明确提出要反对主观主义。

1930年5月，毛泽东写成了《反对本本主义》一文，旗帜鲜明地批判本本主义、教条主义的消极影响，提出"没有调查，就没有发言权"的著名论断，并指出"从斗争中创造新局面的思想路线"和"按既定办法办事的保守的思想路线"是两条根本对立的思想路线。

毛泽东新解"实事求是"

"实事求是"一语源于我国东汉史学家班固所撰的《汉书》。此书传记河间献王刘德时说，刘德"修学好古，实事求是"。其中，"修学"是指"修礼乐"、"学举六艺"，"好古"指"所得书皆古先秦旧书"。也就是说，刘德对古代文化的研究非常严谨、认真，他认为只有充分掌握事实根据才能得出正确可靠的结论。事实上，这就是一种实证的治学态度和方法。

在近代，北洋大学（今天津大学）校长赵天麟和湖南公立工业学校校长宾步程都曾先后提倡"实事求是"的精神，并将其作为校训一直承袭至今。1917年，湖南公立工业学校迁至岳麓书院，讲堂正门的"实事求是"匾尤为醒目，旨在教导学生要用实证、科学的态度对待社会实际，在实践中成长。

1916年至1919年间，经杨昌济介绍，毛泽东曾两次到岳麓书院寄读，讲堂正门匾额上"实事求是"四个大字对他的世界观的形成产生了重大影响。

20多年后，毛泽东作延安整风运动的工作报告时，以《改造我们的学习》为题，首次对"实事求是"作出了马克思主义的全新解释，强调马克思列宁主义的理论必须和中国革命的实际运动相结合，指出"这种态度，就是实事求是的态度。'实事'就是客观存在着的一切事物，'是'就是客观事物的内部联系，即规律性，'求'就是我们去研究"。

1945年，中共七大将毛泽东思想作为全党的指导思想，也标志着以实事求是为核心的思想路线在全党的确立。

坚定不移走自己的路

毛泽东始终反对从马克思主义的本本出发，而是强调从中国的实际情况出发，努力探索一条适合中国国情的革命道路。1927年，秋收起义攻打长沙失利后，毛泽东做出了战略调整，实行暂时退却，决定将部队转移到江西井冈山。因为，井冈山敌人力量薄弱，有助于保存革命力量。

毛泽东率领工农革命军抵达井冈山后，创建了党领导的第一个农村革命根据地——井冈山革命根据地。在那里，中国共产党领导、发展和壮大革命力量，开展游击战，带领农民开展打土豪、分田地的土地革命，建立革命政权，走出了一条与农民相结合、农村包围城市的工农武装割据的革命新道路。

从"城市中心论"到"以农村包围城市、武装夺取政权"，这是中国革命道路上的重大战略转移，也是夺取新民主主义革命胜利的重要保证。邓小平曾说："马克思、列宁从来没有说过农村包围城市……但是毛泽东同志根据中国的具体条件指明了革命的具体道路……如果没有实事求是的基本思想，能提出和解决这样的问题吗？能把中国革命搞成功吗？"

新中国成立以后，中国共产党继续坚持实事求是思想路线，创造性地开辟了一条适合中国国情的社会主义改造道路，开始了中国自己的社会主义建设道路的初步探索。

"文化大革命"结束后，邓小平清醒地认识到，一个党，一个国家，一个民族，如果一切从本本出发，思想僵化，迷信盛行，就要亡党亡国。"只有解放思想，坚持实事求是，一切从实际出发，理论联系实际，我们的社会主义现代化建设才能顺利进行。"

邓小平家里挂着一幅《双猫图》。这是当时被誉为"江南猫王"的著名画家陈莲涛专门为小平同志精心构思的画儿。画中的两只猫，一只毛色雪白，一只乌黑透亮，眼睛炯炯有神。画的上方还有苍劲有力的题词："不管白猫黑猫，会捉老鼠就是好猫。"1985年，这句话"登上"了美国的《时代》周刊，并由此产生了深远的国际影响。

"猫论"言简意赅地说明了邓小平安邦治国的理念，更是他坚持实事求是思想路线的真实写照。面对改革开放中"姓社姓资"的巨大困扰，邓小平在南方谈话中提出，计划和市场都是经济手段，并非社会主义和资本主义的本质区别。在社会主义发展的道路上，各个国家都应当根据自己的特点，自己国家的情况，走自己的路。

习近平总书记指出："回顾我们党90多年的历史可以清楚地看到，什么时候坚持实事求是，党就能够形成符合客观实际、体现发展规律、顺应人民意愿的正确路线方针政策，党和人民事业就能够不断取得胜利；反之，离开了实事求是，党和人民事业就会受到损失甚至严重挫折。"

中国共产党正是在实事求是思想路线的确立、发展和不断实践中，把中国特色的革命、建设和改革事业不断推向前进。

青春寄语

《国际歌》中这样唱道："满腔的热血已经沸腾，要为真理而斗争。"

综观历史，中国共产党一直在不懈追求真理、为捍卫真理而斗争，而探求真理、捍卫真理的过程，就是实事求是的过程。

"实事求是"不仅是中国共产党人的语言习惯、思维方式，也表明了党的政治原则和政治立场。它是共产党人的座右铭，更是党的思想路线的核心内容。

习近平同志指出，实事求是，是马克思主义的根本观点，是中国共产党人认识世界、改造世界的根本要求，是我们党的基本思想方法、工作方法、领导方法。不论过去、现在和将来，我们都要坚持一切从实际出发，理论联系实际，在实践中检验真理和发展真理。

5 一切反动派都是纸老虎
——共产党人必胜的信心

抗日战争胜利后,中国共产党从国家和人民的利益出发,希望团结一切可以团结的力量,通过和平途径建立独立、民主、富强的新中国。国民党蒋介石集团却妄图通过发动内战,实现一党专制。

1946年6月26日,国民党调集军队围攻中原解放区,悍然发动了全面内战。蒋介石自认为拥有强大的军事实力和经济资源,还有美帝国主义的援助,对这场战争志在必得,声称最多只要六个月就可以取得胜利。国民党军参谋总长陈诚更是狂妄地叫嚣:只要三到五个月,就能战胜共产党。

在这种形势下,中国共产党必须回答两个问题:敢不敢以革命战争反对反革命战争?能不能彻底打败国民党反动派?

人民解放战争如此,后来的抗美援朝战争也一样!

真正强大的力量属于人民

1925年,美国进步记者、女作家安娜·路易斯·斯特朗第一次踏上中国的土地,报道了中国人民的反帝斗争,开始了与中国的不解之缘。1946年夏,斯特朗第五次来到中国,走进了革命圣地延安。毛泽东成为她在这里的第一个采访对象。

8月6日，雨后初晴，在中共中央宣传部部长陆定一等人的陪同下，斯特朗乘卡车来到杨家岭，毛泽东站在门口迎接他们。毛泽东身穿蓝色制服，面容平和而含蓄，行动从容而镇静，语言生动而幽默，斯特朗紧张、忐忑的心情顿时平静下来。他们围坐在苹果树下的一个土台旁，畅谈起共同关心的话题。

毛泽东向斯特朗询问了美国国内的许多情况。毛泽东对美国的了解和对世界形势的把握让斯特朗感到惊讶。聊着聊着，斯特朗提到了原子弹。当时世界上只有美国有原子弹，很多人认为美国会因此不可战胜。她问毛泽东："如果美国使用原子弹呢？如果美国从冰岛、冲绳岛以及中国的基地轰炸苏联呢？"

毛泽东发出了爽朗的笑声："原子弹是美国反动派用来吓人的一只纸老虎，看样子可怕，实际上并不可怕。当然，原子弹是一种大规模屠杀的武器，但是决定战争胜败的是人民，而不是一两件新式武器。"

毛泽东一一列举了俄国沙皇、德国希特勒、意大利墨索里尼、日本帝国主义等例子，然后说："一切反动派都是纸老虎。看起来，反动派的样子是可怕的，但是实际上并没有什么了不起的力量。从长远的观点看问题，真正强大的力量不是属于反动派，而是属于人民。"

毛泽东独特新颖的观点给斯特朗留下了非常深刻的印象。在翻译"纸老虎"一词时，现场的翻译用了"scarecrow"。毛泽东问斯特朗"scarecrow"是什么意思。当他得知这个词的含义为"稻草人"时，他说不要用这个词，应当翻译为纸糊的野兽。纸老虎和稻草人完全不同，纸老虎是用来吓唬孩子的，而稻草人是吓唬乌鸦的。纸老虎看起来像老虎，很可怕，但实际上是纸板做成的，一受潮就发软，一阵大雨就能把它冲掉。

最后，毛泽东满怀信心地说："拿中国的情形来说，我们所依靠的不过是小米加步枪，但历史最后将证明，这小米加步枪比蒋介石的飞机加坦克还要强些。……我们总有一天要胜利。这原因不是别的，就在于反动派代表反动，而我们代表进步。"

斯特朗在《中国人征服了中国》一书中,纪录了解放战争时期她在延安等地的经历,也纪录了让她记忆深刻的、毛泽东同她的谈话中提出的著名论断"一切反动派都是纸老虎"。

胜利是人民用小车推出来的

在人民解放战争初期,国共双方的实力是相当悬殊的。

据统计,1946年7月,国民党军队的总兵力达到430万人,其中正规军200万人左右,用于进攻解放区的兵力总计为160万人。而人民解放军的总兵力为127万人,其中正规军只占一半,61万人左右。国共双方的兵力之比为3.4∶1。

同时,在武器装备上,国民党军队还占有巨大优势。抗日战争胜利后,国民党接收了大约100万日军的武器。美国帮助国民党组建了相当规模的空军,并送给国民党271艘舰艇,价值8亿多美元。在国民党86个整编师(军)中,具有美械、半美械装备的有22个师,海、陆、空军配备都很完备。

中国人民解放军没有坦克、飞机,更谈不上作战舰艇,只有长枪、手榴弹和少量机枪、火炮。那时,共产党人常说,我们只有"小米加步枪",国民党有的是"飞机加大炮"。

另外,国民党政府还统治着全国约76%的面积、3.39亿人口,控制着全国几乎所有的大中城市,并能在经济上得到美国的援助。而全部解放区的面积还不到全国总面积的四分之一,人口约为1.3亿;城市都是小城市,大部分地区的土地改革也才刚刚开始,没有外援,只能靠自力更生。

面对明显的劣势,党内一部分人开始怀疑,有所顾虑。很多民主人士也认为共产党应该实行退让政策。甚至苏联也担心美国对中国革命的干涉会将自己卷入其中,从而引发新的世界大战,因此并不支持中国国内革命战争。

当所有的目光都投向毛泽东时,他十分自信地告诉大家:"我们不但必须打败蒋介石,而且能够打败他。""真正强大的力量不是属于反动派,而是属于人民。"

1947年7月,经过一年的激战,尽管人民解放军的总兵力在数量上还远远比不上国民党军队,但日益高涨的土改运动、第二战场的开辟、不断扩大的人民民主统一战线使全军上下士气高昂。党中央审时度势,当机立断,决定在没有完全粉碎国民党军队的战略进攻和解放军在数量上不占优势的情况下,立刻转入战略反攻。

"战争最深厚的伟力存在于民众之中。"在淮海战役中,面对国民党80万装备精良的精锐部队,中国共产党依靠60万军队,加上方圆数千里人民群众组织而成的支援大军,最终取得了战争的胜利,成为又一个以少胜多的世界经典战例。

在战火纷飞的阵地上,在日日夜夜动荡不定的斗争中,人民群众如火如荼地参加到战役之中。他们成立了不计其数的小车队、挑子队、担架队等随军组织,冒着枪林弹雨,昼夜不息,源源不断地将战争物资——枪支、弹药、粮食、衣服、鞋袜等运送到前线。那些长长的看不到头的民工行列,就像成千上万条小河流入大海那样,勾勒出一幅无比壮丽的人民战争的画卷。

据统计,当时活跃在解放军前后方的支前民工共约543万人。其中,随军常备民工约22万,线转运民工约130万,后方临时民工约391万。平均起来,每位解放军战士背后,至少有9个民工在全力支持着。

华东野战军后勤部部长刘瑞龙在向陈毅司令员汇报时,曾有这样两组数据:"粮食,2亿斤;裹尸布,16万尺!"陈毅沉默了许久。在他看来,这两个数字是那样的沉重:2亿斤粮食,如果说按每辆手推车200斤算,就是100万辆。100万辆手推车,并排摆两行,可以从徐州一直排到北平。所以陈毅说:"淮海战役的胜利,是群众用小车推出来的!"

在全国人民的支持下,1949年4月23日,人民解放军占领了南京。国民党蒋介石集团在中国22年的反动统治结束了,"纸老虎"在人民力量的汪洋大海中轰然倒下了。

不可战胜的神话就此被打破

历史总在曲折中前进。1950年10月1日,当大家还沉浸在举国欢庆的节日氛围中时,朝鲜领导人金日成、朴宪永发出了联合签名的求援信函,请求中国人民解放军在"联合国军"进攻三八线以北地区时直接出兵援助作战。

在此之前的6月25日,朝鲜爆发内战。翌日,美国便借机命令海军第七舰队从日本驶入台湾海峡,公然阻止人民解放军解放台湾。同时,时任美国总统的杜鲁门公开发表声明,公然挑衅中国,宣称台湾地位未定。从8月下旬开始,美军飞机越过朝鲜经常侵入中国东北领空,进行轰炸扫射,严重威胁着东北地区的安全。

经过多次会议讨论,中共中央最终做出了出兵朝鲜、抗美援朝的战略决策。10月19日,中国人民志愿军在彭德怀的率领下跨过鸭绿江。正如毛泽东所说:"我们不要去侵犯任何国家,我们只是反对帝国主义者对于我国的侵略。"

当时,美国是唯一的世界超强,而中国却是一百多年来落后挨打、刚刚获得人民解放战争胜利的弱国。二者在国力上完全不具有可比性。1950年,中国和美国的国民生产总值分别为180亿美元和3553亿美元,前者仅为后者的5%,钢铁产量、原油产量也均不足美国的1%。而工业产值名列第26位,甚至不及西班牙、葡萄牙等西方小国。

中国与美国在军事实力上的差距在世界战争史上也是罕见的,这集中体现在武器装备方面。在朝鲜战场上,美国投入海军舰艇约300艘,空军飞机约1200架,陆军坦克1000余辆、装甲车300余辆。而中国人民志愿军在参战初期根本没有这些武器装备,甚至直到战争结束都没有海军参战。

据估算,志愿军一个军的火力强度还比不上美军的一个团。志愿军一个军配有各种火炮522门;枪支品牌各异,口径不一,既有日本三八枪、美式30冲锋枪,也有国民党军队的中正式步枪,以及法国枪、德国枪等等。这些武器几乎都是在以往战争中缴获的。而美军地面部队每个师就配有各种火炮959门,还装备有大量坦克。

"历史的经验反复证明，代表正义与进步的弱小一方，是经常的能够战胜代表反动与腐朽的强大一方的。"全中国五万万同胞在"抗美援朝，保家卫国"的旗帜感召下，满腔热情地投入到了抗美援朝运动中。全国青年踊跃参军，先后达两千多万人；上了战场，就英勇杀敌。经毛泽东同意，他的长子毛岸英也奉调随第一批志愿军入朝参战。各界人士慷慨捐款，仅1951年的捐款就能够购买米格飞机3710架。

抗美援朝真正成为了一场全国人民众志成城的反侵略运动，最后取得了伟大胜利，打破了美军不可战胜的神话。战争的结果充分验证了毛泽东的那句名言："一切反动派都是纸老虎！"也正如彭德怀所言："它雄辩地证明：西方侵略者几百年来只要在东方一个海岸上架起几尊大炮就可霸占一个国家的时代是一去不复返了。"

青春寄语

安娜·路易斯·斯特朗回忆说："毛主席是在十四年前在延安对我说帝国主义和一切反动派都是纸老虎的，现在这已经成为有历史意义的名言了。这句话照亮了这十四年世界大事的进程。"

"一切反动派都是纸老虎"这一形象生动又寓意深刻的论断，体现着中国共产党人勇往直前、不惧困难的骨气，坚定了全党全国人民必胜的信心，起到了巨大的精神鼓舞作用。

"一切反动派都是纸老虎"，在战略上藐视敌人，在战术上重视敌人，蕴含着完整而深刻的辩证法思想。在我们面前，前途总是光明的，道路常常是曲折的。我们不应该惧怕貌似强大的敌人，或者其他暂时性的困难。在学习、工作和生活中，我们既要不怕困难、迎难而上，又要埋头苦干、踏实细致。这是人生中要达到任何一个前进坐标的必要条件。

6 中华民族永远的丰碑
——为救国救民献身的英雄们

位于北京天安门广场的人民英雄纪念碑，奠基于1949年9月30日，是专门为了纪念在人民解放战争和人民革命中牺牲的人民英雄而建立的。

毛泽东的题词"人民英雄永垂不朽"八个大字镌刻在碑身正面，纪念碑背面的碑文是由周恩来题写的：

"三年以来，在人民解放战争和人民革命中牺牲的人民英雄们永垂不朽！

"三十年以来，在人民解放战争和人民革命中牺牲的人民英雄们永垂不朽！

"由此上溯到一千八百四十年，从那时起，为了反对内外敌人，争取民族独立和人民自由幸福，在历次斗争中牺牲的人民英雄们永垂不朽！"

从1840年鸦片战争开始，一批批仁人志士在救国救民的道路上，不断探索，奋勇拼搏，甚至流血牺牲。

为了新中国的诞生，无数共产党人前仆后继，英勇献身。没有共产党人的艰苦奋斗，没有共产党人的牺牲奉献，就没有中华民族的独立和解放，就没有新中国的建立！

中国革命者的光辉典范——李大钊

李大钊烈士陵园位于北京香山的万安公墓，墓碑上有中共中央撰写的碑文：

"李大钊同志是中国最早的马克思主义者和共产主义者，是中国共产党的主要创始人之一。他对中国人民的解放事业，对马克思主义的信仰和无产阶级的革命前途无限忠诚。他为在我国开创和发展共产主义运动的大无畏的献身精神，永远是一切革命者的光辉典范。"

1926年3月12日，日本军舰驶入天津大沽口，后又纠集八国公使向中国政府提交最后通牒。18日，李大钊亲自领导群众及社会团体，举行示威大会。之后，他又带领请愿团去段祺瑞执政府请愿。人民群众的请愿示威遭到血腥镇压，北洋军阀政府制造了"三·一八"惨案，北平城陷入一片恐怖之中。李大钊在极其危险和艰难的情况下，坚持留在北平，继续领导党的北方组织开展革命斗争。

1927年4月6日，李大钊被军阀张作霖逮捕。在看守所里，李大钊从容不迫，毫不惊慌，没有给敌人任何他们想要的东西，表现出了中国共产党人无私无畏的英勇气概。

在狱中，李大钊与被捕难友一同坚持斗争，还努力做监狱看守的争取工作。一天傍晚，有个接受李大钊教育的看守悄悄塞给李大钊一封信。信里说，北方铁路工人得知李大钊被捕后遭受毒刑，准备组织一支武装，潜入北平，打进看守所，营救他和同志们出狱。党组织来信征求他的意见。

李大钊看了来信后感到十分欣慰，但他坚定地拿起笔写了回信："这种行动自然是工人同志的革命精神和对党对我的爱戴，但今天完全没有可能实现这种计划，拘留所处于重重武装戒备之中。我个人为革命为党而牺牲是光荣的。这已经是党的损失了。我不能再要同志们来作冒险的事业，而耗费革命力量。"

当工人们得知李大钊的回信内容时，都被他的革命牺牲精神所感动。4

月28日，李大钊等20人被判处绞刑。下午两时，李大钊神情坚定，从容地登上刑台。他脖子上套着绞绳，面对即将遇难的同志们，进行了最后一次演说："我们宣传的马克思主义，已经培养了许多革命同志，如同红花的种子撒遍全国各地。这种子需要用鲜血浇灌，他们会开出艳丽的花。我深信：共产主义必将得到光荣的胜利，将来的环球，必定是赤旗的世界。"

李大钊同志牺牲时，未满38岁！

为了主义真——方志敏

方志敏，江西弋阳人。1922年参加中国社会主义青年团，1924年加入中国共产党。1925年，他向毛泽东和彭湃学习农运经验。1928年1月，他在家乡弋阳领导了弋横起义，随后又创立了赣东北革命根据地和工农红军第十军。他所创立的根据地曾受到毛泽东的充分肯定，称之为"方志敏式的根据地"。

1934年末，方志敏接到命令要率红十军团北上进入皖南。由于红十军团孤军奋战，连遭国民党军重兵的围追堵截，奋战了两个多月，还是寡不敌众，方志敏于1935年1月29日不幸被捕。被捕时，敌人发现他身无分文，只有一块怀表和一支钢笔。

其实，方志敏在从事革命斗争的十几年中，经手的钱数非常多，但他自己从不花费一分一毫，全都用在了革命事业上。连他的妻子想从白区缴获来的物品中拿一块绒布用于演出，都受到了方志敏的批评，并让她立即送回去。在狱中，他每次都会把别人送来的钱物转送给其他的难友。

方志敏面对蒋介石的出面劝降和敌人的严刑拷打，宁死不屈，在极其恶劣的环境里，写下了《可爱的中国》《我从事革命斗争述略》《清贫》等流传千古的心语著作。

"清贫，洁白朴素的生活，正是我们革命者能够战胜许多困难的地方。"

"敌人只能砍下我们的头颅，决不能动摇我们的信仰！因为我们信仰的主义，乃是宇宙的真理！为着共产主义牺牲，为着苏维埃流血，那是我们十分情愿的啊！"

1935年8月6日夜，方志敏被秘密杀害，时年36岁。

钢铁战士——杨靖宇

杨靖宇，1905年生，河南确山县人。他在学生时代就积极参加反帝爱国运动，后来成为我党我军优秀的高级军事指挥员，东北抗日联军的创建人和领导人。

1927年4月4日，杨靖宇在党的领导下，参与指挥了著名的确山农民暴动。数万农民围攻确山县城，经过四天奋战，成功占领了县城，打垮了北洋军阀第八军的一个旅，建立了党领导的全国第一个县级人民政权——确山县临时治安委员会。

1929年，杨靖宇赴东北领导工人运动。在他从事秘密革命工作的过程中，曾多次被捕入狱，屡遭酷刑，始终不曾屈服。

1932年，杨靖宇被派往南满组建抗日游击队，在东南满大地上对敌人展开了艰苦卓绝的武装斗争，威震东北。

1939年，在一次东南满秋冬季反"讨伐"作战中，他与魏拯民等指挥部队分散游击，自己率警卫旅转战于濛江一带，同数百名日伪军周旋了五昼夜。渴了，就吃地上的雪；饿了，就吃枯草和树皮。

杨靖宇以惊人的毅力，与敌人进行艰苦的斗争，直到生命的最后一刻，于1940年2月23日牺牲在吉林濛江县（即现在的靖宇县）保安村三道崴子。

日军在当年留下的战场实录中这样写道：

"讨伐队已经向他（杨靖宇）逼近到100米、50米，完全包围了他。讨伐队劝他投降。可是，他连答应的神色都没有，依然不停地用手枪向讨伐队射击。交战20分钟，有一弹命中其左腕，啪嗒一声，他的手枪落在地上。但是，他继续用右手的手枪应战。因此，讨伐队认为生擒困难，遂猛烈向他开火。"

残忍的日军在杨靖宇牺牲后将他割头剖腹，却发现他的胃里除了枯草、树皮和棉絮,竟然没有一粒粮食。

生的伟大,死的光荣——刘胡兰

　　刘胡兰的英雄事迹曾在当年的山西《晋绥日报》上报道过,刘胡兰这个名字也因此被人们所熟知。"生的伟大,死的光荣"就是人民领袖毛泽东为她写的亲笔题词。

　　1932年,刘胡兰出生在山西省文水县云周西村的一个农民家庭。抗日战争爆发以后,10岁的刘胡兰就在抗日民主政府的领导下,参加了村里组织的抗日儿童团,做一些力所能及的工作,比如为部队站岗、放哨、送情报等。

　　有一次,敌军的一个团被我军包围,县妇女部长接到命令要组织民兵担架队支援前线。刘胡兰和几名妇女也要参与其中,部队首长劝她们:"前面正在打仗,很危险。"刘胡兰果敢地回答:"战士们都不怕,我们是女民兵,也不怕。"

　　她们在前线不怕危险,不怕困难,既为伤员包扎伤口,又帮战士们运送弹药,直到战斗硝烟平息时才离开。刘胡兰那时只有13岁。

　　之后,刘胡兰担任了云周西村妇救会的秘书。她带领群众一起送公粮、做军鞋,号召青年积极从军。1946年6月,刘胡兰成为中共候补党员。那时,她还只有14岁。

　　1947年1月12日,云周西村遭到敌人的突然袭击,刘胡兰因叛徒告密而被捕。敌人使出各种伎俩逼迫她交代出同志,并答应给她一块土地,但她始终坚定地说:"不知道!""给我个金人也不要!"

　　敌人又以死相威胁,刘胡兰义正词严地回答:"怕死不当共产党!"敌连长气急败坏,当场把其他六位革命群众杀害了。敌连长又问她:"怕不怕?"刘胡兰仍然坚定地回答:"死也不投降!"

　　面对穷凶极恶的刽子手,刘胡兰沉着镇定地问道:"怎个死法?"敌连长狂叫:"一个样!"并命令将机枪对准群众:"把这些人全扫光。"她怒斥道:

"不许残害群众！"于是从容地走向铡刀，英勇就义。

刘胡兰牺牲时，还不满15周岁。

青春寄语

丰碑，一个民族前进的动力源泉，一个民族奋发的精神力量。

中国共产党成立以来，无数共产党人抛头颅、洒热血，不惜牺牲一切，就是为了民族的独立和解放，为了国家的富强和人民的幸福。

在中国共产党的带领下，中国人民万众一心、团结奋斗，造就了人民共和国的诞生，创造了彪炳史册的奇迹。

由千百万革命英烈染红的国旗高高飘扬在共和国的上空，铭刻着人民英雄的风采，书写着中华儿女的精神！

7 以鲜血凝铸"狱中八条"

——红岩烈士的最后嘱托

1961年,小说《红岩》一经问世,就受到广大读者喜爱,成为当代中国颇受欢迎的名著之一。以后不断地被改编成电影、电视剧、广播剧、戏剧等,几十年来久演不衰。

作品产生如此巨大的社会影响,原因为何?作者罗广斌和杨益言是这样回答的:"《红岩》是用烈士的鲜血写成的。"

当开国大典的五星红旗已在天安门广场迎风飘扬时,却有一大批优秀的共产党员在重庆歌乐山下的渣滓洞和白公馆中遇难。

1949年12月25日,《红岩》的作者之一罗广斌向党组织上交了一份重要报告。这份报告就是由牺牲在渣滓洞、白公馆两座监狱的共产党员们共同商讨的、长达几万字的《关于重庆党组织破坏经过和狱中情形》。

"报告"的第七部分是"狱中意见"。它共有八条,因此被称为"狱中八条"。

烈火中永生

1949年11月27日,距离重庆解放只有三天,歌乐山已可零星地听见人民解放军逼近重庆的枪炮声。

人民解放军的胜利进军,使得白公馆、渣滓洞的特务们惊恐万分、一片慌乱,纷纷准备出逃。就在溃逃之际,国民党重庆行辕二处处长徐远举下达了屠杀渣滓洞、白公馆"政治犯"的命令。下午四时,灭绝人性的大屠杀开始了!

松林坡位于歌乐山的半山中,白公馆的背后,在国民党的大屠杀中,许多共产党员倒在了这里……

王振华、黎洁霜夫妇分别抱着孩子小华和幼华,手拉着手,艰难地往山上走。夫妇俩没有半点惧色,但万分希望孩子能够留下来。他们对特务说:多打我们几枪,把孩子留下吧!

丧失人性的特务们狂叫道:一个不留,斩草除根。说完,当着他们的面,一个特务用刀戳死了小华,一个特务用手掐死了幼华!夫妇俩怒不可遏,奋力冲上去,但特务罪恶的子弹使他们倒在了松林坡的土地上。

"中国共产党万岁!""打倒国民党反动派!"口号声震天动地,响彻云霄。共产党员谭沈明在被从渣滓洞押往松林坡的途中,一直高呼口号不断。他嘲笑特务们:"你们死的时候,敢像我们这样潇洒吗?我们为人民、为祖国而死是无上的光荣,你们今后的死,将不齿于人类!"

谭沈明坐牢10年,入狱时只有小学文化程度,但他一直坚持在狱中自学英文、俄文,并用英文、俄文记下学习心得,殉难时年仅34岁。

在白公馆通向松林坡刑场的道路上,还有一位身体虚弱但气势不弱的革命者,他叫许晓轩,就是《红岩》中许云峰的原型。面对刽子手,面对冷酷嗜血的特务,他瞪着双眼,发出低沉而有力的声音:开枪吧!你们这些胆小鬼……

"狱中八条"的发现

重庆解放几天之后,在大屠杀中幸存的人们又跑回歌乐山。经过几天的辛苦挖掘，共发现尸体300多具。

重庆刚解放时物资极其匮乏，但人们想尽办法，把能够找到的最好的棺木都调集过去，然后用酒精消毒，用白绸裹尸，尽可能地收殓好烈士的遗体。300余位烈士永远留在了歌乐山下，此地成了一处巨大的坟茔。

就在大家以为《红岩》背后的真实故事就此结束时，重庆党史专家胡康民的一次发现，让故事继续着。

20世纪80年代初，担任重庆市委党史研究室副主任的胡康民在搜集、研究重庆地下党的相关资料时，发现了一份报告，足有两万多字，题目是《关于重庆党组织破坏经过和狱中情形》。那时，由于重庆的党史研究机构刚成立不久，大量档案已尘封多年。

"我当时吃了一惊，因为以前从没听说过这份报告。"胡康民回忆说。在这份报告中，真实展现了重庆地下党组织在解放前被破坏的情形，以及当年在渣滓洞、白公馆监狱中所发生的真实故事，分为"《挺进报》的被破坏"、"个别地下党领导的叛变和造成的损失"、"叛徒的破坏"、"狱中斗争"、"脱险经过"、"狱中意见"等部分。

其中，第七部分"狱中意见"，是最具思想价值的内容。这是狱中的烈士们在面临死亡的最后时刻，向党组织提出的强烈要求和真诚希望。

这一部分被胡康民概括为"狱中八条"：一，防止领导成员腐化；二，加强党内教育和实际斗争的锻炼；三，不要理想主义，对上级也不要迷信；四，注意路线问题，不要从"右"跳到"左"；五，切勿轻视敌人；六，重视党员特别是领导干部的经济、恋爱和生活作风问题；七，严格进行整党整风；八，惩办叛徒特务。

烈士的最后嘱托

胡康民发现，报告的字迹非常工整，与罗广斌的笔体吻合。这份报告真是罗广斌亲笔写的吗？他写作的缘由是什么？他又是如何掌握如此多的信息？

原来，在重庆快要解放的时候，关押在渣滓洞、白公馆中的共产党员们仰望黎明的曙光，期盼新生活的开始，但他们又预见到国民党反动派在彻底失败前夕很可能对他们进行大屠杀，因此又深深觉得时间紧迫。

1948年9月，共产党员罗广斌因叛徒出卖被捕入狱，被关在渣滓洞中。在狱中，他遇见了张国维（以前曾是罗广斌的上级）。罗广斌的哥哥是国民党高级将领、第十六兵团司令官罗广文，因此，张国维估计他最有可能幸存下来，于是叮嘱他要多询问情况，收集资料，整理总结，争取早日向党组织报告。

1949年1月17日，是江竹筠（江姐）的丈夫彭咏梧烈士遇难的周年纪念日，渣滓洞的难友们不约而同地向江姐表示慰问。江姐在当天草拟了一份学习讨论的大纲，大家纷纷对被捕前的情况、被捕时的案情应付以及狱中学习的情形进行了总结。罗广斌在当天收集了一些情况和信息。

2月9日，罗广斌被转押到了白公馆。在那里，他与同室难友刘国鋕、王朴、陈然等结成生死之交，经常进行深入讨论。

生命的最后时刻，他们凭着对革命事业的忠贞以及高度的责任感，结合实际工作和狱中斗争的切身体会，从党的建设、组织发展、党员教育展开讨论，从《挺进报》遭到破坏，到川东武装起义的三次失败一一分析，从地下党工作的方方面面进行研究……希望通过对经验教训的总结，帮助党组织加强自身建设，提高战斗力。

他们敏锐地认识到：重庆地下党组织遭到大破坏的一个重要原因，就是少数领导干部的腐化堕落。例如，叛徒刘国定由生活腐化走向政治腐化，从内部来破坏党。因此，他们建议党组织要"防止领导成员腐化"，"重视党员特别是领导干部的经济、恋爱和生活作风问题"，"严格进行整党整风"……"狱中八条"饱含着对党的深厚情感和殷切希望。

在1949年"11·27"大屠杀中，罗广斌策反看守杨钦典成功，带领白公馆的十几个人越狱脱险。越狱后的罗广斌虽然身体极度虚弱，但他无法忘记战友们给自己的重托。他拿起笔，把那些已经不在人世的同志们生前强烈的要求、真诚的希望、带血的嘱托写成报告，交给了党组织。

这份报告是1949年12月25日递交给党组织的，离罗广斌等人从白公馆和渣滓洞脱险不到一个月。罗广斌的笔调沉重冷静，真实地记录了许多宝贵的资料。他在报告的一开始这样写道："下面的报告是根据集中营里（渣滓洞、白公馆）所能得到的各种零星材料，经过部分同志的讨论、研究而组织出来的……"

1989年，在《红岩春秋》的"渣滓洞、白公馆烈士殉难40周年纪念特刊"中第一次披露了"狱中八条"。1996年，"狱中八条"在歌乐山烈士纪念馆举办的北京《红岩魂》展览上终于向社会公开展示，引起了巨大反响。

青春寄语

"狱中八条"是革命先烈用鲜活的生命凝铸出来的最后诉说和郑重嘱托，是先辈们集体意志和智慧的结晶。

"狱中八条"语言朴实，简洁明了，揭示了党的建设中的一些规律性的东西，引人深思，至今仍有警醒和启示作用。

新时期，习近平同志说，有了坚定的理想信念，站位就高了，眼界就宽了，心胸就开阔了，就能坚持正确政治方向，在胜利和顺境时不骄傲不急躁，在困难和逆境时不消沉不动摇，经受住各种风险和困难考验，自觉抵御各种腐朽思想的侵蚀，永葆共产党人政治本色。

8 此生唯愿长报国
——人民科学家的爱国情

有这样一种人,他们愿意放弃优厚的待遇和安逸的生活,不远万里,漂洋过海,回到一个一穷二白的地方,奉献自己的青春甚至是整个生命……

新中国成立之初,中国共产党和中国人民面对的是一副烂摊子,百废待兴,人才奇缺。以美国为首的资本主义国家对中国实行政治孤立、经济封锁和军事威胁,使新生的人民政权雪上加霜。

但是,这并没有影响海外赤子的归国热情。他们克服种种困难,陆续从世界各地回到祖国。从新中国成立之初到上世纪50年代,先后有2500多名留学生和学者回国,为中国的科技、工业、国防、教育等各项事业做出了巨大贡献。

在这一人群中,有"中国科技界的旗帜"李四光,"中国数学之神"华罗庚,"中国导弹之父"钱学森,"两弹元勋"邓稼先、朱光亚、郭永怀,获得国家最高科技奖的物理学家谢家麟、建筑学家吴良镛、材料学家师昌绪、气象学家叶笃正,等等。

据统计,在1955年中国科学院首届学部委员中,留学归国学者占92%。在获得"两弹一星功勋奖章"的23人中,那一时期留学归国学者就有21人。

石迹耿千秋

李四光（1889~1971），地质学家，中国地质力学的创始人，中国第四纪冰川研究的奠基人。

新中国成立之前，获得英国伯明翰大学博士学位的李四光已是著名的地质学家，历任北京大学教授、中央研究院地质研究所所长，在世界地质学界享有较高声望。他心怀祖国，写出了中国最早的小提琴曲《行路难》，抒发自己对苦难深重的祖国举步维艰、艰难前行的感慨。

1949年5月，身在英国的李四光收到一封特殊的信件——当时参加世界维护和平大会的中国代表团团长郭沫若根据周恩来的指示领头签署的函件，其后还有许多人的签名，内容是"请早日返国"。

一年前，李四光到伦敦参加国际地质学会。会议结束后，因忧心于国内的混乱形势，他决定在英国潜心研究并休养一阵。平日里，他每天都会通过报纸了解中国的局势变化。当得知人民解放军解放南京时，他心里非常激动，思乡报国之情与日俱增。

这封信的到来让李四光坚定了回国的信念。他赶紧准备回国事宜，但那时从欧洲到东方的船很少，要等上半年才能启程。

9月21日，中国人民政治协商会议在北平开幕，李四光被推选为全国政协委员。这个消息震动了国民党，他们开始策划阻止李四光回国的阴谋。一天深夜，李四光接到朋友的电话。朋友告诉他，国民党"外交部"密令驻英大使立即找到李四光，要求他公开发表声明拒绝共产党政府的职务，否则将有被扣留的危险。

突如其来的消息打乱了李四光原定的回国计划，他当晚便带着个小皮包出发了。临走前，他给国民党驻英大使留了一封信，表明自己拒发声明、坚定回国的决心，并规劝大使认清形势，不要再为蒋介石效力。为了避免跟踪，李四光只身从偏僻的普利茅斯港口乘船离开英国。

第二天，国民党驻英大使果然派人来了。他们送上5000美元，并说明了国民党的要求。李四光的夫人许淑彬拒绝了这笔钱,以李四光出门考察地质的理由送客出门。

两周后,许淑彬收到一封巴塞尔城的来信。仔细一看,信上的英文地址是李四光左手的笔迹。有了丈夫的下落,许淑彬悬着的心放了下来。她赶紧按照地址前去会合。

几经辗转,李四光夫妇登上了12月25日由意大利开往香港的轮船,开始了三个多月漂洋过海的秘密行程。

与此同时,国共双方都在密切关注李四光的动向。国民党方面得到驻英大使的报告,"李四光不辞而别,去向不明"。遍布世界各地的国民党特务接到命令,凡是投奔共产党的知名人士,一经发觉,立即采取措施。

李四光离开伦敦的消息也传到了大陆。周恩来反复思考着,按行程计算应该到了,为什么还没有消息呢?他委托叶剑英和华南军政委员会查明李四光的确切情况。

1950年3月初,李四光夫妇到达香港。在中国共产党的安排下,他们于4月6日乘火车抵达广州,踏上了祖国大陆的土地。数月的舟车劳顿使年过六旬的李四光疲惫不堪,但他的心情无比愉悦,迅速投入到新中国的地质工作之中。

回国后,李四光运用自己创建的地质力学理论和方法,组织指导石油地质工作,为大庆、大港、胜利等一系列大油田的勘探与发现,为我国摘掉"贫油国"的帽子,做出了重大贡献。

梁园虽好,非久居之乡

华罗庚(1910~1985),世界著名数学家,中国科学院院士,第一位当选美国国家科学院外籍院士的中国人,被誉为"中国现代数学之父"。

他是中国解析数论、矩阵几何学、典型群等多方面研究的创始人和开拓者,以他的名字命名的数学科研成果有"华氏定理"、"华氏不等式"等。美国著名数学史家贝特曼著文称:"华罗庚是中国的爱因斯坦,足够成为全世界所有著名科学院的院士。"

华罗庚饱尝了旧中国的苦难。由于家境贫寒,他连中学都没有念完就辍学了。19岁时,又患伤寒病卧床半年多,左腿落下终身残疾。抗日战争爆发后,华罗庚放弃了剑桥大学的学习和工作机会,毅然回国与同胞们共赴国难。

但是,国民党统治下的中国政治腐败、物价飞涨、社会动荡,薪水微薄的华罗庚难以维持一家人的生计。他们住在养牲畜的房子里,甚至与闻一多一家"挂布分屋而居"。

1946年,华罗庚去美国访问,不久被伊利诺伊大学聘为终身教授,获得了优越的科研条件和丰厚的薪资待遇,有了小洋楼、小汽车。学校还为他配备了四名助手和一名打字员,一家人终于过上了恬静安逸的生活。

可是,舒适的生活并未使华罗庚产生久留之意。他在许多场合表示,很多科学家是由于在国内无用武之地才出国的,一旦国内局势好转,他将立刻回国投身建设,这是一个中国人应尽的义务。

1949年10月1日,新中国宣告成立。华罗庚确信,回国的时候到了!中国人站起来了,中国的数学一定能够赶上世界水平,多年的理想一定会在中国共产党的支持下实现!

伊利诺伊大学千方百计地挽留他,甚至提出让他先回国看看,孩子们由学校照料的建议。但华罗庚的回国之心坚定而迫切。他买好了全家人的船票,连工资都没来得及领完就走了。

轮船到达香港时,华罗庚写下了著名的《致中国全体留美学生的公开信》:"'梁园虽好,非久居之乡',归去来兮!……为了抉择真理,我们应当回去;为了国家民族,我们应当回去;为了为人民服务,我们也应当回去;就是为了个人出路,也应当早日回去,建立我们工作的基础,为我们伟大祖国的建设和发展而奋斗!"

这封语重心长、掷地有声的公开信,由新华社向全世界播送,在海外留学生中引起巨大反响。许多彷徨犹豫的留学生在华罗庚的爱国精神感召下,冲破种种阻挠回到祖国。

故国山河入梦游

谢家麟（1920~ ），加速器物理学家，中国科学院院士，获国家科技进步特等奖、国家最高科技奖，拥有两项世界原创和三项填补国内空白的科研成果，为中国高能粒子加速器从无到有并跻身世界科技前沿做出了杰出贡献。

1950年，抗美援朝战争开始了。第二年10月，美国移民局颁布命令，禁止理、工、农、医科的中国留学生回到红色中国，否则将处以5000美元以下的罚金或5年以下的徒刑。

而此时，"克利夫兰总统号"邮轮上的中国留学生们还不知道政策的改变，满怀期待地沉浸在回国的喜悦之中，为即将实现的报国理想振奋不已。这里面，就有刚获得斯坦福大学博士学位的谢家麟。

轮船中途停靠夏威夷时，美国移民局和联邦调查局的官员上船了。他们核对了中国留学生的身份、所学专业和目的地，然后给每位学生一封装有禁止离境法令的信。

联邦调查局的特工提出要检查谢家麟的行李。谢家麟心里一惊。他的行李中除了书籍之外，还有为祖国建立微波实验室的器材，有些可能是禁运的。行李舱里堆满了箱子，特工们只能先检查最上面的一个，打开一看，全是书籍，谢家麟稍稍舒了口气。由于其他箱子实在难以搬动，而船长又催促着尽快开船，特工们只好中断检查，把谢家麟和其他几位中国留学生押下轮船。

为了回国，许多留学生用所有积蓄购买了船票和国内建设所需的物品。现在，他们要承受的不仅是巨大的经济损失和生活压力，还有报国理想破灭的痛苦。想到自己归国无期，郁闷的谢家麟写下这样的诗句："峭壁夹江一怒流，小舟浮水似奔牛。黄河横渡混相似，故国山河入梦游。"但是，生活还要继续，不能就此消沉，谢家麟很快又投入到研究工作中。

此时，中国政府时刻关注着被美国扣留和迫害的科学家与留学生。1954

年，参加日内瓦国际会议的中国代表团主动释放善意，促使中美两国历史性地开启了双边谈判，使中国留学生的归国之路显出曙光。

1955年，谢家麟研制出世界上能量最高的医用电子直线加速器，引起美国高能物理界的轰动。这时，他接到美国移民局的来信，要他在做永久居民和限期离境之间做出选择。

激动万分的谢家麟毫不犹豫地选择回国。四年的羁留，终于等来了这一天。他归心似箭，甚至没来得及把这项成果整理成文发表在专业杂志上，就匆匆踏上了回国的旅程。

这一年，美国撤销了禁止中国留学生回国的命令，钱学森、师昌绪等一大批爱国科学家和留学生回到了阔别已久的祖国。

青春寄语

科学无国界，科学家有祖国。三位科学家的万里归国路，是许许多多科学家和留学生回国经历的缩影，也是那个时期中华儿女追求科技报国理想的真切写照。

国为重，家为轻，我们无法计算他们为祖国的付出与牺牲，但我们清楚地看到，他们的选择大大推进了中国科技发展的历史进程，改变了中国的国际地位乃至世界格局。

而今，我们比历史上任何时期都接近中华民族的复兴梦想。人民科学家历经坎坷的报国之路证明，恶劣的条件撼动不了高尚的理想，浮躁的环境玷污不了纯粹的信仰。

习近平同志说，实现中华民族伟大复兴是一项光荣而艰巨的事业，需要一代又一代中国人共同为之努力。空谈误国，实干兴邦。为了心中的"中国梦"，让我们共同砥砺前行！

9 冲破"两个凡是"的思想禁锢
——真理标准问题大讨论

十年"文化大革命"是一场浩劫,搅乱了国家的政治生活,阻碍了经济的健康发展,损毁了文化的根基血脉,也破坏了人们的是非标准和价值判断。

1976年注定是值得纪念的一年。这一年10月,党中央一举粉碎了"四人帮"。可是,沉浸在欢乐之中的人们渐渐发现,"文化大革命"的"左"倾错误并未因此终止。动荡过后,百废待兴,但拨乱反正的脚步却因为思想上的束缚显得格外沉重。

此时,一篇文章所引起的轩然大波,成为历史转折的导火索。一场关系到党和国家命运前途的思想解放运动,正在悄然酝酿。

"两个凡是"成禁锢

粉碎"四人帮"后,作为党和国家的领导人,华国锋强调要"照过去方针办","凡是毛主席讲过的,点过头的,都不要批评"。

1977年2月7日,《人民日报》《解放军报》和《红旗》杂志(两报一刊)发表题为《学好文件抓住纲》的社论,指出:"凡是毛主席作出的决策,我们都坚决维护;凡是毛主席的指示,我们都始终不渝地遵循。"这两句话很快被概括为"两个凡是",成为当时必须坚持的指导方针。

在编辑《毛泽东选集》第五卷之时,正值"两个凡是"出台不久,编辑们严格按照"两个凡是"的精神,尽量避免有违此精神的说法甚至字句。1957年,毛泽东在莫斯科共产党和工人党代表会议的讲话中指出:"列宁说,世界上没有人不犯错误。我也犯过错误,而且从错误中得到好处。"根据这句话,毛泽东显然"也犯过错误",那么,就不能说毛泽东的话"句句是真理",这与"两个凡是"明显相悖。于是,这后一句话在公开出版的《毛泽东选集》第五卷中就消失了。

还有一例,毛泽东在1955年写的《〈关于胡风反革命集团的材料〉的序言和按语》一文中,有这样一句话:"而人民大众则必须团结起来坚决、彻底、干尽(净)、全部地将这些反抗势力镇压下去。"毛泽东将"净"误写为"尽",显然属于笔误,但为避免违背"两个凡是"的精神,这个字最终未予修改。结果,这个错字也就留在了1977年出版的《毛泽东选集》之中。

十年"文化大革命"制造了很多冤假错案,站在平反冤假错案一线的中共中央组织部,每天要接待上访者数百人次。全国各地寄往这里的信件,每个月多达六麻袋。

"两个凡是"使得平反冤假错案工作遭受重重阻力:"胡风反革命集团"是毛泽东亲定的;1957年、1959年的两次"反右"运动是毛泽东领导的;而"文化大革命",更是毛泽东亲自发动和领导的。

据统计,在"文化大革命"中,全国被立案审查的各级干部多达230万人;其中,中央国家机关和各部委被审查的干部就有29885人,占干部总数的16.7%;而冤假错案也多达300万件。全国未被正式立案审查,却因错误批斗、迫害的干部更多。据不完全统计,"文化大革命"期间,全国受到伤害和株连的人口竟高达一亿。

但是,"凡是派"的人则坚决地说:"中央专案组的这些大案要案,都是毛主席定的,不能翻!谁翻案,谁就是反对毛主席!"

"小人物"点燃导火线

粉碎"四人帮"后,各条战线都在努力进行思想上、政治上和组织上的拨乱反正。"两个凡是"却成为当时必须坚持的指导方针,拨乱反正工作遇到了巨大的思想阻碍。

太多的禁区,人民群众的合理要求得不到满足,越来越多的人开始意识到要摆脱这种混乱局面,彻底纠正"文化大革命"中的错误,必须首先从思想问题着手,寻找突破口。

1977年3月,胡耀邦出任中共中央党校副校长,开始主持中央党校日常工作。他召集中央党校的"笔杆子"吴江、孙长江等人,商议组成新的写作班子,开展理论研究,并创办了内部刊物《理论动态》,酝酿组织文章,澄清在思想问题上的模糊认识。

在南京,有一个人也在苦苦思索。这位思考者,姓胡,名福明,生于1935年7月,江苏无锡人,任教于南京大学政治系(后更名为哲学系)。

1977年7月,胡福明每天晚上都去江苏省人民医院照顾生病的妻子。天气热,蚊子多,胡福明就在医院的走廊上看书,思索着如何批判"两个凡是"。

在当时,"马列主义毛泽东思想是真理,但不是检验真理的标准"这样很明白的道理,很多人不明白。

浙江大学在当时的政治课考试中,出过这么一道题:"马列主义、毛泽东思想是不是真理的标准?"很多学生交了白卷,他们心里想说"不是",却又担心犯错误,所以干脆交了白卷。

胡福明认为这是一个绝好的突破口。于是他从家里拿来一些马列著作、毛泽东的著作,把有关论述"实践是检验真理的标准"的内容一一摘录下来,开始认真研究这个问题,构思文章写作。

9月初,他将《实践是检验真理的标准》一文寄给了《光明日报》哲学组的王强华编辑。

几乎同时，中共中央党校理论研究室的孙长江也正在思考整理关于这一命题的相关材料，他也认为这是从理论上批判"两个凡是"的最佳切入点。

1978年4月，这篇几经修改的文章引起了《光明日报》新任总编辑杨西光的高度重视。杨西光建议作者对该文作进一步修改，并请正在撰写同一主题文章的孙长江等共同参与。

经过反复修改，题目最终定为《实践是检验真理的唯一标准》。经胡耀邦审阅后，1978年5月10日，《实践是检验真理的唯一标准》刊登在中共中央党校的内部刊物《理论动态》上。

11日，《光明日报》以"特约评论员"的名义公开发表了此文。当天，新华社全文转发。

12日，《人民日报》和《解放军报》也分别转载。

这篇文章深刻指出：社会实践不仅是检验真理的标准，而且是唯一的标准。凡是超越实践、自奉为绝对禁区的地方，就背离了科学，背离了真正的马列主义、毛泽东思想，剩下的只会是蒙昧主义、唯心主义、文化专制主义。

一石激起千层浪

理论与实践相结合，真理必须由社会实践来检验，是最基本的哲学常识。但长期以来的思想僵化和个人崇拜，使这篇文章提出的这一马克思主义认识论的基本观点，遭遇到了空前的关注和责难。

1978年5月12日，也就是《实践是检验真理的唯一标准》在《人民日报》转载的当天夜里，《人民日报》总编辑胡绩伟接到了一个电话。

电话那头称，《实践是检验真理的唯一标准》这篇文章犯了方向性的错误，是在"砍毛泽东思想伟大旗帜"，理论上是错误的，政治上的问题更大，影响极坏。

"电话事件"的第二天，有人跑到胡耀邦家很严肃地对他说："《实践是检验真理的唯一标准》这篇文章起了很坏的作用，把党中央主要领导人的分歧公开暴露在报纸上！"

文章发表后的第六天，在中央召开的部分宣传和新闻单位负责人会议上，有领导同志批评《人民日报》没有党性，指责："此文理论上是荒谬的，思想上是反动的，政治上是砍旗帜的。""此文署'特约评论员'。'特约'，约的是谁？不知道！"各省市主管宣传的负责同志还被告知："对于这篇文章，不要以为《人民日报》转载了，新华社发了，就成了定论。"

作为中共中央权威性理论刊物的《红旗》，也对《实践是检验真理的唯一标准》一文保持沉默。胡耀邦此时承受了巨大的压力。有人对他说，理论问题要慎重。胡耀邦却坚持说："理论问题要勇敢！"

其实，毛泽东曾多次阐述过实践是检验真理的唯一标准这一观点，实事求是更是毛泽东思想中最重要的内容之一。1963年11月18日，毛泽东在修改一篇文章时，还曾亲笔加上"社会实践是检验真理的唯一标准"。

然而，当《实践是检验真理的唯一标准》一文驳斥"两个凡是"，重申马克思主义认识论的这一基本观点时，却引发了一场声势浩大的争论。

思想解放号角的吹起

1978年6月2日，邓小平在全军政治工作大会上发表重要讲话，强调实事求是、一切从实际出发是马克思主义的根本观点、根本方法，要"拨乱反正，打破精神枷锁，使我们的思想来个大解放"。讲话虽然一字未提《实践是检验真理的唯一标准》，却对这篇文章做了最有力的支持。

事后邓小平说，《光明日报》发了文章，当时没注意，后来听说有人反对，才找来看了看。符合马克思列宁主义嘛，扳不倒嘛！

作为中央军委秘书长，罗瑞卿对邓小平和胡耀邦关于真理标准的正确立场持积极态度。在他的支持下，6月24日，《解放军报》发表了《马克思主义一个最基本的原则》。这篇文章也在当天的《人民日报》《光明日报》转载。

《解放军报》文章是针对当时反对"实践是检验真理唯一标准"这一观点

的言论而写的,对于其中的风险,罗瑞卿心知肚明。7月18日,他去联邦德国治病,临行前对来送行的解放军报社负责人说:"那篇文章可能有人反对,我负责,打板子打我。"

1978年8月,《红旗》杂志约请谭震林写一篇回忆毛泽东领导井冈山斗争的文章。谭震林直截了当地说:"要我写文章,我就要写实践是检验真理的唯一标准,说明毛泽东思想是从实践中来,又经过革命实践检验的科学真理。"文章完成后,面对编辑部负责人的担心,他再次明确表示文章观点不能动,"这样做丢不了党籍,住不了牛棚"。

一批老同志也纷纷表明态度,支持关于真理标准问题的讨论。叶剑英在中央政治局会议上明确指出:"我不主张对讨论采取压制态度,对待毛泽东思想,不能采取教条主义态度。"李先念在国务院的会议上也坚定表态:"凡是经过长期社会实践证明是符合客观规律、符合大多数人利益的事,就坚决地办、坚持到底。"

从1978年7月开始,真理标准问题讨论进入高潮。哲学界率先加入,很快发展到自然科学和社会科学领域。继而全国各省、(直辖)市、自治区和中央的一些部门,以及各大军区、各军兵种、军委直属单位的主要负责人,公开表明支持实践是检验真理的唯一标准的立场,各地宣传部门和党校也参与其中。一场席卷全国的真理标准问题大讨论轰轰烈烈地开展起来。1978年下半年,除中央单位外,各地就真理标准这一论题的讨论会达70多次,报刊上发表的相关文章达650多篇。

据说,当时一位省领导因为迟迟没有表态支持真理标准的讨论,于是,就有人贴出一张大字报和一张全国地图。地图上已经明确表态的省、(直辖)市、自治区被清楚地标了出来。剩下没有标的两个省,一个是台湾,一个是本省。

真理标准问题大讨论使"实践是检验真理的唯一标准"的观念日渐深入人心,为随后召开的党的十一届三中全会重新确立党的解放思想、实事求是的思想路线奠定了坚实的思想理论基础。

青春寄语

邓小平说:"一个党,一个国家,一个民族,如果一切从本本出发,思想僵化,迷信盛行,那它就不能前进,它的生机就停止了,就要亡党亡国。"

30多年前的那场真理标准问题的大讨论,在历史发展的拐点吹响了思想解放的号角,引导处于犹豫、徘徊、迷茫中的中国人民勇于打破"两个凡是"的精神枷锁,破除教条主义和"左"的思想,并科学回答了怎样正确理解毛泽东思想、什么是社会主义、怎样建设社会主义等重大问题,澄清了人们对社会主义认识的种种迷误。

这场大讨论启示后人在全面深化改革和中国特色社会主义现代化建设中,要始终坚持解放思想、实事求是、与时俱进,不断推进马克思主义中国化。

10 鞋子合不合脚，自己穿了才知道
——"走什么路"的历史接力棒

2013年3月23日上午，习近平同志在俄罗斯著名学府莫斯科国际关系学院发表演讲。千人大礼堂内座无虚席，两侧和中间的过道上都挤满了学生。

习近平同志围绕国际形势、中国的外交方针和中俄关系发展等问题，引经据典，妙语连珠。在谈到中国的发展道路时，他巧妙地打了一个比方说："'鞋子合不合脚，自己穿了才知道。'一个国家的发展道路合不合适，只有这个国家的人民才最有发言权。"

习近平同志的"鞋子理论"语言朴实，寓意深刻。走什么样的路就能实现什么样的发展。国家的道路关系着国家的富强、民族的复兴和人民的幸福，选择什么样的发展道路，是本国人民在历史发展过程中的自主选择。

近代以来，面对中华民族的内忧外患，无数仁人志士对"走什么路"的问题进行了长期艰辛探索，但都始终未能找到令人满意的答案。

中国共产党成立以来，把马克思主义基本原理与中国具体实际相结合，独立自主，自力更生，取得了中国革命、建设和改革的伟大胜利，开创和发展了中国特色社会主义，彻底改变了中国的面貌，开启了中华民族走向伟大复兴的历史进程。

以苏为鉴，走自己的路

中国共产党领导中国人民实现了新民主主义革命的伟大胜利，完成了社会主义改造，初步确立了社会主义基本制度，实现了中国有史以来最深刻的社会变革。进入社会主义建设时期，应该怎样建设社会主义？早在1955年底，毛泽东就曾作出过思考。他率先在全党范围内提出了要"以苏为鉴"，要探索"自己的建设路线"。

1956年初，在社会主义改造即将完成时，伴随着对"如何在贫穷、落后的中国进行社会主义的建设"的追问，毛泽东又开始了新一轮的探索。面对工业化步伐的加快，促进经济建设和科学文化建设成为毛泽东的一个新的关注点。

1956年1月中旬，毛泽东从杭州回到北京不久，听说刘少奇正在为准备党的八大报告，听取国务院一些部委的工作汇报，立刻生发了莫大的兴趣。他对薄一波说："这很好，我也想听听。你能不能替我也组织一些部门汇报。"这次调查的直接成果，被探索适合中国情况的建设社会主义道路的开篇之作《论十大关系》所吸纳。

1956年2月14日至4月24日，毛泽东先后听取了国务院34个部门的工作汇报。在这43个日日夜夜中，在中南海颐年堂，他几乎每天都是"床上地下，地下床上"，除了睡觉就是听汇报，每天工作十四五个小时。

党中央其他重要领导人——刘少奇、周恩来、陈云、邓小平等也常常去听汇报、发表意见。一般来说，各部门会把书面的汇报材料提前交给毛泽东。在听汇报的时候，毛泽东会不时打断，提出问题，发表评论，开展讨论。比如在听重工业部汇报时，周恩来讲到要派人到资本主义国家去学技术，毛泽东非常赞成，表示不论法国、美国、挪威、瑞士……只要条件允许，我们就派学生去。

在地方工业部的汇报中，毛泽东十分关心中央集权和地方分权的问题。他指出，苏联有一个时期中央集权很突出，有好处，但也导致地方积极性降低了，我们要注意这个问题。

调查就像"十月怀胎",解决问题就像"一朝分娩"。在1956年4月25日召开的中共中央政治局扩大会议上,毛泽东发表了《论十大关系》的讲话,主要谈了经济问题,也讲了国家政治生活中同经济建设密切相关的一些重大问题。毛泽东把这些问题概括为十大关系。

"以苏为鉴",根据中国国情走自己的路,是《论十大关系》贯穿始终的基本思想。正如毛泽东自己所说:"十大关系的基本观点,就是同苏联作比较。除了苏联办法之外,是否可以找到别的办法,比苏联、东欧各国搞得更快更好。"

《论十大关系》的发表,标志着中国共产党对社会主义建设道路形成了一个初步而又比较系统的认识。

改革开放,胆子要大一些

党的十一届三中全会后,中国社会主义现代化建设进入了一个崭新阶段。

在改革开放的新时期,以邓小平为核心的党中央领导全国人民在新的历史条件下开启了新的伟大革命。在深刻总结社会主义建设已有经验教训,正确把握和平与发展的时代主题的背景下,围绕"什么是社会主义,怎样建设社会主义"这一社会主义建设的基本问题,实行改革开放,提出了"建设有中国特色的社会主义"这一崭新命题,深刻揭示了社会主义的本质、社会主义的基本矛盾,提出了"一个中心,两个基本点"的社会主义初级阶段的基本路线等理论,成功开创了中国特色社会主义道路。

"1979年,那是一个春天,有一位老人在中国的南海边画了一个圈……"一曲《春天的故事》唱响了大江南北。中国改革开放和社会主义现代化建设的总设计师邓小平在当时地图上都找不到的一个边陲小镇画的"圈",如今已变成一座现代化大都市。

时间退回到1979年4月。在听取中共广东省委第一书记习仲勋等同志的汇报后,邓小平说,可以划出一块地方,就叫做特区。过去陕甘宁就是特区嘛！中央没有钱，但可以给政策，你们自己去搞，杀出一条血路来。

1980年8月26日，经过反复讨论，第五届全国人大常委会第十五次会议审议批准了设立深圳、珠海、汕头、厦门四个经济特区，开启了中国特色社会主义实践的新篇章。

经济特区发挥了对外开放的窗口作用，给国人带来了新的气象和新的感受。一时间，两天半就能建好一层楼的"深圳速度"被传为佳话。"时间就是金钱、效率就是生命"的口号，更是发人深省、催人奋进。

当时也有人担心这是不是在搞资本主义。有人甚至说，深圳除了五星红旗的颜色没变，其他都变了。面对国内外种种议论，1984年，邓小平亲临经济特区视察。1月26日，邓小平为深圳特区题词：深圳的发展和经验证明，我们建立经济特区的政策是正确的。1月29日为珠海特区题词：珠海经济特区好。2月9日为厦门特区题词：把经济特区办得更快些更好些。这极大地鼓励了特区建设者的信心。

1992年，随着东欧剧变，苏联解体，姓"社"和"资"的争论又开始热闹起来。邓小平时隔八年之后再次来到武汉、深圳、珠海、上海等地视察。

看到特区的新发展，他高兴地说："这次来看，深圳、珠海特区和其他一些地方，发展得这么快，我没有想到。看了以后，信心增加了。"

他还鼓励大家说："改革开放胆子要大些，敢于试验，不能像小脚女人一样。看准了的，就大胆地试，大胆地闯。"

实现中国梦，要坚持和发展中国特色社会主义

党的十三届四中全会以来，在世情、国情、党情面临新变化的背景下，面临国内外严峻发展形势的巨大考验，以江泽民同志为核心的党的第三代中央领导集体始终坚持马克思主义与中国实际相结合，创造性地回答了在新的历史条件下"建设什么样的党，怎样建设党"这一关系党和国家生存、发展的重大问题，科学地提出"三个代表"重要思想，开创了改革开放的新局面，

为中华民族的伟大复兴而奋斗
中国共产党的思想作风

捍卫、传承并发展了中国特色社会主义。

新世纪新阶段，以胡锦涛同志为总书记的党中央抓住重要战略机遇期，在全面建设小康社会的进程中不断推进实践创新、理论创新、制度创新，提出了以人为本、全面协调、可持续的科学发展观，提出构建社会主义和谐社会、加快生态文明建设，形成了中国特色社会主义事业的总体布局，在新的历史起点上坚持和发展了中国特色社会主义。

2012年11月，党的十八大以来，习近平总书记带领新一届中央领导集体，继续中国特色社会主义的征程：改革不停顿，开放不止步；依法治国，依法执政；从严治党，从严治军；八项规定，六项禁令；和平发展；全面深化改革……

这一切的努力都为了一个梦想："到中国共产党成立100年时全面建成小康社会的目标一定能实现，到新中国成立100年时建成富强民主文明和谐的社会主义现代化国家的目标一定能实现，中华民族伟大复兴的梦想一定能实现。"中国梦的实现需要"毫不动摇坚持和发展中国特色社会主义"。

"鞋子合不合脚，自己穿了才知道。"如今，我国经济总量已跃居世界第二位，社会生产力、人民生活水平、综合国力和国际影响力都上升到一个新阶段，国家面貌发生了翻天覆地的新变化。

"既不走封闭僵化的老路，也不走改旗易帜的邪路"，中国特色社会主义道路，中国特色社会主义理论体系，中国特色社会主义制度，是党和人民90多年奋斗、创造、积累的根本成就。

习近平同志说，实现中国梦必须走中国道路，这就是中国特色社会主义道路。中国特色社会主义道路承载着几代中国共产党人的理想和探索，寄托

着无数仁人志士的夙愿和期盼，凝聚着亿万人民的奋斗和牺牲。

中国特色社会主义道路是在改革开放30多年的伟大实践中走出来的，是在中华人民共和国成立60多年的持续探索中走出来的，是在对近代以来170多年中华民族发展历程的深刻总结中走出来的，是在对中华民族5000多年悠久文明的传承中走出来的。

只有社会主义才能救中国，只有中国特色社会主义才能发展中国！

贰

为有源头活水来
——中国共产党的学习作风

半亩方塘一鉴开，

天光云影共徘徊。

问渠哪得清如许？

为有源头活水来。

南宋著名学者朱熹以方塘作比喻，形象地表达了人在学习时有所悟、喜所得的那种灵气流动、思路明畅、精神清新活泼而自得自在的境界。

诚如诗文所启示，一个人只有不断学习，才能思想活跃、胸襟开阔、才思不断；一个集团只有勤于学习、善于学习，才能为事业发展汲取源源不竭的动力。

综观中国共产党90多年波澜壮阔的革命、建设、改革历程，一以贯之的是全党对待马克思主义理论的严肃、认真、科学的学习态度，是党员群体呈现出的好学上进、实事求是、理论联系实际的学习特征，是融会贯通、钻研探索、创造升华的学习追求。

通过学习，党增长本领、凝聚力量，奠定了开天辟地的辉煌基业；也唯有依靠学习，党才能在未来征程中披荆斩棘、乘风破浪，书写继往开来的历史篇章。

2015年1月，习近平同志在为第四批全国干部学习培训教材所作的序言中强调，好学才能上进，好学才有本领。中国共产党人依靠学习走到今天，也必然要依靠学习走向未来。

《黄河大合唱》,詹建俊、叶南绘

1 从学习西方到"以俄为师"
——中共早期领导人的求学路

1840年中国在鸦片战争中失败，使得不甘于被压迫、被奴役的中国人开始意识到先进科学技术的优势，并产生了走出国门看世界的思想念头。

历经千辛万苦，一批又一批的中国人相继踏出国门，向西方学习先进科学技术，期望以此救助中国走向繁荣富强之路。

但是，正如毛泽东所指出的："中国人向西方学得很不少，但是行不通，理想总是不能实现。"一次次寄以"救亡图存"渴望的努力，被残酷的现实一次次击败，沮丧与失望不可避免地袭扰着中国人民。现实状况中的种种困扰与苦难，丝毫没有得到解决。

俄国十月革命胜利的炮声，极大地震动和鼓舞了中国人民。屡屡尝试却被现实屡屡无情打击，从而一时迷失方向、彷徨徘徊的中国先进分子，仿佛苦苦漂浮于汪洋大海的水手，看到了远方海平面上若隐若现的灯塔和陆地，终于准确把握到了前行的方向。

高扬社会主义旗帜的莫斯科继日本、欧洲之后，成为中国先进分子努力求索的理想彼岸；他们很快确定了"走俄国人的路"的结论。

求学日本，探索救国道路

东方岛国日本，经过1867年明治维新后，迅速崛起。在"脱亚入欧"理论的指导下，日本迅速走上资本主义道路，继而极端膨胀出现的军国主义，在19世纪90年代以后对中国造成了深重灾难。

由于地理位置邻近，语言文字、文化传统等与中国相近，加上在国家转型与发展上的独特经验，日本成为近代众多中国留学生的求学目的地之一。党的早期领导人如陈独秀、李大钊等都曾留学日本。

多数留日的中国青年学习的均为法政等文科专业，独特的人文思想使他们格外关注各种社会政治思潮的演变。这期间他们眼见日本社会凸显的种种矛盾，也为部分留学生接受马克思主义准备了客观条件。与此同时，欧洲社会主义思想涌入日本，日本国内对其研究热情愈加浓烈。

部分中国留日学生接触到日本思想界研究社会主义的理论作品，深受影响。他们燃起了学习、吸收马克思主义的热情，并通过翻译日本学者相关著作等方式，努力向国内引进马克思主义。李大钊就是在留学日本期间接触、了解并最终接受了马克思主义学说，进而率先扛起宣传马克思主义的大旗，在中国大地上播种传扬。

1913年冬，24岁的李大钊前往日本求学。次年9月，他进入早稻田大学攻读政治学。

在日本，李大钊学习到社会主义经济学理论，结识了安部矶雄、河上肇等人，逐渐受到他们为人民争取福利的主张和偏向社会主义思想的影响，初步接触了马克思主义。1915年1月18日，日本驻华公使日置益向袁世凯提出不平等的"二十一条"，丧权辱国的条款激起了无数中华爱国人士的愤怒。正在日本留学的中国青年们更是激愤难当，李大钊当然也不例外。他积极参与到抗议斗争之中，奔走呼告，并起草了通电《警告全国父老书》："以谓有国可亡，有人可死，已无投鼠忌器之顾虑，宜有破釜沉舟之决心。"李大钊由于频繁参与抗议斗争长期缺课，最后不得不中止学业踏上回国的归程。

1918年，李大钊在深入对比分析了1917年俄国十月革命与1789年法国资产阶级革命的异同点后，敏锐地认识到俄国革命是立于社会主义意义上的革命，是"世界的新文明之曙光"，预示着社会主义革命时代的来临。同一年，他在两篇激情洋溢的文章——《庶民的胜利》和《布尔什维主义的胜利》中热烈、激动地赞扬十月革命的划时代意义。他以历史巨人般的深远眼光，满怀信心地预言："试看将来的环球，必是赤旗的世界！"

　　为了推动马克思主义在中国的传播发展，李大钊孜孜不倦地学习，潜心研究马克思主义理论，并把自己对马克思主义的理解和认识梳理归纳，撰写成《我的马克思主义观》一文，于1919年10月、11月，分两期在《新青年》杂志上发表。文章介绍了马克思主义的唯物史观、政治经济学和科学社会主义的基本原理，高度肯定了马克思主义的历史地位，坚信马克思主义理论必将成为"世界改造原动的学说"。

　　留学日本是李大钊思想发生巨变的一个契机，这为他在"十月革命"后将马克思主义带到中国加以传扬奠定了坚实的基础。

赴欧勤工俭学，接受马克思主义

　　在学习西方先进技术思想的推动下，大批青年远赴欧洲求学，其中以去法国、英国、德国和比利时的居多，成为传播马克思主义的特殊队伍。

　　这些立志于改造中国的进步青年，置身于马克思主义的发祥地——欧洲社会，认真学习，不断思考。由于囊中羞涩，赴欧求学的青年知识分子，大多需要勤工俭学来维持生计。正因为此，他们进入欧洲工厂做工，与工人们一起工作的同时，充分体会了工人阶级的真实生活状态，联系接受的马克思主义理论，无论在思想观念上还是情感上都发生了质的改变，最终锻造成为真正的马克思主义战士，走上了无产阶级革命道路。

　　在这批人中间，有周恩来、朱德、邓小平、陈毅、聂荣臻、蔡和森、赵世炎、李维汉、李富春等优秀人物。他们逐步建立了中国共产党早期留学西欧团体。周恩来是其中的杰出代表。

在南开学校读书期间，周恩来以其出色的学业成绩和表现，深受学校创办人严修的器重。1920年8月，周恩来成为南开学校推荐的两位赴欧洲留学学生之一。同年11月7日，年轻的周恩来登上驶往法国的邮船，为了追求真理，漂洋过海远赴他乡。

周恩来到欧洲后，努力抓住一切学习的机会，奋发图强，"对于一切主义开始推求比较"。平时除了上课，他喜欢到书店看书，广泛涉猎马克思主义著作。经过广泛而深入的学习理解，周恩来逐渐接受和坚定了共产主义理想。1921年，在张申府和刘清扬的介绍下，周恩来加入了巴黎共产主义小组，该小组也是中国共产党八个发起组之一。后来，周恩来在写给国内"觉悟社"的信中说："我认清共产主义确实比你们晚，一来因为天性富于调和性，二来我求真的心又极盛，所以直迟到去年秋后才定妥了我的目标。"

自1920年起，远渡重洋的四年多时间里，周恩来走遍欧洲各国，一直活跃于先期共产党在欧洲的进步团体与相关学生组织，并在其中担任主要负责人。

欧洲留学经历，使周恩来切实了解了西欧这一资产阶级革命及工业革命发源地的历史与现状，通过所见所闻、所思所想，系统地了解了资本主义社会，深入学习、分析、理解了马克思主义的现实价值与指导意义，结合自己的实际情况，修正并坚定了自己的理想信仰——为追求共产主义而努力奋斗。

留学苏俄，走俄国人的路

俄国十月革命胜利后，系统研究俄国革命的李大钊等人，率先将"布尔什维克主义"引入中国并广泛传扬。在红色大旗的指引下，先进青年纷纷对北方的"红色政权"予以关注，"以俄为师"很快成为当时中国社会的重要思潮。

1921年，在嘉兴南湖的游船之上，中国共产党正式成立。自此，我党在"以俄为师"理念指引下，开始有组织地派遣先进青年赴苏联留学。同年，刘少奇、任弼时等前往莫斯科的东方劳动者共产主义大学，开始系统地学习马克思主义。

从1923年3月至1924年9月，在共产国际和苏联政府的协助下，在巴黎的中共旅欧支部成员先后有三批赴东方大学学习，包括邓小平、傅钟等。

随着第一次国共合作的正式建立，为更好地培养中国革命所需人才，国共两党继续向苏联派遣留学生。苏联共产党为此组建了"孙逸仙大学"，即莫斯科中山大学，专门接受国共两党派出的留学生。留学生在苏联深入学习马克思列宁主义的同时，加强研究借鉴苏联的政治工作经验，并积极参加各种军事训练，从各方面努力提高革命技能。

大革命的失败使得处于幼年时期的中国共产党进一步理解了掌握革命武装的重要性，更多的中国共产党人进入苏联各类军事院校学习。在这些留学生中，许多人日后成长为我党杰出的军事指挥员，使我党的革命武装运动更为专业化。刘伯承、左权、萧劲光等就是其中优秀的代表。

风云际会，一位位优秀的留苏共产党人，犹如点点星火，在燃烧自己的同时，也成为中国共产党奋勇前进道路上的一座座灯塔。这其中，刘少奇便是重要代表。

1921年6月22日至7月12日，共产国际第三次代表大会召开，刘少奇和其他同学一起受邀旁听了会议。坐在会场里，刘少奇看到主席台上列宁和其他共产国际的领袖们，喜悦之情不言而喻。这些领袖的大名，在国内时就已如雷贯耳，现在能亲眼见到并聆听他们作报告，确实是激动人心的事。虽然那时刘少奇的俄语水平还不高，难以听懂列宁报告的全部内容，但有机会亲眼见到杰出的共产主义运动领导人列宁，兴奋之情久久不能平静。

会议闭幕以后，刘少奇被安排进入东方大学学习。在那里，他阅读了《共产主义ABC》《国家与革命》《反杜林论》《资本论》等著作。在学习中，他很注意把革命理论和实践联系起来思考，时常对比分析世界各国与中国的具体革命实践的差异。

1921年7月，刘少奇得知中国共产党诞生的消息，激动异常，迫不及待地与负责中国留学生班思想工作的政治教导员交流自己的所思所想，透露了自己对共产主义的坚定信念。不久之后，东方大学组织第一批学员加入中国共产党的仪式，刘少奇与罗亦农、彭述之、卜士奇等同学就在其中。

短短一年的苏联留学经历帮助刘少奇进一步理解和掌握了马克思主义理论，尤其是马克思、恩格斯的无产阶级革命学说，以及列宁的工人阶级政党建设和革命斗争等基本理论。

1948年7月1日，刘少奇回忆起这段难忘的历史，深情地说道："到西天取经，只有一年就回来了。在苏联时间不长，也算取了经。由此确定了我的革命人生观。"

青春寄语

鸦片战争打开了西方列强侵略中国的大门，在那个风雨飘摇的年代，中华儿女饱受欺凌。

早期的中国共产党人走出国门，漂洋过海，远走他乡，只为寻得拯救国家民族危亡的一团火光，照亮黑暗与混沌的前程。经过深入学习与钻研，最终他们找到了将中国革命具体实践与马克思列宁主义相结合的道路。

或日本、或欧洲、或苏联的段段留学经历，使得早期的共产党人在汲取知识的同时，充分了解了西方社会现状。他们犹如一棵棵扎根沃土的树苗，在马克思主义阳光雨露的滋养下，在自身不断努力下，逐渐锻炼成长为党和革命事业的参天大树，为中国人民的解放事业做出了不可磨灭的贡献。

习近平同志说，道路决定命运，找到一条正确道路是多么不容易。中国特色社会主义不是从天上掉下来的，是党和人民历尽千辛万苦、付出各种代价取得的根本成就。

2 在斗争实践中学习
——走农村包围城市的革命道路

1927年，大革命失败，中国共产党人充分认识到武装斗争的重要性，明确了走武装斗争的革命道路。党在各地发动武装起义，试图以武装暴动建立革命政权。但是由于敌我力量悬殊，大部分起义都失败了。

在严峻的形势下，以毛泽东为代表的一批共产党人在残酷的斗争实践中学习，从中国革命的具体条件出发，摸索出一条正确的革命道路——到农村中去，建立农村革命根据地，开展工农武装割据，走农村包围城市的道路。

"农村包围城市，武装夺取政权"，这是中国革命唯一正确的道路。

退兵文家市，走上井冈山

1927年9月9日，毛泽东率领中国工农革命军第一师在湖南发动秋收起义，一度占领醴陵、浏阳县城。但是，起义遭到国民党正规军优势兵力的集中反攻，起义军几路人马先后失利，损失惨重，几近全军覆没。就在这生死存亡的危急时刻，毛泽东及时改变策略，调整原定的攻打长沙的部署，退兵文家市。

9月19日深夜，当连续作战、疲惫不堪的战士们都已沉沉睡去时，文家市这个小集镇的里仁学校后排教室里,却灯火明亮。毛泽东在这里主持召开了前敌委员会会议,起义军总指挥卢德铭、师长余洒度、副师长余贲民、团长苏先骏等前委委员,以及师团主要负责人参加了会议。

毛泽东请大家对部队的进退方案建言献策。

"当然是进嘛!"师长余洒度率先嚷道,"中央、省委不是要我们拿下长沙吗?不打长沙没有出路!我们怎能在长沙省城暴动未发生之前就偃旗息鼓呢?我认为,还要打,应取浏阳直攻长沙。"

"现在部队很乱,士气低落。打又打不赢,退又退不得,难办啦!"三团团长苏先骏叹着气说。

"现在敌强我弱,我们不能再硬拼了,不然有可能全军覆没啊!"卢德铭担忧地说道。

毛泽东一直吸着烟。他猛抽了一口,坚定地说:"我主张退,我不赞成再打长沙。难道我们非要拼到一兵一卒不成?"他还有针对性地说:"目前,张国威两个团在浏阳屯兵坚城,还有一个团驻守长寿街,我们就剩这点血本,不能鸡蛋碰石头。洒度兄,现在情况变了,我们的计划也要变,不变就要吃亏的!我们需要养精蓄锐,保存实力,以图东山再起!"

"养精蓄锐?东山再起?怎么个养法?怎么个图法?"余洒度立即反唇相讥。

毛泽东拿过地图,目光炯炯有神,指着罗霄山脉中段,坚毅地说:"实在不行,我们就上山,到这眉毛画得最浓的地方去当'山大王'!"

"什么,当山大王?革命革到山上去做山大王,这叫什么革命!"不知是谁气冲冲地说道。

"不。我们这个山大王是特殊的山大王,是共产党领导的有主义、有政策、有办法的山大王,是革命的山大王,与历代的山大王不同。"毛泽东挥动手臂,坚定地说,"中国政治不统一,经济发展不平衡,矛盾很多,我们要找个敌人统治薄弱的地方,才能徐图发展。"说完,他又点燃一支烟。

现场出现了难得的安静,大家认真琢磨着毛泽东的话语。

为有源头活水来
中国共产党的学习作风

"我赞成润之兄的分析。"卢德铭适时表态,"现在的交通要道和大中城市都不是我们占领的地方。"

"时间不早了,马上天亮了。我看举手表决吧,赞成润之意见的请举手!"

绝大多数人举起了手。他们,在历史的关键时刻举起了一座大山!

毛泽东脸上露出了欣慰的笑容,随即宣布:"现在,前敌委员会决议,以保存实力,应退萍乡。明早即向萍乡退却。"

"退兵萍乡"的提出,开始了我党武装斗争从城市转向农村的伟大转折。这是具有重大历史意义的关键举措!

星星之火,可以燎原

1927年10月,毛泽东率领部队到达井冈山,开始了创建井冈山革命根据地的斗争。经过一年三个月的积极努力,井冈山革命根据地不断发展壮大。

井冈山根据地欣欣向荣的革命形势震惊了国民党反动派,令蒋介石非常恼火。1928年11月,他命令湘赣两省纠集六个旅共三万多人的部队,准备对井冈山革命根据地发动第三次围剿。为了粉碎敌人的阴谋,经研究决定工农红军采取内线作战与外线作战相结合的战略,由毛泽东、朱德率领红军第四军主力3600多人主动出击,转战赣南,与留守井冈山的队伍内外呼应。

1929年1月,毛泽东率领部队离开井冈山,先后转战赣南、闽西等地,在艰苦的斗争中开创中央革命根据地。

当时的工农红军面临极其严峻的形势,国民党军持续不断的军事进攻,导致红军部队时刻都要面临残酷的牺牲,普通战士很难相信自己能够迎来革命胜利的光明前途。

这种失落、悲观、沮丧的氛围就像浓浓雾气笼罩着革命队伍。1930年元旦,林彪给毛泽东写了一封长信。在信中,他认为毛泽东提出的一年争取江西的计划并不可行,红军要建立巩固的农村根据地很困难,不如采用流动游击的方式来扩大红军的政治影响力。面对白色围剿,红军屡战失利,林彪困惑地发出疑问:"红旗究竟能打多久?"

　　毛泽东意识到,林彪对时局的悲观估量,代表了当时红军中普遍存在的疑虑。中国革命到底要不要建立广阔而扎实的农村根据地?革命到底路在何方?

　　这是一个影响全局、事关根本的现实问题,也是一个重大的理论问题,需要在系统总结经验教训的基础上予以科学的回答。

　　回复林彪的来信,正好是一次教育军队、统一思想的机会。

　　1930年初,毛泽东奋笔疾书,历时五天,洋洋洒洒一篇长达六七千字的回信写成了。此信以《时局估量和红军行动问题》为题(这封信后来收入《毛泽东选集》,题目更改为《星星之火,可以燎原》),印发到各纵队、大队党支部,要求展开充分讨论。

　　在信中,毛泽东指出,林彪对于时局的估量是比较悲观的:"我知道你相信革命高潮不可避免地要到来,但你不相信革命高潮有迅速到来的可能。"毛泽东认为,林彪在行动上不赞成一年争取江西的计划,而只赞成在闽粤赣交界的区域内的游击,是因为缺乏建立政权的深刻观念。他批评林彪对于利用赤色政权的深入与扩大去促进全国革命高潮的战略思想缺乏深入的认识和理解。

　　毛泽东分析了林彪等人悲观思想的根源,是没有认清中国革命的斗争形势。革命虽然遭到了暂时的挫折和失败,但是,从事实上看,当前中国就像全国都布满了干柴,只要有合适的火种,很快就会熊熊燃烧起来。

　　他以雄辩的事实论证,只要看看全国各地工人罢工、农民暴动、学生罢课、士兵哗变的情况,就能知道不仅"星星之火,可以燎原",而且可以预见的是如火如荼的革命高潮一定会出现在不远的前方!

　　毛泽东以他特有的革命乐观主义精神,充满信心、激情澎湃地写道:"它是站在海岸遥望海中已经看得见桅杆尖头了的一只航船,它是立于高山之巅远看东方已见光芒四射喷薄欲出的一轮朝日,它是躁动于母腹中的快要成熟了的一个婴儿。"

工农武装割据

在紧张繁忙的行军战斗生活中,毛泽东总是抓紧一切时间研读书籍,思考问题。他有两个书篓,可以说是他最珍贵的"家产",无论转战何地,总是随身携带着。

读书成为毛泽东战斗生活中的一大乐趣。他曾经明确指示警卫排的战士们:今后凡是打下一个地方,必须趁机搜集各种书籍、报纸、文件。

1928年5月,红军攻克茶陵县的高陇圩,战士们在国民党军阀谭延闿家里缴获了许多书报,其中有一本《三国演义》。当这本渴望许久的书送到毛泽东面前时,他高兴地连声赞道:"这真是拨开云雾见青天,快乐不可言。"

毛泽东爱读书,尤其钟爱阅读经典著作;但又和那些喜欢舞文弄墨、夸夸其谈或者言必称希腊、出口必是马列经典论述如何如何的人不同。有一次,他给身边工作人员方强谈起读列宁《共产主义运动中的"左"派幼稚病》一书的体会,说:"我们中国共产党的党员都应读这本书。有人说山沟沟里没有马列主义,只有狭隘的经验主义。我没有吃过洋面包,所以现在利用时间潜心读点书。你是一名工人干部,也应多读些书。但是理论学习的目的不是引经据典,而在于应用,在于与我们的实际相结合,从而引导中国革命走向胜利。"

毛泽东将他从历史、军事、政治典籍中汲取的智慧与知识融会贯通,并结合斗争实际,创造性地提出了"工农武装割据"的理论,强调在党的领导下将武装斗争、土地革命和根据地建设三个方面密切结合,以武装斗争为土地革命和革命根据地建设提供有力支持,以土地革命发动和赢得最广大人民群众的鼎力支持,以革命根据地的巩固和发展为武装斗争建立稳固的后方依托,最终实现政权波浪式的发展壮大,促进革命高潮的到来。

在工农武装割据的思想指导下,革命斗争形势迅速发展,1930年陆续成立了闽西苏维埃政府和江西省苏维埃政府("苏维埃"即工农民主政权组织),中央苏区初步形成。

这一时期毛泽东认真思考并总结经验教训，撰写出《中国的红色政权为什么能够存在？》《井冈山的斗争》《关于纠正党内的错误思想》《时局估量和红军行动问题》等著名论述，并向中央多次汇报斗争经验。

这些富有成效的斗争实践经验的总结提炼，为促进全国革命根据地的创建，进而推动革命形势的发展做出了重要贡献。

青春寄语

毛泽东在《实践论》中旗帜鲜明地指出："你要知道革命的理论和方法，你就得参加革命。一切真知都是从直接经验发源的。"

以毛泽东为主要代表的中国共产党人在中国革命的转折关头，不唯书、不唯上、不信邪，坚持从实际出发，不断从斗争实践中学习，开创了农村包围城市、武装夺取政权的独特道路。

这条道路，正是把马克思主义的基本原理与中国革命的具体实际相结合的一个突出体现，也是一个成功实践。新中国正是从这里走来。

半个多世纪后，习近平同志在纪念毛泽东同志诞辰120周年座谈会上说，毛泽东同志创造性地解决了马克思列宁主义基本原理同中国实际相结合的一系列重大问题，深刻分析中国社会形态和阶级状况，经过不懈探索，弄清了中国革命的性质、对象、任务、动力，提出通过新民主主义革命走向社会主义的两步走战略，制定了新民主主义革命总路线，开辟了以农村包围城市、最后夺取全国胜利的革命道路。

3 改造我们的学习
——延安整风运动的着力点

抗日战争时期的延安整风运动，是中国共产党第一次广泛、生动的马克思列宁主义思想教育运动。自1941年5月毛泽东发表《改造我们的学习》开始，到1945年4月党的六届七中全会通过《关于若干历史问题的决议》结束，历时整整四年。

这次整风运动的任务是：反对主观主义，整顿学风；反对宗派主义，整顿党风；反对党八股，整顿文风。

延安整风运动，是用无产阶级思想克服非无产阶级思想特别是小资产阶级思想的思想改造运动。这次运动也打破了党内以王明为代表的"左"倾教条主义思想的束缚，实现了全党的思想解放，统一了全党的步调。

酝酿筹备

1935年召开的遵义会议，在党和革命事业的危急关头重新确认了毛泽东的军事指挥权，红军在军事上的"左"倾冒险主义错误开始得到纠正。1938年党的六届六中全会召开，会议强调了共产党领导人民抗战、坚持独立自主原则的重要性，批判了王明的右倾投降主义错误。在以毛泽东为代表的党中央的正确领导下，中国共产党通过对军事路线、政治路线的适时正确调整，开创了敌后抗日根据地，形成了人民力量大发展的良好局面。

然而，由于王明长时期以"马克思主义理论家"自居，言必称马列，在群众中发表演说，演讲起来引经据典，行文如流水，这对文化水平不高的工农干部颇具迷惑力。他还通过出版自己的著作等方式来宣传自己的观点，因此，他的错误思想的根源以及影响还远没有得到清除。

毛泽东清醒地认识到，错误路线在党内能够存在并造成广泛影响，是因为全党上下思想不统一，正确的观点不确立就不能抵御错误思想的影响。为了系统地纠正党内的错误思想，从1940年下半年起，毛泽东亲自主持了中国共产党六大以来主要历史文献的收集、编辑和研究工作，编撰历史文献集《六大以来》。在深入分析党的历史的基础上，毛泽东指出："过去总的错误是不了解中国革命的长期性和不平衡性，产生了对革命的急躁性；大革命末期的右的错误和苏维埃后期的许多'左'的错误，是由于马列主义没有和实际联系起来。"这些观点一针见血，直指问题根源所在。

1941年1月6日，震惊中外的皖南事变发生，九千多人的新四军遭到国民党军八万余人伏击，奋战七昼夜后除了大约两千人突围外，大部分牺牲或被俘。毛泽东心痛地指出，"有同志没有把普遍真理的马列主义与中国革命的具体实际联系起来"，"没有了解中国革命的实际，没有了解经过十年反共的蒋介石"。皖南事变的沉重教训深刻地刺激着毛泽东。他意识到，教条主义的危害已经到了全党必须高度重视、切实解决的急迫时刻。

毛泽东立即行动起来。1941年3月出版了他的《农村调查》一书，指出，党员干部在工作中粗枝大叶、不求甚解、不了解下情，却担负指导责任，"这是异常危险的现象"。毛泽东强调："'没有调查就没有发言权'，这句话虽然曾经被人讥为'狭隘经验论'的，我却至今不悔；不但不悔，我仍然坚持没有调查是不可能有发言权的。"

5月19日，毛泽东在延安干部会议上以《改造我们的学习》为题，作了一场生动的报告。他观点鲜明地指出，"不注重研究现状，不注重研究历史，

为有源头活水来
中国共产党的学习作风

不注重马克思列宁主义的应用"这种极坏的作风,给中国革命造成了极坏的影响。只会背诵马列书本词句而不懂研究中国革命实际、自以为是的主观主义作风"是共产党的大敌,是工人阶级的大敌,是人民的大敌,是民族的大敌,是党性不纯的一种表现"。

然而,出人意料的是,这篇措辞尖锐、观点鲜明、指向清晰的重要讲话发表之后,好像石沉大海,不仅在报刊上没有见到宣传报道,在党的高级干部中也没有引起多少反响。毛泽东深感忧虑。他要尽快扭转这种局面。

确定基调

为了整风运动的顺利开展,中共中央政治局于1941年9月10日至10月22日召开了扩大会议(又称"九月会议")。会议召开前,经毛泽东提议,中共中央先后发出《关于增强党性的决定》和《关于调查研究的决定》两个通知,要求大家学习党的历史文献集《六大以来》,结合自身实际进行比较分析,评判对错,厘清思想。这些举措,尤其是对《六大以来》的研读,为九月会议的成功召开奠定了坚实的思想基础。

九月会议历时一个多月,重点研讨了党的领导路线问题。毛泽东开宗明义地反对主观主义和宗派主义。他指出,党内一直存在主观主义的传统,而政治局的同志要以身作则,成为克服主观主义的表率,要"以思想、政治、政策、军事、组织五项为政治局的根本业务",要研究马克思、恩格斯、列宁、斯大林的思想方法论,并且提出"掌握思想教育是我们第一等的任务"。毛泽东发言结束后,共有28人次依次发言。大家结合自身的理解和分析,阐述了对主观主义和宗派主义的危害的认识,许多人还做了诚恳的自我批评和检讨。

王明也在会上发了言。但他并不像大部分同志一样,诚恳地开展自我批评与检讨,反而极尽所能地试图推卸责任。为了争取王明能够认识错误并转变态度,毛泽东、王稼祥、任弼时一起多次与王明交谈,耐心说服。但王明

77

始终不能认识错误，坚持己见。后来，他干脆以身体有病为由，长期拒绝参加整风会议。

九月会议以毛泽东起草的《关于四中全会以来中央领导路线结论（草案）》对苏维埃运动后期的错误作出初步结论。对于王明在武汉时期工作的错误，由于王明称病不参加会议，由毛泽东提议，政治局会议停止讨论，以"在武汉时期政治上组织上都有原则的错误，但不是路线的错误"作为结论。会议还决定成立以毛泽东为首，由毛泽东、王稼祥、任弼时、康生、彭真组成的研究党的历史的委员会，进一步弄清党的历史上的路线是非问题。

九月会议的召开，尤其是对毛泽东所作的反对主观主义和宗派主义的报告的学习和讨论，使党的领导层在思想上对相关问题基本取得了共识，这为陆续全面展开的延安整风运动奠定了基调。

深入开展

九月会议以后，高级干部整风学习活动深入展开。按照九月会议的决定，中央成立了以毛泽东、王稼祥为正、副组长的中央研究组（又名中央学习组），管理和指导延安及各地方相继成立的高级学习组。毛泽东为中央学习组规定了任务："一方面研究马克思主义思想方法论，一方面研究六大以来的决议。"

经过多番努力与精心部署，自1942年春起，整风学习运动在全国各地党组织中普遍开展起来。正如毛泽东所说的："主要与首先的对象是高中两级干部，特别是高级干部，只要把他们教育好了，下级干部的进步就快了。"高级干部的整风学习为全党范围深入开展整风运动奠定了坚实的基础。

1942年2月，毛泽东分别在中央党校开学典礼上和中央宣传部干部会议上作了《整顿党的作风》《反对党八股》两个报告，全面论述了整风学习运动的任务、内容、方法和意义。这两篇报告与《改造我们的学习》一起，成为推动整风运动的重要文献。至此，整风运动明确了以教条主义、经验主义为主要特征的主观主义以及宗派主义、党八股为三个批判"靶子",教育全党要不断谋求确立理论联系实际的正确思想路线,检讨错误,统一思想,团结队伍,提高战斗力,以最终推动革命事业的发展。

在全党普遍整风运动中,毛泽东还提出了"惩前毖后"和"治病救人"的方针。这是同"左"倾错误领导所实行的"残酷斗争"和"无情打击"恰好相反的。

为了让整风运动落到实处,中央严密部署全体党员和干部认真学习中央规定的22个整风文件。在毛泽东的精心指导和努力推动下,全党以改造我们的学习为出发点和着力点,以整顿学风、党风、文风为主要任务,以反复精读学习材料、认真书写读书笔记、充分讨论领会精神、深刻反思自身问题为主要方法的整风运动在延安如火如荼地开展起来。

青春寄语

延安整风运动使全党上下开始切实理解理论联系实际的重要含义,把党内思想从教条主义和经验主义的束缚中解放了出来。没有这种思想解放,毛泽东思想就不能成为党的指导思想。

在延安整风运动中,从中央高层领导到普通党员,都以深刻的自我批评和积极的学习实践活动,做好自我反省与自我教育工作,坚持了真理,修正了错误,推动了个人思想进步。

改造我们的学习,采取这个方法,既有利于真正统一党内思想,又能在党内营造一个融洽祥和、团结奋进的氛围,还能在不断的学习中提升自己的优良品格,这是党兴旺发达的不竭动力。

 **我们还将善于建设一个新世界**
　　　　　　　　——在学习中探索执政经验

　　中国共产党历经28年的浴血奋斗，充分依靠人民群众的支持与拥护，坚持武装斗争，终于迎来了新民主主义革命的伟大胜利。

　　新中国成立前夕，面对工作重心即将由乡村转移到城市的要求，中共七届二中全会号召党员干部加强学习，以适应即将到来的管理城市、经济建设的新形势、新任务。

　　再次站在新的学习起点上，又一次面临未知的前路。但相比从前，周遭不再一片漆黑，共产党人依托过往学习经验，在全党掀起了学习马列主义基本理论、借鉴学习先进国家的建设经验、以实践促进学习的活动。

学会打赢经济战役

　　1949年10月1日，中华人民共和国宣告成立，在中国历史画卷中书写下最为浓墨重彩的一笔，掀开了中华民族伟大振兴的新篇章，华夏神州一片喜气洋洋。与此同时，国内各个城市却面临着严峻的经济形势，货币贬值，物价飞涨，物资市场供不应求。10月中旬开始，在北京、天津、上海等大城市出现的物价飞涨的浪潮席卷全国。

管理城市、恢复经济、建设国家的迫切任务迅速成为摆在中国共产党人面前的一道难题。要想稳定国家经济，共产党人原来熟悉的革命战争和农村工作的经验显然已经不足以完成使命，必须尽快熟悉和学会经济管理的规律和知识。中共中央在认真分析当前具体情况后，找出造成全国物价上涨的两大因素：一是国内战争尚未完全结束，战争带来的政府财政赤字，导致纸币发行量大增；二是当时的中国已在国民党反动派多年的混乱治理下千疮百孔，许多城市物价飞涨，众多不法商人只重利益，趁机投机倒把，发社会混乱之财，严重扰乱了市场秩序。

为了应对危机，中央人民政府政务院财经委员会（简称中财委）于1949年11月1日至5日紧急召开了两次常务会议，集中讨论了抛售物资、收缩通货、加强市场管理等措施。

粮稳天下定，要控制飞涨的物价，必须先稳定粮食价格。解决了老百姓吃饭的问题，其他的事情就好办了。平抑粮价需要保障市场有足够的粮食供应，为此中央主要从东北老解放区调运粮食。东北大部分地区已经完成土地改革，粮食供应比较平稳。中财委主任陈云委派曹菊如前往东北调运粮食。行前，他就此行的重要意义叮嘱再三，要求力保东北每天一个列车的粮食运到北京，要用如山的粮食给粮贩子有力的冲击，使奸商无所适从。

衣食住行与老百姓生活息息相关，吃饭问题有了对策，中央便着手解决服装供应问题。服装生产的关键是棉花、纱布等原材料的供应。陈云派人到上海、汉口等地调整纱布存量，并调集华中地区棉花运往上海。此外，中财委命令西北财经委员会派人把陇海铁路沿线地区库存的纱布火速运往西安。

当这些措施准备妥当，中共中央于1949年11月13日向全国各地下发了"制止物价猛涨"的指令，包含12条细则：第1条以稳定物价为目标，要求以沪津两地7月底物价平均指数为标准，力求只涨2倍或2.2倍；第2条至第5条涉及调运粮棉物资的指令，对东北、上海、汉口、陇海铁路沿线和德石路北及平原省等地区粮棉纱布等物资的调配作出了具体指示；第6条至第12条是关于全国范围紧缩银根的具体指令，要求银行贷款、税收、工矿投资、军费、地方经费等领域相应收紧银根，各地统一控制物资，准备集中投放市场。至此，这场目的明确、组织严密、计划周详的打击投机倒把、控制市场秩序的战斗，在全国顺利打响。

11月20日，按照中央的统一部署，北京、天津、上海等地的国营公司，有计划地逐步提高了商品牌价并向市场供应物资，持续到11月24日时，国营公司的商品牌价已经与黑市价格基本持平。看到市场有物资供应，投机分子纷纷跟进，大批买入，资金不足的甚至不惜借高利贷来疯狂进货。

11月25日，在中央的统一指挥下，全国各地大量纱布同时向市场抛售。得益于前期周密的筹备，各大城市的国营公司此时资金雄厚、物资充足，步调一致、源源不断地抛售，同时，陆续降低商品牌价。各地的投机分子们刚开始时还想照单全收，硬撑着买进物资，但是很快他们便发现形势不对，国营公司抛售的物资越来越多，速度越来越快，远远超出了他们所能承受的范围。至此，投机分子们终于意识到事情的严重性，纷纷出卖自己囤积的纱布以求自保。可是，为时已晚，他们的抛售行动进一步加剧了市场行情的下跌。仅上海市场的纱布牌价，一天之内就疯狂下跌了一半，令投机分子们苦不堪言。

中财委乘胜追击，下令所有国营企业的资金不得借贷给私营银行和资本家企业，必须全部存入国家银行。而且规定，私营工厂要照发工人工资，不得关门停业，国家从严征税，各企业不准迟缴。同时，全国各地严厉打击地下钱庄，阻断投机分子的资金来源。

这场经济金融战线的特殊战役，在中财委的周密安排和有力领导下，以干净利落的举措，狠狠打击了投机资本的猖狂气焰，完全达到了预期目标。新生的人民政权，顺利拉开了管理经济、建设国家的序幕。

探索过渡时期总路线

新中国的成立，是对中国共产党成立以来28年艰苦奋斗的完美标注。然而正如毛泽东所说，这只是万里长征迈出的第一步，新中国将如何建设发展，中华民族何以在尽可能短的时间内繁荣昌盛、屹立于世界民族之林，这是对刚刚夺取全国政权的共产党人的最大考验。

民族复兴的光荣与梦想，此刻神圣地落在中国共产党人的肩头，英勇的共产党人满怀憧憬地踏上了新的征程。

毛泽东睿智的目光逐渐聚焦在国家社会主义建设的进程上。经过反复思考，毛泽东在1952年9月24日的中共中央书记处会议上第一次公开阐述了他对新中国向社会主义过渡的初步设想。

毛泽东以他在视察湖北时与孝感地委负责同志的谈话切入，向与会人员形象地阐述了他的想法："在10年到15年或者更多一点时间内，基本上完成国家工业化及对农业、手工业、资本主义工商业的社会主义改造。要水到渠成，防止急躁情绪。"

要想科学规划，就得先摸清家底。1953年初，中共中央组织了大规模的调查研究活动，以了解新中国成立至今资本主义工商业的发展状况。调查活动主要由国家计委和工商管理局人员组成的中央工作组负责实施，在上海、武汉、南京等大城市开展抽样调查与统计。

中央工作组广泛听取当地党委和财政部门负责同志的汇报，并与有关同志深入探讨具体工作中出现的各种新情况和新问题，细致深入地开展考察调研工作。

1953年5月，调查组负责人李维汉汇总所有调研资料，向中共中央提交了题为《资本主义工业中的公私关系问题》的研究汇报材料，以及有关这份报告的说明信。

调查研究报告和说明信以大量的事实数据为支撑，肯定了通过国家资本主义改造资本主义工商业的道路，提出了资本主义企业逐步向社会主义企业过渡的具体途径和方式。

6月15日，经毛泽东提议，中央政治局召开专题会议，讨论李维汉提交的调查报告，对调查报告给予了充分肯定，认为报告澄清了认识，拓展了思路。

经过反复酝酿和充分讨论，中共中央宣传部于1953年12月拟定了《为动员一切力量把我国建设成为一个强大的社会主义国家而斗争——关于党在过渡时期总路线的学习和宣传提纲》。经毛泽东修改后，宣传提纲由中共中央向全国发布。

1954年2月10日，中共中央七届四中全会正式批准了党在过渡时期的总路线。总路线是党领导全国人民逐步实现国家的社会主义工业化，并且逐步完成对农业、手工业和资本主义工商业的社会主义改造的总体规划与战略部署。

中国人民在新中国成立四年后终于清晰地看到通向社会主义的发展道路，倍感振奋，深受鼓舞，迸发出了前所未有的建设社会主义伟大祖国的巨大热情。

打造新中国工业基础

新中国成立后，面对饱受战争创伤的国家和人民，面对千疮百孔的国民经济基础，党中央急切盼望早日恢复经济，振兴工业，改善人民生活。

在综合分析了形势与任务以后，毛泽东指出："现在，我们施仁政的重点应当放在建设重工业上。"

毛泽东清醒地看到，新中国低下的工业生产能力远远不能满足国家建设需要和人民的期望。他一针见血地指出："我们现在能造什么？能造桌子椅子，能造茶碗茶壶，能种粮食，还能磨成面粉，还能造纸。但是，一辆汽车、一架飞机、一辆坦克、一辆拖拉机都不能造。"所以，要想建设新中国，必须尽快学习国外的先进技术和知识，而当时最好的学习对象自然是苏联了。

刘少奇说："我们要建国，同样必须'以俄为师'，学习苏联人民的建国经验。""苏联有许多世界上所没有的完全新的科学知识，我们只有从苏联才能学到这些科学知识。"

随着《1953~1957年发展国民经济的计划》（"一五"计划）公布，新中国明确提出集中主要力量围绕以苏联帮助中国设计的156个建设单位为中心的、由限额以上的694个建设项目组成的工业建设，逐步建立中国社会主义工业化的初步基础。

所谓156个建设项目，是指从新中国成立到1955年间，由中苏双方经过多次协商后签订的一系列援助协议书所规定的从苏联引进的援建项目。最终执行的是154项，但因计划公布156项在先，所以之后对苏联援建项目仍通称为"156项工程"。这些项目主要涵盖军事、冶金、化学、机械、能源工业等方面。

根据协议，苏联委派了3000多名专家和顾问来到我国，在项目设计、工程勘测、施工安全和开工运转等方面提供具体的指导和帮助，并配合我们引进了大量的建设设备和工具。

建设长春第一汽车制造厂就是"156项工程"第一批项目之一。当1949年毛泽东访问苏联时就商定由苏联援助中国建设一批工厂，其中明确要建设一个年产3万辆吉斯150型4吨载货汽车的工厂。

从1950年12月开始，苏联的设计组和中国有关部门联合勘察后，将厂址确定在吉林省长春市孟家屯一带。该厂建设方案由苏联斯大林汽车厂为主设计，苏联专家还帮助进行建筑安装、生产准备，所需5500台工艺设备中80%也由苏联组织提供。

为了培养人才，国家不仅及时选派包括管理干部、技术人员和技术工人的全套人马到苏联对口企业学习，还专门成立了培养汽车专门人才的高中级学校，以满足一汽项目建设对人才的需求。

这种围绕汽车厂的建设，统筹规划、同步建设协作配套厂、原材料制造和人才培养基地的做法，既加快了建设速度又提高了综合效益，我国仅用三年时间便如期完成了基本建设任务。

"156项工程"不仅奠定了新中国工业的发展基础，更重要的是为我国培养了第一批熟悉工业建设管理的专门人才，成为新中国最可宝贵的一笔智力资源。

毛泽东曾说:"中国的革命是伟大的,但革命以后的路程更长,工作更伟大,更艰苦。"

新中国成立初期,世界以好奇和狐疑的眼光观察着新生的人民政权如何执政。中国共产党的办法是,在学习中建设,在学习中执政。

毛泽东充满自信地向世界宣告:"我们能够学会我们原来不懂的东西。我们不但善于破坏一个旧世界,我们还将善于建设一个新世界。"

中国共产党人求学若渴、奋斗不息、创新不止,把自身的先进性不断推向新的高度。

5 任重道远，修身治世
——陈云终身学习记

陈云，1905年出生于江苏青浦（今属上海），1995年逝世。他是新中国伟大的无产阶级革命家、政治家，杰出的马克思主义者，中国社会主义经济建设的开创者和奠基人之一，党和国家久经考验的卓越领导人。

陈云一生为中国人民解放事业和社会主义建设事业立下了彪炳史册的不朽功勋。他以自己高尚的品格、卓越的贡献，赢得了崇高的威望，深得人民群众的尊敬和爱戴。

艰难贫苦不坠求学之志

陈云出身贫苦，自幼父母双亡，由舅舅、舅妈抚养成人。少年陈云过早地领略了生活的艰难，小小年纪就形成了坚强、沉稳、冷静的性格。

8岁时，陈云进入私塾接受启蒙教育，学习《三字经》《百家姓》等书，由于学习认真专心又聪慧伶俐，深受私塾刘敏安老先生喜爱。刘先生不仅精心指导学业，还经常利用课余时间给陈云讲一些历史人物故事，教他为人处世的道理，鼓励他像古代的戚继光、岳飞等爱国将领一样精忠报国，百折不挠，勇于在逆境中成才。

启蒙教育结束后,陈云进入练塘城隍庙的贻善国民学校学习。年幼的陈云非常珍惜学习的机会,如饥似渴地学习国语、算术等课程,遇到不明白的地方就请教老师,打破砂锅问到底,问题不搞清楚决不罢休。

舅舅家境并不宽裕,仅靠开一个小饭馆艰难经营,勉强度日。懂事的陈云每天放学回家后,都要帮舅舅家做力所能及的家务事。为此,他经常学习到深夜,老师布置的作业总是按时完成,从不拖延到第二天。每天晚上,在昏暗油灯的照映下,窗户纸上总是能映射出伏案写字的陈云瘦小的身影。即使这样,当天刚蒙蒙亮时,陈云又起床开始诵读古文了,琅琅的读书声在街道上悠悠回荡。

初小毕业后,家境困难的舅舅实在无力继续支持陈云学习。虽然十分不舍,但明理懂事的陈云只得默默地告别了学校。辍学回家后,陈云起早摸黑,帮助舅舅和舅妈打理店铺。但是,只要每天有点空闲时间,陈云马上就拿出从前的课本温习起原来学过的功课。他喜爱练习毛笔字;这也成为陈云一生的爱好和养生之道。

后来,在当地公立颜安国民学校校长杜衡伯资助下,陈云得以有机会进入颜安小学的高小部学习。能再次跨入学堂,陈云高兴极了,学习劲头十足,刻苦努力,成绩优异,在同级学生中始终名列前茅。舅舅家的墙壁自然成了陈云的荣誉墙,贴满了学校颁发的各种奖状、证书。

1919年6月,陈云从高小部以优异成绩毕业,他少年时代的求学生涯也告一个段落。

"老老实实做小学生"

陈云始终认为自己应该像"小学生"一样不断学习。他有一个习惯,每当需要填写履历表时,总是在"文化程度"一栏里认真地填写上"小学"两字。他曾说:"像我们这样没有什么底子,各种知识都很缺乏的人,要老老实实做小学生。"他还经常鼓励大家:"各人的程度不同,环境不同,学习应该采取不同的方法，但都要老老实实，做小学生。"并且生动地将坚持自学比喻为进"长期大学"，说学成之后就是头号的"博士"。

1935年5月底，陈云受党中央的委派赴苏联开展工作，在圆满完成任务之后继续留在莫斯科，化名"史平"，参加中共驻共产国际代表团的工作并担任监察委员。不久，他进入列宁学校学习。

在列宁学校学习期间，陈云抓紧一切时间，利用有利条件，系统地研读了马克思、恩格斯、列宁、斯大林等人的原著以及学校编写的辅导教材，广泛查阅了有关世界各国无产阶级革命历史的文献，特别是一些无产阶级经典作家对工农运动阶段分析和阶级分析等方面的论述。学习过程中，陈云一边读书，一边结合中国革命的具体实际和自己的革命经历深入思考，尤其注意对以往中国革命实践中正反两方面的经验进行理论上的分析和总结。

1937年10月，陈云受命返回延安，担任中共中央组织部部长，进入了另一个非常重要的学习与收获的阶段。在此期间，他带领中央组织部机关干部系统学习马克思主义基本理论和毛泽东的哲学著作，边工作边学习，持续地坚持了近五年的时间，成为延安时期我党在职干部理论学习的典范。

学如逆水行舟，不进则退。要在紧张、繁忙的革命工作过程中坚持学习，尤其需要发扬刻苦努力的精神。为了影响和带动同事们学有成效，陈云总是以身作则，严于律己。不论工作多么繁重，甚至有时彻夜参加书记处的会议，第二天他依旧鼓足精神参加学习讨论。平时经常是白天处理各种事务、上山从事生产劳动，晚上还坚持在油灯下学习。他曾说："一个共产党员难得有机会长时间在课堂上学习，因此要善于在繁忙的实际工作中自己争取时间去学习，这点必须有坚持精神才行。"

陈云提出一套自己的学习方法，就是坚持一本一本地读马列原著和毛泽东著作，并且要求大家在自学中一定要做好读书笔记。他说："（做好笔记）有两个好处，一是让你多读几遍，一是逼你聚精会神，认真思考，使你了解得更深刻些，而不是随便看，像过去那样模模糊糊。"

对于理论联系实际，他也有深刻的理解。在学习过程中，他十分强调要结合实际来学习。他说,学习不能空洞,不要务虚而要务实,不能"言必称希腊",而一定要与中国革命的丰富实践结合起来。在工作中学习是最主要的办法,也是最靠得住的办法。

作为党的领导人,陈云经常自己动手撰写个人的讲话、发言稿。工作中的许多文件、报告、电报甚至社论也都是陈云亲自起草,很少让其他同志代劳。从1938年到1945年,陈云共发表了重要文章25篇,如《论干部政策》《怎样做一个共产党员》《学会领导方法》《党的支部》《要讲真理,不要讲面子》等。《怎样做一个共产党员》一文还作为必读文献之一,选入了印发全党学习的《整风文献》中。

陈云"老老实实做小学生"的态度是一如既往的。即使是在"文化大革命"期间,被安置到江西,他一路奔波还随身带着三箱子的书,这其中有《马克思恩格斯选集》《毛泽东选集》《资本论》《列宁全集》《斯大林文选》和《鲁迅全集》等。在江西近三年的时间里,读书成为他生活的重要组成部分,除了去工厂蹲点和外出搞社会调研之外,他总是以读书为伴,求知若渴。

"学好哲学,终身受用"

1937年至1945年,陈云在延安认真研读了毛泽东的《矛盾论》《实践论》《中国革命的战略问题》《论持久战》等重要论述,深感受益匪浅,进一步加深了对学习理论特别是哲学理论的重要性的认识。

1939年,陈云在《怎样做一个共产党员》一文中写道:"我党是马克思列宁主义的战斗的党,首先,我们要学习马克思、恩格斯、列宁、斯大林的理论,才能培养自己成为一个真正有能力的有坚强党性的共产党员。"

陈云始终认为党员干部有义务也有责任好好学习马列理论,每个党员自觉主动地学习马列理论,这是党员干部队伍健康成长和党的组织建设科学发展的有力保障。他尤其重视对马克思主义哲学理论的学习,认为"学习理论,最要紧的,是把思想方法搞对头。因此,首先要学哲学,学习正确观察问题的思想方法，如果对辩证唯物主义一窍不通，就总要犯错误"。

1981年他曾回忆说："毛泽东同志亲自给我讲过三次要学哲学。在延安的时候，有一段我身体不好，把毛主席的主要著作和他起草的重要电报认真读一下，受益很大。"

陈云的亲身经历使他深刻认识了学习马克思主义哲学的重要作用，他自己受益于此，也希望更多的党员干部也能获益。所以，他特别强调："在党内，在干部中，在青年中，提倡学哲学，有根本的意义。现在我们的干部中很多人不懂哲学，很需要从思想方法、工作方法上提高一步。只有掌握马克思主义哲学，思想上、工作上才能真正提高。"

他的观点是："学习哲学，可以使人开窍。学好哲学，终身受用。"在这样的认识基础上，他教育党的领导干部要学会运用"不唯上、不唯书、只唯实，交换、比较、反复"这样一个充满唯物辩证法的领导原则和工作方法。

青春寄语

幼年陈云求学之路坎坷崎岖，但是多次辍学的经历没有影响他对学习孜孜不倦的追求热情，反而造就了其坚韧刻苦的求学态度。

走上革命道路之后，由于工作繁忙以及客观现实条件的限制，陈云没有机会能够继续进行系统的学习深造。但是他视学习为终身的责任，在恶劣和困难的学习环境下，始终如一、坚韧不拔地利用各种机会从书本学、在革命斗争实践中学。

见贤思齐，青年一代应该向陈云学习，勤学终身，成才报国。

6 提高我们党的战斗力
——党的领袖研读马列经典记

马克思主义经典著作,是对人类孜孜不倦地探索真理所取得的丰富成果的高度凝结,是对科学高峰的不断攀登,是人类智慧的结晶。它们对人类思想发展和社会进步起到了不可磨灭的重要作用。

马克思主义经典著作始终照耀着我国革命、建设和改革各项事业的前进道路,值得我们反复阅读,领会其精神实质。

中国共产党自成立以来,始终重视学习马克思主义经典著作,以现实为基础,立足于运用,着眼于发展。

研读经典,指导实践

1920年,当毛泽东第一次读到《共产党宣言》时,就深深地被马克思主义理论所吸引。自此,他不断坚持学习马列主义,对理论刻苦钻研,联系实际,应用于革命事业之中。

在土地革命战争时期,中国共产党领导工农红军艰难地开展武装斗争、创建革命根据地,不断受到国民党反动派优势兵力的围剿。在这样恶劣的战争环境中,很难获得可供阅读的书籍,马列主义著作更是凤毛麟角。

也有幸运的时候。1932年4月，红军攻下福建第二大城市漳州，毛泽东到漳州龙溪中学图书馆里翻阅了整整一上午。参与此事的漳州中心县委秘书长曾志回忆："我同他一同去龙溪中学翻书，在图书馆里他一边翻一边说，这个好，那个好，找了好多书，恐怕有好几担书，是用汽车运回中央苏区的。"挑的这些书中，就有《资本论》《社会民主党在民主革命中的两种策略》《共产主义运动中的"左"派幼稚病》《反杜林论》等书。1957年，毛泽东在北京见到曾志，还对她讲："从1932年开始，我从漳州及其他一些地方搜集来的书籍中，把马列著作找出来，读了这本，就看那本，有时还交替着看，硬是读了两年书。"

红军长征到达延安，毛泽东高瞻远瞩地作出了长远擘画，要把抗日战争的胜利引向人民胜利的目标，为中国革命的最终胜利打下了坚实基础。为此，必须以马列主义教育全党，特别是党的高级干部要系统地学习马列主义理论。这是一项极其重要而亟待解决的紧迫任务。在1938年9月至11月召开的中国共产党第六届中央委员会第六次全体会议上，毛泽东郑重地向全党提出："我们的任务，是领导一个几万万人口的大民族，进行空前的伟大的斗争。所以，普遍地深入地研究马克思列宁主义的理论的任务，对于我们，是一个亟待解决并须着重地致力才能解决的大问题。"

1939年底，毛泽东在延安对一位进马列学院学习的同志说："马列主义的书要经常读。《共产党宣言》，我看了不下一百遍。遇到问题，我就翻阅马克思的《共产党宣言》。有时只阅读一两段，有时全篇都读，每读一次，我都有新的启发。我写《新民主主义论》时，《共产党宣言》就翻阅过多次。读马克思主义理论在于应用，要应用就要经常读，重点读。"

毛泽东号召全党上下开展一场轰轰烈烈、扎扎实实的"学习竞赛"，并且充满信心地预言："如果我们党有一百个至二百个系统地而不是零碎地、实际地而不是空洞地学会了马克思列宁主义的同志，就会大大提高我们党的战斗力，并加速我们战胜日本帝国主义的工作。"六届六中全会以后，一场以延安地区为中心，以党的干部为主体的学习运动规模空前地深入开展起来。

正如毛泽东所预言，全党对马列主义理论的学习确实极大地推动了中国革命的发展进程。新中国成立后，毛泽东深刻认识到全党的理论水平与知识能力与当时指导经济建设工作的现实需要还有巨大的差距。面对新中国各项事业恢复和经济建设的繁重任务，党比任何时候都更有条件也更加迫切地需要进行系统的理论学习。因此，新中国成立伊始，全党范围的新的理论教育活动便轰轰烈烈地展开了。

1958年，"大跃进"和人民公社化运动逐渐导致了"高指标、瞎指挥、浮夸风、共产风"等严重错误。为了纠正社会主义建设过程中出现的问题，毛泽东专门写信建议中央、省市自治区、地、县四级党委委员研读斯大林的《苏联社会主义经济问题》和《马恩列斯论共产主义社会》两本书。他要求每人每本用心读三遍，并且要联系我国国情，有机地与中国的经济革命和经济建设结合起来，以正确的理论思想指导我国经济工作的开展。

1963年5月，毛泽东向全党高中级干部又提出了学习30本马列著作的意见。这30本书包括马克思、恩格斯、列宁、斯大林、普列汉诺夫等人的著作。7月11日，为了落实马列著作学习的任务，毛泽东亲自召集宣传教育系统相关同志布置具体工作。他要求有计划有组织地推进干部学习马列著作的工作，尤其强调要注意提高高中级干部的读书兴趣。他不仅提出了总的读书要求，还对出版这30本书的大字本、写序、注释、译文、封面用纸等等细节提出了具体的建议意见，其认真、严谨的态度令人肃然起敬。

真心学马列，一生为革命

朱德戎马一生，历任中国工农红军总司令、八路军总司令、中国人民解放军总司令，创造了无数辉煌的战绩，声名远播。他不仅是一位传奇革命军人，还是一位身体力行的学习楷模，以自己的实际行动深刻诠释了"真心学马列，一生为革命"人生追求。

1940年6月6日，在延安召开了在职干部学习工作总结表彰大会，中共中央宣传部表彰朱德为"模范学生"。在致辞中,朱德朴实地说:"我只知道一句俗话:'做到老,学到老,还有三分学不了。'我们要向前看,不然就要掉队。"在战斗期间,朱德不管是恶劣艰苦的条件,还是忙碌紧张的工作,总是坚持不懈地学习,甚至在经历一天的行军作战之后,晚上仍然读书到深夜。他反复阅读马列主义著作以及毛泽东的重要论述,如《共产党宣言》《共产主义运动中的"左"派幼稚病》《反杜林论》《论持久战》,等等;还如饥似渴地研究所有能够获得的各类有关军事战略和战术的资料,并结合中国革命的实际形势深入思索。

革命战争年代,书籍杂志都是不可多得的珍贵资源,只要有机会得到,朱德一定不会放过。他总是用心地阅读从敌人那里缴获的有关军事战略和战术的书籍册子,如果能找到马列主义的书籍就更是喜不自禁了。

对于学好马列主义,朱德有自己深刻的认识。他认为,学习马列不仅要能正确地认识客观现实,还要能把理论运用到实际中来改造现实,进而去丰富和发展理论的内涵。他说:"学习马列主义一定要和实际联系起来,要能在实际中运用,要能改造实际,这才是真正的革命的马克思主义。"

新中国成立后,身肩重任、日理万机的朱德从未因工作繁忙而放松了对自己的学习要求。他利用空闲时间系统研读了中央规定的高级干部必读的马列主义著作,经常反复研读,认真做笔记。为了深入理解毛泽东哲学著作的精妙内涵,有的著作他通读了十余遍,每次研读都一一做批注,文章末尾还会标上阅读时间、地点和次数。

1976年5月,朱德收到了著名教育家、翻译家、社会学家成仿吾送来的根据1848年《共产党宣言》德文原本的校译本,请他审定。已经90岁高龄的朱德不顾身体疲劳,迫不及待地对照旧的译本仔细审读起来,还不时作了批注。历经峥嵘岁月的磨砺,如今重读起这部经典著作,那些熟悉的段落、语句,那字里行间所包含的真理,时时激荡着朱德。他抑制不住内心的激动,决定亲自登门拜访成仿吾。当两位老人的手紧紧地握在一起时,朱德说:"你们重新校译的《共产党宣言》,我昨天一口气看完了,很好懂,主要问题都抓住了。看完后，不用讨论就明白了。阶级斗争问题、民族问题、家庭问题、妇女问题都讲了，讲得很清楚。"他关切地说，"弄通马克思主义很重要，为了弄通，要有好译本。"他还嘱咐成仿吾，有了新的译著，要及时送给他看。

遗憾的是，仅仅一个多月以后，朱德便与世长辞了。他奋斗终身、锲而不舍的学习实践，真正践行了"做到老，学到老"的人生箴言。

真学真懂，真信真用

2004年以来，党中央实施了马克思主义理论研究和建设工程。2009年底，《马克思恩格斯文集》（10卷本）和《列宁专题文集》（5卷本）出版。习近平同志对这两套书给予了高度评价。他指出，这两套书"全面反映了马克思主义的科学体系，是党员干部学习马克思主义经典著作的权威性教材"。

一直以来，习近平同志十分关注党员干部对马列主义经典著作的学习研究，多次作出重要指示。2010年12月14日，习近平同志到国家行政学院调研时，语重心长地要求国家行政学院的学员都要读一点马列经典。他说："对马克思主义要真学真懂，真信真用。年轻的同志，有的过去没有读过经典的，要补上这一课。"

他在中国浦东干部学院也提出，对于马克思主义经典著作的学习要做到不仅懂还会用，要营造学习马克思主义经典著作的集体氛围，要在学校等场所开设相关科目，讲授经典代表性篇目，以便科学地指导学员将经典著作与马克思主义中国化理论成果有机结合起来学习。

在2011年中央党校春季学期第二批学员开学典礼上，习近平同志再一次指出党的领导干部学习马克思主义经典著作的重要性和必要性。他说："马克思主义经典著作蕴含和集中体现着马克思主义基本原理，是马克思主义理论的本源和基础。"同时，进一步强调，"马克思主义理论素养是领导干部的必备素质，是保持政治上坚定的思想基础。"

阅读经典著作，是学习知识、拓宽视野、训练思维、增加思考深度的过程,也是提升洞察力和培养求真务实的工作作风的过程,有益于升华思想和道德水平。

今天,中华民族正沿着全面深化改革的康庄大道奋勇向前,我们取得了前所未有的伟大成就,也面临着巨大的机遇与挑战。在中国特色社会主义事业中,我们党的领导干部责任重大、使命光荣。党员干部学习马列主义经典著作,就是要弄懂弄通其精髓要义,坚定我们的道路自信、理论自信和制度自信,要能够在错综复杂的形势面前头脑清醒、信念坚定、科学分析、正确判断。

习近平同志强调,党的各级领导干部特别是高级干部,要原原本本学习和研读经典著作,努力把马克思主义哲学作为自己的看家本领,坚定理想信念,坚持正确政治方向,提高战略思维能力、综合决策能力、驾驭全局能力,团结带领人民不断书写改革开放历史新篇章。

青春寄语

一个人的成长与其阅读紧密相联。

下功夫研读马列经典著作,掌握马克思主义基本原理,不仅能深化对马克思主义的立场、观点、方法的理解和把握,还能受到良好的思维训练、知识修养和道德熏陶。

综观历史,一批又一批的优秀共产党人,始终坚持研读经典,汲取营养,修养党性,从而坚定理想,丰富知识,提升能力,最终实现了个人发展与事业进步。

在纷繁复杂的现代社会,资讯激增,各类信息充斥生活,良莠不齐。唯有经典,才能历经岁月荡涤而愈发闪亮智慧光芒,也唯有经典才更能滋养生命、启迪人生。

7 问苍茫大地，谁主沉浮
——毛泽东的书卷人生

毛泽东，1893年生于湖南，1976年逝世。他是伟大的马克思主义者，无产阶级革命家、战略家和理论家，诗人，书法家，中国共产党、中国人民解放军和中华人民共和国的主要缔造者和领导人，毛泽东思想的主要创立者。

毛泽东卓越的一生，犹如璀璨的恒星，照亮了20世纪中华民族的历史进程，深刻改变了世界历史的发展轨迹。他当之无愧地成为美国《时代》杂志评选出的20世纪全球最具影响100人之一。

"四多"习惯伴一生

谈到毛泽东，史学家们会有很多的形容词来描绘他的雄才大略，但是"嗜书如命"这个词却是他不同于古往今来的众多伟大人物的鲜明特点之一。爱读书，贯穿于毛泽东辉煌的一生。他不仅读得多，同时也想得多、写得多、问得多，这种良好的阅读习惯被好友周世钊总结为"四多"。在毛泽东83年的生命历程里，这种习惯一以贯之，不论条件多么艰苦，哪怕形势多么危急。

世人皆知毛泽东爱书，但毛泽东一生究竟读了多少书，读过哪些书，无法做完备统计，可从他的藏书、批注、著述和谈话中，知其大概。毛泽东去世后,在中南海住处留存的藏书,即达一万余种,近十万册,一些书中留下了他的批注和圈画。他读而未藏,以及读过藏过但后来丢失的书籍,更不知几何。

为了能从繁忙的工作中挤出更多的时间用来阅读,毛泽东特意要求警卫员改制了木板床。这个木板床尺寸极其宽大,几乎是普通床铺的一倍半大小,并且被设计为前端稍高、后端稍低的形态。这样整个床就有了一定角度的倾斜,满足了毛泽东躺在床上看书的习惯,而且,床宽大就有了码放书籍的地方,方便随手取阅。

不仅如此,作为国家图书馆一号借书证的持有人,毛泽东经常从那儿借阅图书认真研读,尽情徜徉书海。

毛泽东很早就深刻理解了读书的诀窍,只有手眼并用、学思结合,真正全身心投入,才能体会书中真谛。他坚信一个信条——不动笔墨不读书。每每读书时,他总是一边阅读一边用笔认真地做各种注记。当然,他并不是盲目地记录书上的只言片语,断章取义,而是把阅读中的体会、看法、疑问、点评、引申等等智慧的火花随时留存下来。他一生的读书笔记大体可以分为三种类型:一是重要文章的摘录本或手抄本,二是上课时记录的课堂笔记,三是他平时自学时的各类笔记。

毛泽东喜欢把自己的见解和思考随手写在书页上。他每阅读一本书、一篇文章,都会在重要的地方划上圈、杠、点等各种符号。他的好友罗章龙曾回忆说:"毛泽东看书爱加批注,打记号,每本书看下来他都打记号。"这样的习惯一直延续到了他的晚年。据统计,存放在菊香书屋的书籍中就有1300余部(册)留下了毛泽东圈点、批注过的痕迹。

毛泽东非常认可并经常引用孟子的名言:"尽信书,则不如无书。"在读书的过程中,他总是不断地质疑、发问、探究。对于学习中出现的每一个问题,总是刨根究底、力求清晰明了。也正因此,在阅读大量的文史资料时,毛泽东频繁地使用《辞海》《中国历史地图集》等工具书辅以考证。新中国成立后,他亲自关心和督促修订了这几本重要的工具书,为广大读者更加便捷地阅读学习提供了便利。

　　他相信，读书如同做事，必须兼具勇敢与严谨，既要有勇气去大胆怀疑，又要有毅力去小心求证，要坚持和维护一切正确的东西。学习中国文史古籍是这样，对待马列著作更需如此。

活到老，学到老

　　毛泽东读书贵在能融会贯通、活学活用。他总是能巧妙地运用各种典故，深入浅出地阐述各种道理，教育干部群众。1945年6月25日，在中国共产党第七次代表大会的闭幕式上，毛泽东用"愚公移山"的故事鼓舞和教育全党同志把伟大的革命事业坚持到底，取得最后的胜利，赢得了大家的广泛认同，激发起全党的无穷斗志。毛泽东之所以能厚积薄发，信手拈来，奥秘就在于他以愚公移山的精神，持之以恒地读书学习，真正用毕生时间为"活到老、学到老"做了生动注解。

　　1938年8月22日，45岁的毛泽东在中央党校说过这样一段话："你学到一百岁，人家替你做寿，你还是不可能说'我已经学完了'，因为你再活一天，就能再学一天。你死了，你还是没有学完，而由你的儿子、孙子、孙子的儿子、孙子的孙子再学下去。照这样说，人类已经学了多少年呢？据说是五十万年，有文明史可考的只有二三千年而已。以后还要学多少年呢？那可长哉长哉，不知有多少儿孙，一代一代学下去。"

　　到了晚年，毛泽东虽然身体衰弱了，眼睛更是一度出现了严重的眼疾，但是他仍然坚持学习，坚持读书。他时常邀请教师到中南海为其上课，并请人为他读书读报。在生命的最后几年里，他的双腿浮肿，无法站立与行走，只能坐在沙发上或躺在床上看书看报。时任北京大学中文系教师的芦荻，多年以后仍能清晰地回想起当年与毛主席畅谈古典诗词的情景。

　　毛泽东逝世前，已经说不出话来，但脑子清醒，仍然坚持看书。可确切知道的是，他当时看的是宋代笔记《容斋随笔》和刚刚编译出版的《三木武夫及其政见》。三木武夫当时正在竞选日本自民党总裁，看来他临终前很关注此事。毛泽东是1976年9月9日零时10分逝世的。根据病历记录，9月8日那天，他全身插着许多管子，时而昏迷，时而清醒，清醒过来就看书、看文件，共11次，用时2小时50分钟。最后一次看文件是下午4时37分，7个多小时后便辞世了。

毛泽东以他亲身实践兑现了曾在延安说过的话："年老的也要学习，我如果再过十年死了，那么就要学九年零三百五十九天。"他已经不是活到老、读到老，而是读到死。

秦皇汉武略输文采

谁说一个出色的军事家就无法书写出绝妙的诗篇？毛泽东在文学方面的造诣，一点也不逊于他的军事指挥才能。他不仅在诗词创作上独领风骚，让古今多少文人骚客尽折腰，而且在巧用、巧改诗词妙句上，也是冠古绝今的高手。

17岁时，毛泽东挑着简单的行李，踏上了前往50多里外的湘乡县东山高等小学堂求学的路程。临行前，他立下了"孩儿立志出乡关，学不成名誓不还。埋骨何须桑梓地，人生无处不青山"的壮志。

年少的毛泽东并不知道，从走出大山这一刻起，他已经面对着一个全新的世界，一幅波澜壮阔的人生画卷。尽管前路漫漫，有无数的风雨险阻，但是毛泽东选择了勇往直前。学堂里的富家子弟不学无术，却经常嘲笑和排斥来自山村的毛泽东，但是毛泽东并没有因此而自暴自弃。燕雀安知鸿鹄之志，他以一首《咏蛙》抒发了自己远大的志向："独坐池塘如虎踞，绿杨树下养精神。春来我不先开口，哪个虫儿敢作声？"满腔的抱负、恢宏的气势跃然纸上。

1924年，国共两党第一次合作，中国大革命运动蓬勃发展起来。五卅运动和省港大罢工相继爆发，毛泽东深入湖南农村，实地考察湖南农民运动，充分肯定、积极领导和推动了火热的农民运动的发展。

1926年，毛泽东前往广州主持农民运动讲习所。途径长沙时，他再次来到橘子洲，并写下了洋溢激情、充满着英雄主义情怀的名篇《沁园春·长沙》。他以"鹰击长空，鱼翔浅底，万类霜天竞自由"的宏大气魄，向现实与命运叩问"问苍茫大地，谁主沉浮"，书写"指点江山，激扬文字"的豪迈情怀，发出了"曾记否，到中流击水，浪遏飞舟"这样激动人心的呼唤，抒发了自己的壮志豪情。这首词正是毛泽东一生的写照，无论他遭遇任何艰险，他总能够"不管风吹浪打，胜似闲庭信步"，步伐依旧坚定，斗志依旧昂扬。

毛泽东的诗词洋溢着澎湃的革命乐观主义精神和英雄主义气概，也间接地为共产党赢得了许多认同。1945年，日本战败投降，举国欢腾，全国人民迫切希望早日过上和平生活。在国内外强烈反对内战的舆论压力下，蒋介石于1945年8月接连三次发电报邀请毛泽东赴重庆谈判。对于蒋介石的意图，毛泽东是有清醒认识的。但是为了尽最大努力避免内战，也为了在全国人民面前揭露蒋介石的"假和谈，真内战"的图谋，8月28日，毛泽东飞赴重庆，拉开了举世瞩目的重庆谈判序幕。

在重庆活动期间，毛泽东充分利用各种机会广泛交往社会各界人士，宣传展示共产党人的政治诉求、精神信仰与革命理想。8月30日，时任三民主义同志联合会负责人的柳亚子登门拜会毛泽东。柳亚子当时正在编撰《民国诗选》一书，希望能将已经在社会上脍炙人口的毛泽东七律诗《长征》选编入册。由于此前毛泽东的诗词并没有在社会上公开发表过，柳亚子只能从各种传抄版本中摘录词句并请毛泽东亲笔书写，以便勘误修正。但是，毛泽东并没有把这首诗抄录下来，而是把写于1936年的《沁园春·雪》赠给了柳亚子。

　　北国风光，千里冰封，万里雪飘。望长城内外，惟余莽莽；大河上下，顿失滔滔。山舞银蛇，原驰蜡象，欲与天公试比高。须晴日，看银装素裹，分外妖娆。

　　江山如此多娇，引无数英雄竞折腰。惜秦皇汉武，略输文采；唐宗宋祖，稍逊风骚。一代天骄，成吉思汗，只识弯弓射大雕。俱往矣，数风流人物，还看今朝。

在随这首词作给柳亚子的信中，毛泽东写道："初到陕北看见大雪时填过一首词，似与先生诗格略近，录呈审正。"手捧这篇大作，柳亚子激动不已。他深深地为毛泽东诗词所蕴含的澎湃气势所震撼，赞叹毛泽东为"中国有词以来第一手，虽苏、辛犹未能抗手，况余子乎？"

1945年11月，《新民报》晚刊首次将这首词作公开发表，短时间内多家报纸纷纷转载，轰动全国。蒋介石震怒，极力安排反动文人撰文批驳贬低，而社会爱国进步人士也纷纷发文应对，一下子围绕这首词作的舆论纷争盛极一时。

毛泽东的雄才大略通过他的诗词淋漓尽致地展现在全国人民面前，被民众所熟悉。透过其文采斐然、气象万千的诗句词章，毛泽东所代表的中国共产党人越来越得到社会民众的认可，备受推崇。

青春寄语

嗜书如命，勤学不辍，学以致用，奋斗终身……是毛泽东一生学习的真实写照。终身学习也成就了毛泽东作为一代伟人的丰功伟绩。

高山仰止，景行行止。培养良好的阅读习惯，多读书，巧读书，读好书，并且善于将书本的知识灵活地运用到实际生活中去，这才是对于"学习"一词的正确体悟。

当今社会，浮躁之风骤起，部分人急于求成，时时幻想能够不劳而获、轻松成功。这个时候，人们更加需要发扬这种"勤学不辍"的精神。

青少年只有抚平焦躁，稳定心绪，不断学习，充实自己，人生的高楼才会高耸而稳固。

8 在游泳中学习游泳
——改革开放初期的"学习潮"

党的十一届三中全会以后,全党解放思想,开始反思历史和重新放眼世界。越来越多的人看到了中国在许多方面同世界发达国家存在着巨大差距。

为了尽快缩小差距,推动改革开放事业发展,邓小平在1978年12月的中央工作会议闭幕会上号召"全党同志一定要善于学习,善于重新学习"。

此后,全国掀起了学习国外先进科学技术和现代管理知识的热潮。党和国家一方面派出一批批留学人员走出国门学习国外先进经验,另一方面大胆引进国外先进技术、设备和资金,聘用外国专家来华工作,极大地推进了我国的改革开放和社会主义现代化建设事业。

全球视角,世界眼光

对外开放,最迫切的是要引进国外的先进科学技术。

李岚清在《突围——国门初开的岁月》一书中提到,"文革"结束时,我国科学技术同世界先进水平相比,在多数领域相差约15年到20年,有些领域相差更多一些。

为了尽快改变经济科技落后的面貌,中央领导层逐步形成了调动一切积极因素，包括学习、引进国外先进的技术和设备，加快经济发展的基本共识。

1978年3月，邓小平指出："独立自主不是闭关自守，自力更生不是盲目排外。""任何一个民族、一个国家，都需要学习别的民族、别的国家的长处，学习人家的先进科学技术。"

这一年，邓小平先后访问了缅甸、尼泊尔、朝鲜、日本、泰国、马来西亚、新加坡等国家。在访问日本期间，他专门对日本具备现代先进水平的企业、高科技设施等进行了详细考察。

乘坐日本的新干线高速列车时，面对记者采访，邓小平感慨地说："感觉到快，有催人跑的意思。我们现在正适合坐这样的车。"

邓小平还参观了君津制铁所和神奈川县的汽车制造厂。对现代化炼钢厂的详细考察，使邓小平直观地了解了中国在相关方面的巨大差距，促成了上海宝山钢铁厂成套设备的引进。此次设备引进项目，为中国学习和引进外国先进管理技术和方法开辟了一条新的道路。

在邓小平的大力推动下，中国改革开放的历史车轮滚滚向前。为了进一步开拓视野，1978年5月，时任国务院副总理的谷牧率领考察团，先后对法国、瑞士、比利时、丹麦、联邦德国五国进行了经济考察。

在新中国经济建设史上，这是第一次由国家派出如此大规模的经济考察代表团，大张旗鼓地奔赴西方国家考察经济。

考察团一行一共访问了15个西方城市，参观了众多的工厂、农场、港口码头、市场、学校、科研单位和居民区，考察了比利时的大港口、法国的核电站，以及马赛、汉堡等著名城市。

那些城市的生产管理已经实现了高度的信息化和自动化，电脑取代人脑，往往在偌大的工厂车间里只有少量工作人员在操作控制。

大家愈发地意识到，我们需要重新学习的东西很多，需要奋起直追，正如邓小平所说，"我们要把好的东西学回来"。

不懈追赶，立足超越

从1979年起，国家开始调整对外引进技术的工作。

1980年，国家进出口委在向国务院呈送《技术引进和设备进口工作暂行条例》的报告中提出：引进外国适用而先进的技术和设备的目的，是增强我国自力更生的能力。

但是，在实际工作中，我们大量的外汇还是用于进口成套设备，甚至同一种成套设备重复进口许多套，忽视了引进设备制造技术和扶持国内的制造能力。

这种状况必须改变。特别是引进了技术和进口了设备，国内的科研设计和其他技术工作必须跟上，以利消化、掌握和发展。

1981年1月21日，国务院将上述《条例》和国家进出口委的报告一并下发，进一步明确了对外引进技术和设备是为了增强我国自力更生的能力，提高我国科学技术的水平和加速实现四个现代化。

因此，为了提高我国自己的技术水平及制造能力，就要立足于严格控制进口成套设备，同时加强引进设计、制造等方面的技术，特别是要注意提高我国在机械、电器、电子、仪表制造工业等方面的技术水平和生产能力。

《条例》明确指出：凡是国内能够提供的设备，国内能够承担的勘探、设计工作，以及采取与外国厂商合作能够解决的问题，都必须在国内安排解决，保障有限的外汇资金真正用到最关键的地方。

根据有关资料不完全统计，1980年至1984年间，全国技术引进项目和设备进口项目共计1.6万项，使用外汇120多亿美元。其中包括彩电生产线113条，电冰箱生产线70条，复印机生产线15条，铝型材加工生产线35条，集成电路生产线22条，矽钢片剪切线7条，浮法玻璃生产线6条，此外还有大量食品、轻工产品等生产线。这些技术和设备在许多领域填补了国内空白，极大地促进了企业的技术改造和国家经济的发展。

经过不懈努力，我国终于依靠技术引进、消化吸收再创新，在汉字激光照排系统、彩电等多个方面，快速赶超世界领先水平。

在对外交流中学习

改革开放初期，由于之前长期处于封闭状态，我国对外经贸的人才储备严重不足，国家急需迅速培养大量满足对外开放需要的专门人才。正是客观形势的强烈需求，使得国内掀起了一股培训相关人才的热潮。

当时，解放思想、更新观念是人才培训和学习的重中之重，要尽快让大家从思想上真正认识到改革开放的重大战略意义。

学习方法主要是组织专门力量研究我国历史上兴衰与开放的关系，同时通过驻外使领馆及其他各种渠道收集整理美国、日本、法国、西班牙、联邦德国、匈牙利、罗马尼亚、新加坡、巴西、南斯拉夫、墨西哥、印度等国家以及中国香港、台湾地区的有关资料，印发全国供学习讨论。邀请一些出国考察团组介绍情况，同时也利用接待外国政府代表团的机会与有关人员交谈，学习知识。

此外，还组织业务骨干到一些重点国家、地区进行短期培训和考察，并对每一批出国培训的学员都提出明确要求，要求每个团组回国后必须写出详细的学习、考察报告，并将这些报告选编作为学习材料印发。要求国家相关部委领导带头学习，在机关内部讲授对外经济贸易管理等相关课程。

万事开头难，但是好的开始意味着已经成功一半。改革开放大幕拉开后，学习任务极其紧迫，已容不得按部就班地慢慢学，只能边干边学，必要时需要冒险跳到水里学会游泳。由于不想被"淹死"，学起来就特别快，学到的内容也就特别多。

学习现代管理是一场革命

在计划经济时代，生产资料全部归国家或集体所有，生产经营也由政府管理，产品由国家统购统销，企业都是行政化的"单位"，没有自主权，职工干多干少一个样。这种吃"大锅饭"的体制严重扼杀了职工的生产积极性，使企业丧失了经营活力，生产经营效益低下。

邓小平敏锐地抓住了问题的实质，以向国外学习管理方法为契机，酝酿突破僵化的体制。

1978年3月28日，邓小平在同胡乔木等同志谈及分配问题改革时指出："我们有一个最重要的问题需要解决，就是管理问题。"

如今，管理就是效益的观念早已深入人心，可是在我国引进技术设备之初，管理理念陈旧落后的问题却相当突出。一些单位只是引进了先进的生产线，却不知道怎么科学地运行管理；生产管理团队又不能理解和接受国外的配套管理方案，结果很多引进项目发挥不出预期的生产效益。更有甚者，有些项目或设备因为小小问题无法解决就直接"罢工"，闹出了很多笑话。

1978年9月16日上午，邓小平在听取建设中的霍林河煤矿计划引进联邦德国技术的汇报时指出："要引进人家的技术，就要学习人家的管理方法，完全按它的管理方式生产。从开始引进，就要组织一个领导班子，从头到尾负责，包括直接谈判，直接签订合同，根据联邦德国的管理办法组织生产。对这样的企业，不要搞改良主义，要彻底革命。所有的引进，必须坚持这一点，否则就没有资格引进，我们就永远落后。"

他还强调："我们要好好学习，到外国看一看，看人家怎么管理的。"

1978年12月13日下午，邓小平在中央工作会议闭幕会上作了题为《解放思想，实事求是，团结一致向前看》的重要报告，特别指出："我们要学会用经济方法管理经济。自己不懂就要向懂行的人学习，向外国的先进管理方法学习。"

邓小平强调：要更新思想，明确要求，实现老企业、新企业同步引进先进方法。如果全国的统一方案无法很快推出的话，可以先从一个地区一个行业这样的局部做起，逐渐推广。"中央各部门要允许和鼓励它们进行这种实验。"

为了贯彻落实邓小平的讲话精神，国家经委组团到日本专门考察企业管理和质量管理。考察团回国后向国务院提交了《日本工业企业管理考察报告》，提出要学习资本主义国家企业管理的科学方法等建议。

随后，全国开办起各种学习借鉴发达国家企业质量管理等做法和经验的培训班，学习现代管理知识在各级企业干部中蔚然成风。

青春寄语

改革开放初期，这些"摸着石头过河"的开拓者们胸怀祖国，放眼世界，怀着无比的热情和信心，努力学习，引进吸收国外的先进技术，为我所用。

历史事实已经反复证明，拥有世界眼光，永不止步地学习吸收人类一切先进文明成果，是保证我们社会主义建设事业顺利发展的正确战略选择。

历史也一再告诉我们，只有实事求是、谦虚谨慎、勤学奋进，而不是盲目自大、坐井观天、故步自封，才能从胜利走向胜利。

习近平同志强调："我们的干部要上进，我们的党要上进，我们的国家要上进，我们的民族要上进，就必须大兴学习之风，坚持学习、学习、再学习，实践、实践、再实践。"

9 "一把手"抓学习,每个党员爱学习
——建设马克思主义学习型政党

重视学习,善于学习,终身学习,学以致用,是我们党的优良传统,也是我们党的事业兴旺发达的重要保证。

2009年,党的十七届四中全会作出了建设马克思主义学习型政党的决定。学习型政党建设立足于人的素质提高,通过加强党员干部的训练、培养,来影响和带动普通党员的发展进步,最终带动整个政党乃至全体人民的全面发展。

这是党在改革开放新时期,面对机遇与挑战,放眼世界,立足长远,科学分析,深刻总结,郑重采取的一项重大战略举措。它必将对党的建设和中国特色社会主义发展产生深远影响。

特殊的课堂:党委中心组学习

当前,中国共产党党员人数历史性地达到了8500万之众,党员来源与成分也越来越多元和复杂。这意味着建设马克思主义学习型政党这项任务愈发艰巨,党建工作要想取得实效,必须在理念、形式、手段等各个层面不断创新。进一步完善党委(党组)中心组学习制度,是新形势下提升各级党委领导集体能力与素质的有效举措。

在职干部教育是我党一直以来采取的自我发展与进步的一项优良传统。在90余年的奋斗历程中，中国共产党总是能够结合革命事业的发展需要，采取行之有效的学习形式，不断提升党员干部的党性修养与综合素质，进而促进各项事业的全面发展。2004年6月，为进一步做好新时期的党员教育和组织建设工作，中宣部、中组部在深入调查研究的基础上，对党组织学习教育的重要形式——党委中心组学习提出了新要求，明确强调："中心组学习制度是在实践中积极探索形成的领导干部在职学习的一种新的组织形式。"实践证明，其有利于改革开放和社会主义现代化建设的快速发展。

党的十六大后，胡锦涛同志带领中央政治局为全党做出了表率。从2002年12月26日中央政治局集体学习宪法开始，到党的十八大召开前，胡锦涛同志主持中央政治局集体学习70余次，并及时通过电视、报纸、网络等媒介渠道，将领导集体学习的情况公之于众，既是接受各界监督，更是倡导和引领了全党全社会的好学向上之风气。综观这70余次学习活动，主题涵盖依法治国、党史党建、经济管理、国防军事、和谐社会、高新技术、生态文明、民族关系、医疗卫生等治国理政需要兼顾的方方面面的重大问题，学习内容之丰富多样，学习形式之规范完整，学习活动之密集务实，是世界上任何政党建设活动中都少见的。

2012年11月17日，在党的十八大刚刚结束两天后，习近平总书记就主持了新一届中共中央政治局第一次集体学习，以实际行动带头学习领会、贯彻落实党的十八大精神。到6月30日，新一届中央政治局共进行了16次集体学习，紧密围绕治国理政的核心问题，着眼中华民族伟大复兴的历史使命，统一思想、提高认识、明晰方向、学以致用。

在中央政治局集体学习的课堂上，习近平同志以其充满魅力、富有个性的语言风格，将其深邃思想和开阔思路，以深入浅出、通俗易懂的方式娓娓道来："在市场作用和政府作用的问题上，要讲辩证法、两点论"，"'看不见的手'和'看得见的手'都要用好"，"抛弃传统、丢掉根本，就等于割断了自己的精神命脉"，"提高国家文化软实力，要努力传播当代中国价值观念"，"实施创新驱动发展战略","我们爱好和平，坚持走和平发展道路，但决不能放弃正当权益，更不能牺牲国家核心利益","我们说的道路自信、理论自信、制度自信，来源于实践、来源于人民、来源于真理","保持惩治腐败的高压态势，做到有案必查、有腐必惩，坚持'老虎'、'苍蝇'一起打","要努力让人民群众在每一个司法案件中都感受到公平正义","改革开放是一项长期的、艰巨的、繁重的事业，必须一代又一代人接力干下去"……这些铿锵有力的论断，高屋建瓴，提纲挈领。

上行下效，从全党整体来看，"一把手"抓学习的领导责任制已经在各级党委中心组普遍确立。党委核心领导以身示范、分管领导具体负责、职能部门协助运转、上级带动下级的学习机制基本形成。

各级党委中心组在确定学习主题和重点时能够综合考虑中央部署、党委和政府的中心工作、当前国际国内形势的重大变化、改革发展进程中出现的重大理论和现实问题、干部素质发展要求等等因素，合理安排学习方案，并且适时开展集中专题研讨。

通过长期的学习活动实践，党委中心组建立健全了一整套有效的学习机制，逐步形成了包括自学、定期集中研讨、严格考勤、学习档案建设等必要的管理规范和制度。

以党委中心组这种共同施行的规范化、制度化的学习机制，实现全党上下统一思想、创新智慧、提升能力，效果明显。

干部选学

自主选学培训是当前整合培训资源、优化培训手段、提升培训效果的一种崭新的干部培训模式探索与尝试。从培训内容开发来看，自主选学培训管理机构通过协调整合具备培训资质的相关单位，设计开发特定培训课程资源，并打包形成资源菜单；从调动参训干部积极性方面来看，自主选学培训重视并鼓励学员从自身发展和岗位需求角度出发，结合兴趣意愿选择相应受训课程,最大限度地激发了参训学员的主观能动性。

信息技术的发展进一步为干部选学拓展了网络服务平台,不仅学习资源极大丰富,其特有的移动学习、碎片化学习等特征也成为干部选学的发展趋势。

自主选学,最大的亮点和最直接的感受就是"选择"二字。依托全国范围的有效资源整合,目前自主选学培训方案聚集了众多知名高校和著名专家,内容丰富、形式灵活、学习时间多选,特点鲜明、优势明显。这种培训方式为学员提供了很大的自主选择空间。学员选定特定主题后,通过不同课程的自由组合,可以接收来自不同学科、领域和渠道的信息和观点,从而拥有更宽广和综合的视角、更全面而丰富的知识和资讯。

参训干部们的自选课程菜单丰富多彩:讲座、基础课程、专题班,可自由组合;包括各知名高校以及中央党校、国家行政学院在内的各家培训机构,可就近选择;同时,多个学习时段可供自主安排,工作日、休息日,半天课程、全天课程均可。

培训内容精彩纷呈:当前已经开设的国家机关干部选学资源菜单中的课程,涵盖了马克思主义、哲学、社会学、政治学、经济学、历史学、法学、自然科学等诸多学科;重点、难点、热点专题,如"中国特色社会主义理论体系研究"、"中国经济模式与中国发展道路"、"当前中国经济发展中的热点难点问题"、"低碳经济与国家经济发展方式"、"三农问题与新农村建设"、"社会建设与社区管理"、"依法治国与和谐社会构建"、"哲学与战略性思维"、"政府管理中的重大法制问题"等赫然在目,丰富新颖。

为了促进干部选学制度的科学发展,相关机构积极探索、充分整合利用信息资源与技术成果,在全国上下推出一批内容丰富、功能强大、使用方便的党员干部网络在线学习平台,为干部选学提供了更加与时俱进的学习选择。中央党校主办的"中国干部学习网"就是其中的典型代表之一。

中国干部学习网成立于2010年,旨在建设创新型新媒体云平台,助力党员领导干部读书学习、能力提升,推动马克思主义学习型、服务型、创新型政党建设和学习型社会建设;创新学习方式,弘扬中国精神,凝聚中国力量,追逐中国梦想。学习网共设10个板块、27个一级频道、190个二级频道，不仅内容广泛，而且全部内容精简化、系统化，形成体系完整的干部自助式学习"超市"。

有理由相信，这些服务于干部学习的网络平台的广泛深入发展，必将增强学习兴趣、提升学习效率、规范学习管理、节约学习成本、引领学习风尚。自主选学让学用结合、知行合一的干部培训发展路径日益清晰。

教育培训"直通车"

党的十六大以来，为了大力助推全面建设小康社会目标的顺利实现，中共中央在全国农村开展了党员干部现代远程教育建设工程。

从2003年起，工程试点启动。截至2010年底，覆盖全国乡村的远程教育网络体系已经基本建成，成效显著。这些年来，党员干部现代远程教育系统已培养培训全国数万农村党员干部，造福农民群众，有力夯实了党在农村的执政基础，成为社会主义新农村建设的创新亮点。

胡锦涛等中央领导同志始终高度重视远程教育建设工作。胡锦涛同志不仅对抓好农村党员干部现代远程教育试点工作多次作出指示，更是身体力行，亲赴山东、贵州、湖南等地考察调研，强调远程教育工作要立足于提高农村党员干部素质，建设过程中要积极探索"党员干部经常受教育、农村群众长期得实惠"的有效途径。在党的十七大报告中，胡锦涛同志明确提出："在全国农村普遍开展党员干部现代远程教育。"这是在科学总结试点经验基础上发出的掷地有声的建设宣言。

从2003至2007年，农村党员干部现代远程教育试点范围逐渐扩大，从山东、湖南、贵州和安徽省的金寨县，延伸到山西、辽宁、吉林等12个省（区），进而在全国农村普遍展开。远程教育前端播出平台、远程教育资源库系统和远程教育信息管理系统、辅助教学网站系统、远程教育终端接收站点系统等相继建成。

全国农村党员干部现代远程教育试点工作领导协调小组办公室,为了保证教学资源的针对性和适用性,增强远程教育的吸引力和影响力,努力整合各方资源,确保课件开发质量。中心资源库中各类教学节目多达两万余个,总时长近9000小时,开设了《纪念建党90周年》《科技发展 创先争优》等专栏节目,制作播出了宣传重大典型先进事迹的专题节目,深受广大农村党员干部好评。

　　为认真贯彻落实党的十八大对党员教育工作的新要求,中共中央组织部于2013年1月底在共产党员网开设"全国党员干部现代远程教育频道",设置直播频道、课件频道和信息频道三个子频道,实现远程教育节目在卫星网与互联网上的"双网并播"。

　　全国党员干部现代远程教育系统充分发挥远程教育资源丰富、覆盖面广、方便快捷、生动直观的优势,开设"习近平总书记讲话"、"群众路线"、"农村改革"和"典型示范"四个专题的学习内容,从2014年4月中旬开始,历时三个月在全国远程教育专用频道周一至周五播出,并将学习课件全部上网公布,供农村党员随时点播学习。这进一步凸显了宣传党的路线方针政策、提高农村党员干部群众素质、促进农民增收致富和农村经济社会发展、加强农村基层组织建设等方面的重要作用。

　　农村党员干部远程教育体系正成为党员干部和群众学习新型实用技术以发展生产,学习一技之长以提升就业竞争力,拓展农产品市场流通渠道以增收致富的重要平台和媒介,是党员干部的"加油站",群众路线教育实践活动的"助推器"。它搭建起了信息"高速路"、培训"直通车",成为党建实践的创新亮点、党员教育迈向现代化的重要标志。

　　　　学习是一个政党更新知识、获取力量、保持先进的重要方法。学习也是一个政党坚定信仰、修养品格、凝练意志的关键渠道。

党在革命、建设、改革的各个历史时期，始终保持清醒头脑，深刻认识学习的重要意义和作用，以高度的责任感和使命感，号召并要求全体党员以身作则，乐于学习、善于学习、不断学习、学以致用。

新时期，加强学习型政党建设是筑牢党员领导干部信仰根基，提升党员领导干部执政能力，保持党的先进性的有力举措。

一个集团的进步，有赖于集团内部众多个体的发展。学习，从我做起，积跬步而至千里，集小流而成江海。

习近平同志指出，各级领导干部要勤于学、敏于思，坚持博学之、审问之、慎思之、明辨之、笃行之，以学益智，以学修身，以学增才。要努力学习各方面知识，努力在实践中增加才干，加快知识更新，优化知识结构，拓宽眼界和视野，着力避免陷入少知而迷、不知而盲、无知而乱的困境，着力克服本领不足、本领恐慌、本领落后的问题。

10 历史是最好的教科书
——执政党继往开来的必修课

历史承载了一个民族、一个国家的发展历程，是前人智慧的灿烂结晶。

唐太宗李世民曾说："以铜为镜，可以正衣冠；以史为镜，可以知兴替；以人为镜，可以明得失。"只有用心研读历史，才有可能从这个宝库中汲取源源不竭的智慧，才有可能以史为鉴，继往开来。

重视历史学习，善于总结提炼，积极探索规律，努力找寻正确的前进方向和道路。这是我们党90多年来之所以能够领导中国革命、建设、改革不断取得胜利的一个重要原因。

前车之覆，后车之鉴

曾子曰："吾日三省吾身：为人谋而不忠乎？与朋友交而不信乎？传不习乎？"其实，"一日三省"不局限在对于个人的审视，也可以推及一个执政党、一个民族、一个国家的发展轨迹。

1945年4月20日，这是个注定要载入史册的日子。这一天，党的六届七中全会审议通过了《关于若干历史问题的决议》。这个决议的撰写工作由毛泽东直接领导，从1944年5月开始起草，历时一年时间。其间，党的许多高级干部都参加了讨论和修改。《决议》字斟句酌，数易其稿，最终成型。

《决议》清晰地列述了中国共产党成立24年以来取得的成绩、遭遇的困难以及曾经走过的弯路、犯下的错误；详细交代与分析了我党克服苦难，改正错误的艰难历程，指出了党的六届四中全会、六届五中全会的错误；高度评价了毛泽东创造性地运用马列主义基本原理和方法来解决中国革命实际问题的杰出才干和卓越贡献，在全党确立了毛泽东的领导地位。

这份洋洋洒洒三万字的决议，字里行间凝聚着共产党人对唯物史观的准确理解，打破了"千秋功过，留待后人评说"的中国传统观念，直指问题根源，对于历史问题不回避、不粉饰，真正做到了让"前车之覆"成为"后车之鉴"。

实事求是，恰如其分

1945年党的六届七中全会《关于若干历史问题的决议》，是唯物史现在新民主主义革命时期的一次出色的观照。当时代的脚步迈进20世纪中后期，中国共产党再一次将唯物史观出色地映照到了现实生活中。

"文化大革命"结束后，拨乱反正的一项重要内容，是正确评价新中国成立以来一些重大历史问题上的是非。为此，党中央在推动拨乱反正的过程中，一方面认真清理和纠正"左"的错误，一方面引导人们正确认识党带领人民奋斗的历史，科学评价毛泽东的历史地位，坚持和发展毛泽东思想。

从1979年11月开始，在中央政治局、书记处领导下，由邓小平、胡耀邦主持进行《关于建国以来党的若干历史问题的决议》起草工作。

在筹备过程中，邓小平多次提出，在研究和评价党的历史，特别是社会主义时期党的历史时，共产党人应该本着"实事求是"、"恰如其分"的原则进行客观的陈述与评价。

1980年，在会见意大利记者奥琳埃娜·法拉奇时，邓小平说："尽管毛主席过去有段时间也犯了错误，但他终究是中国共产党、中华人民共和国的主要缔造者。拿他的功和过来说,错误毕竟是第二位的。"他说,毛主席为中国人民做出的巨大贡献不容抹杀,中国人民将永远纪念这位伟大领袖、共和国的奠基者。

邓小平还指出,中国共产党要实事求是、恰如其分地评价和对待毛主席。"毛泽东思想不仅过去引导我们取得革命的胜利,现在和将来还应该是中国党和国家的宝贵财富。"我们不但要把毛主席的像永远挂在天安门前,作为我们国家的象征,而且还要永远坚持毛泽东思想。

在实事求是的精神指导下,1981年6月,党的十一届六中全会审议通过了《关于建国以来党的若干历史问题的决议》,决议对建国以来党的重大历史问题特别是"文化大革命"、毛泽东的功过是非和毛泽东思想基本内容与指导意义,作了客观的总结和中肯的评价。

《决议》充分肯定了党的十一届三中全会以来党逐步确立的改革开放这条适合中国国情的建设社会主义现代化强国的正确道路,为中国社会主义事业和党的工作指明了继续前进的方向。

中华民族这艘历史巨轮,重新扬帆起航。

以史鉴今,资政育人

"欲知大道,必先为史。"

前人艰辛坎坷的奋斗历程,成就了后人一帆风顺的宝贵经验。读史可以鉴古察今,可以资政育人。习近平同志一直十分重视党史研究、学习、教育工作,多次强调其重要性。

2011年7月21日,全国党史工作会议在北京人民大会堂举行。习近平同志出席会议并指出,中国共产党是经历革命、建设、改革长期考验,在异常复杂环境中团结带领我国各族人民创造了伟大奇迹的党。深入研究党的历史,认真学习党的历史,全面宣传党的历史,充分发挥党的历史以史鉴今、资政育人的作用,是党和国家工作大局中一项十分重要的工作。

9月,他在出席中央党校2011年秋季学期开学典礼时再次强调:"领导干部不管处在哪个层次和岗位,都应该读点历史,从中汲取有益于加强修养、做好工作的智慧和营养,不断提高认识能力和精神境界,不断提升领导工作水平。"把学习历史同全面提升当前的领导水平紧密联系起来,说得中肯务实,振聋发聩。

在中国共产党成立92周年前夕,中共中央政治局于2013年6月25日下午就中国特色社会主义理论和实践这一主题进行第七次集体学习。习近平同志在主持学习时进一步强调,历史是最好的教科书。

他指出,学习党史、国史,是坚持和发展中国特色社会主义、把党和国家各项事业继续推向前进的必修课。这门功课不仅必修,而且必须修好。要继续加强对党史、国史的学习,在对历史的深入思考中做好现实工作、更好地走向未来,不断交出坚持和发展中国特色社会主义的合格答卷。

青春寄语

培根说:"读史使人明智。"

学习历史,特别是学习党史、国史,有助于正确认识我们党带领人民取得革命、建设和改革胜利的丰功伟绩,有助于我们深刻体会党在艰难困苦的考验时所迸发出的惊人勇气、智慧和力量,有助于我们坚定正确的前进方向,汲取不竭的精神动力与智力支持。

习近平同志强调,历史是最好的教科书,也是最好的清醒剂。学习历史,要求我们在思考问题、判断是非时,始终能够科学分析、理性认知、以史为鉴,树立和坚守马克思主义的历史观,亦即科学的唯物史观。

叁

只见公仆不见官
——中国共产党的领导作风

历年征战未离鞍,赢得边区老少安;

耕者有田风俗厚,仁人施政法刑宽。

实行民主真行宪,只见公仆不见官;

陕北齐声歌解放,丰衣足食万家欢。

朱德在1942年所作的这首诗,既是对延安广大领导干部发扬民主、服务群众的热情赞扬,也是对党的领导作风的最好诠释。

领导作风是领导干部在领导机构和领导活动中的态度和言行的一贯体现。

求真务实的领导精神,秉公用权的领导风范,攻坚克难的领导品格,集思广益、从善如流的领导方法,惩前毖后、治病救人的领导艺术,任人唯贤、知人善用的领导方略……都是党的优良传统和作风的具体体现。

习近平同志强调:"各级领导干部都要树立和发扬好的作风,既严以修身、严以用权、严以律己,又谋事要实、创业要实、做人要实。"这是对公仆精神的进一步深化和发挥。

人民公仆爱人民,人民公仆人民爱,只有至真"公仆情",才能赢得至诚"百姓心"!

《南泥湾》，靳之林绘

1 老骥伏枥,志在千里
——延安"五老"的优良作风

延安时期,我们党内有五位年过六旬、资格很老的同志,被人们亲切地称为"五老"。他们是董必武、林伯渠、徐特立、谢觉哉、吴玉章。这五位老者虽然在党内拥有很高的威望,但从不摆老资格,从不倚老卖老,而是以巨大的革命热情投入到工作中去。他们的许多故事被传为佳话。

董必武在长征路上

董必武(1886~1975)的一生犹如一部传奇故事:他参加过辛亥革命,是中共一大代表,也是两次国共合作的桥梁;他是中共秘密战线的领导人之一,还于1945年作为中共代表赴联合国签署过《联合国宪章》;新中国成立后,历任最高人民法院院长,中国人民政治协商会议副主席,中华人民共和国副主席、代主席,全国人大常委会副委员长等职。

1934年10月,由于王明"左"倾教条主义错误领导等原因,中央革命根据地第五次反"围剿"失败,中央红军主力被迫开始长征。在长征中,有一支特殊的连队,大约有一百多人,其中有董必武、徐特立、谢觉哉这样的老同志,也有蔡畅、贺子珍等女红军,还有一些负了伤的红军高级指挥员。

这就是中央机关纵队干部休养连，董必武担任党总支书记。他带领这支特殊连队克服了前进道路上的艰难险阻，胜利抵达陕北革命根据地，创造了历史上的奇迹。

董必武这时虽已年近半百，但他本着把"革命的小事当做大事来做"的精神，总是尽心尽力做好每一项工作。他被称为是个"三不停"的人。一是脑子不停：时时刻刻都在想着前进的路上可能发生的问题，并提前准备好应付困难的方案。二是手脚不停：每到宿营时，他就忙着安排做饭、睡觉的事情，并查看伤病员、找民工抬担架（因为民工天天变动），还带着连长侯政和指导员李坚真检查"三大纪律、八项注意"的执行情况等。三是嘴不停：抽空就向沿途的人民群众宣传红军的宗旨和党的政策，休息时又给身边的战士们讲革命故事，还和徐老、谢老一起吟诗作赋，鼓舞士气。

董必武不仅身体力行做好自己的工作，还热心帮助李坚真、侯政解决工作中遇到的困难和问题，指导他们带好这支特殊连队。一次，李坚真受了上级领导的批评后，赌气地说："要求休养连和战斗部队一样，这个指导员我干不了，我情愿去当挑夫，去抬担架！"董必武耐心地对她进行劝导和教育，说："遇到困难不干，就是战场上的逃兵。共产党员干革命，越是困难越要干。我们当干部的，在任何情况下都要沉得住气，要顶得住表扬，顶得住批评，也要顶得住困难。"

林伯渠带头参加生产

林伯渠（1886~1960）是国共两党的元老，中共中央领导人之一。从1937年9月陕甘宁边区政府成立到1948年12月，林伯渠担任陕甘宁边区政府主席长达十余年。他经常说，陕甘宁边区政府的工作人员，从乡干部到边区政府主席，都是人民的勤务员。

抗日战争进入相持阶段后，陕甘宁边区的经济陷入极端困难的境地，边区政府在中共中央的领导下开展了轰轰烈烈的生产自救运动。林伯渠作为边区政府首脑，政务十分繁忙。但他从不搞特殊，挤出时间带头参加生产，开荒种地、拾粪积肥、纺线种菜等活，样样都干得很好。

清晨，边区的老百姓总能看见林伯渠已经早早起床，提着箩筐拾粪积肥。大家十分感动，也发自内心地想帮帮林伯渠，让他别太劳累。一天，一个叫惠疙瘩的农民领着儿子，挑着两担粪，倒在了林伯渠的粪堆上，对林伯渠说："你老年纪那么大了，政府事情又多，以后我们就帮你拾了。"林伯渠一边感谢惠疙瘩，一边对他说："我也是一个普通的老百姓。虽然年纪大些，在政府里有工作，但也要参加大生产运动，不能搞特殊化。"

林伯渠还带头上山割草，亲自编写了《割草歌》，为大家鼓劲，激励大家的劳动热情。有一次，一位美国客人在延河边散步时，看到林伯渠挑着马草从田野边走来，十分吃惊而又感慨地说："主席先生，我在这块土地上，从你们的行动里，看到了中国的光明和希望！"

徐特立与延安自然科学院

徐特立（1877~1968）是毛泽东的老师，无产阶级革命家和教育家，受到中国人民的尊敬和爱戴。党中央曾经这样评价他："对自己学而不厌，对别人诲人不倦。"在艰难困苦的革命斗争中，他"比许多青年壮年党员还要积极，还要不怕困难，还要虚心学习新的东西"。

1940年9月，党在延安创建了第一所进行科学教育和科学研究的高等理工学校——延安自然科学院。徐特立是第二任院长，并且是任期最长的一位院长。

当时，陕甘宁边区外受日本帝国主义的军事威胁、经济渗透，内有国民党的军事包围和经济封锁，物资匮乏、人才短缺，要办好自然科学院谈何容易。徐特立迎难而上，欣然接受了组织交给的任务，不管是教学方针、课程安排，还是思想政治工作、后勤工作，都一一过问。

陕甘宁边区围绕着要不要办自然科学院和怎样办自然科学院、能不能办和应不应办高等技术学校，如何处理办高等教育和支持战争的关系等问题，产生了一些不同的认识和争论。徐特立高瞻远瞩，指出办好自然科学院具有重要意义，提出了学院要与军工局、边区建设厅等机关所属的工厂、农场密切结合等主张。正是在他的领导下，延安自然科学院培养出我们党第一代科学技术干部，为新中国的科学技术事业奠定了初步的基础。

由于徐特立当时还担任着中央宣传部副部长，工作任务繁重，组织上为了照顾他的身体，特地给他配备了一匹马。但他自己很少骑马，总是把马派去给自然科学院送病人、驮东西。从延安城北杨家岭的住地到15里外城南的学校，从这个山头转到那个山头，他经常是走着来，走着去，上上下下，从不怕辛苦。

谢觉哉在中央苏区立法惩贪

谢觉哉（1884~1971）是我国人民司法制度的奠基者之一。1933年4月到中央苏区工作，先后担任中央政府秘书长、内务部长等职，主持和参加起草了中国红色革命政权最早的《劳动法》《土地法》《婚姻条例》等一系列法令和条例。他是依法办事、清正廉洁的光辉典范。

1933年11月的一天，谢觉哉来到瑞金县检查政府工作。由于时间很紧，开始他计划只听听瑞金县苏维埃主席杨世珠的汇报。可是杨世珠一见面就左一声"老首长"，右一声"德高望重的老领导"，让谢觉哉十分厌烦。汇报工作时，又只讲成绩，不谈问题。当谢觉哉问到他财政收支账目时，又答非所问，语焉不详。中午，财政部长蓝文勋大摆酒席，说是为中央领导接风……

这些举动引起了谢觉哉的怀疑。午饭过后，他悄悄走访了两位老干部，发现其中存在着严重问题，于是立即派人向中央执行委员会作了口头汇报。

第二天，中央派出工作组到瑞金县突击查账，结果查出会计科科长唐仁达侵吞各种款项达34项之多，合计大洋2000余元；还顺藤摸瓜挖出了杨世珠等人贪污集体的大洋4000余元。

谢觉哉怒不可遏，在县苏维埃常委会上，声色俱厉地对杨世珠、蓝文勋等呵斥道："你们称得上是共产党员、苏维埃干部吗？当前战争够残酷的了，大家都在千方百计节省每一个铜板、每一斤口粮支援前线，想不到瑞金县竟有用群众血汗养肥的贪官污吏！"

紧接着，谢觉哉代表工作组责令杨世珠、蓝文勋停职检查，并宣布将唐仁达逮捕法办。检查工作结束后，他立即向毛泽东汇报了情况，并提出建议："必须立法建规，昭示天下，以便广大群众监督。"毛泽东赞同地说："好，你谢胡子敢于开刀，我毛泽东决不手软！"

几天后，谢觉哉便按照毛泽东的指示，与项英、何叔衡等人讨论研究，起草了中央执行委员会《关于惩治贪污浪费行为的训令》，并于1933年12月15日颁布实施。一场"执行《训令》、反贪倡廉"的群众性运动在全苏区全面展开。

吴玉章拒斥蒋介石

吴玉章（1878~1966）可谓"三朝元老"，从同盟会、国民党到共产党，从参加旧民主主义革命、新民主主义革命到社会主义革命，叱咤风云，曾得孙中山、蒋介石赏识，也受到过毛泽东高度评价。吴玉章是无产阶级革命家、教育家，马克思主义历史学家和语言文字学家，历任华北大学、中国人民大学校长，一生功勋卓著，却宠辱不惊，淡泊名利。

1938年7月，国民党被迫接受中国共产党和其他民主党派的主张，召开国民参政会，作为抗日战争时期各党派参政议政的咨询机构。吴玉章作为中共代表任国民参政员。

10月28日，第一届国民参政会第二次会议在重庆召开。会议讨论起爱国华侨领袖陈嘉庚的来电："日寇未退出我国之前，凡公务员对任何人谈和平概以汉奸国贼论。"

汪精卫对此表示反对。他说："胡说什么，孙总理常说和平救国，如果谈和平就是汉奸国贼，那么就是骂总理也是汉奸国贼了。"吴玉章立即对汪精卫的这通无耻言论进行痛斥。

蒋介石在此期间也有自己的图谋。他亲自出马，约董必武、吴玉章等六人进行所谓的"恳谈"，力劝他们到国民党里做"强有力的骨干"，"为国家民族共同努力"，并赤裸裸地叫嚷"不必要共产党啦"，"与共产党不能并存啦"，并说共产党不去，他死不瞑目等等。

蒋介石又特别对吴玉章说："你是老同盟会（员），国民党的老前辈，还是回国民党里来吧！"吴玉章当即郑重声言："我坚信共产主义，绝不动摇，如果二三其德，毫无气节，你也会看不起吧！"吴玉章的一席话把蒋介石顶得哑口无言。

青春寄语

毛泽东曾对延安"五老"给予高度评价："记得我在小的时候，很不欢喜老人，因为他们是会欺负青年人的。青年人谁没点错误呢？但是你错不得，他们对你是很凶的。一切事情，小孩子和青年人是没有发言权的。中国的青年人受封建家庭封建社会的苦太大了。但是现在世界是变了，青年人欢喜老年人，就像我们的吴老、林老、徐老、董老、谢老，都是很受青年们欢迎的。为什么有这个转变呢？因为这些老同志不但不欺负青年，而且非常热心地帮助青年，他们的行为足为青年模范，所以青年都十分热爱他们。"

作为中国共产党的革命先驱和高级干部，延安"五老"为当代青少年留下了一笔宝贵的精神财富。身体力行、严于律己、攻坚克难、依法办事、宠辱不惊的优良作风在今天仍然闪烁着熠熠光辉，是广大青少年实现人生梦想必须坚守的黄金法则。

2　没有调查就没有发言权
　　——调查研究的光辉典范

　　注重调查研究是中国共产党的优良传统和政治优势。党和国家许多领导人都以"甘当小学生的精神",放下架子,扑下身子,走基层,观国情,察民意,进行了大量调查研究,取得了累累硕果。党在领导革命、建设和改革的各个历史时期,在每一个正确的重大决策背后,都有一个个广泛调查、深入研究的动人故事。

毛泽东"寻乌调查"

　　大革命失败后,中国革命到底应该依靠哪个阶级?中国革命道路应该走哪个方向?这些决定中国革命发展前途的重大问题摆在了中国共产党人面前。

　　带着这些问题,毛泽东深入中国农村,对中国社会的经济、政治、阶级状况等进行了广泛深入的调查研究,写出了许多重要调查报告和论著,在此基础上形成了中国革命道路理论,成功地开辟了农村包围城市的中国革命道路。寻乌调查是毛泽东进行的一次较大规模和具有典型意义的调查研究活动。

　　寻乌县位于江西省东南端,是闽、粤、赣三省的交界处。1930年5月初,中国工农红军第四军攻克寻乌县城,将城南门外马蹄岗的天主教堂改为中共寻乌县委所在地。毛泽东在寻乌县委书记古柏的大力支持下，开始了规模最大的一次社会调查。

为了深入了解寻乌各阶层的具体情况，毛泽东采取登门访问和开调查会的方式，对县区乡干部、普通农民、工人、农村穷秀才、破产了的商会会长、在知县衙门管过事的小官吏等进行调查。这些人年龄最大的62岁，最年轻的23岁。毛泽东还找了其中的11个人，开了十多天的调查会。

刚开始时，大家都不敢发言。毛泽东让大家不要拘束，告诉大家谁知道谁先谈，知道多少谈多少。曾担任过商会会长的郭友梅首先说，小商人、手工业者一般都能参加革命和拥护革命，但担心会被没收财产……有人开了头，接下来大家便一个接一个发言。毛泽东边听边记，有时插问一两句，碰到听不懂的方言时，古柏便充当翻译作解释。

通过调查，毛泽东深入了解了寻乌县7个区21户大地主、111户中小地主的剥削形式、剥削手段及其压迫群众、反对革命的劣行等。同时，他还抽空与群众一起劳动，开展田间调查。最后，他又主持召开了一个有50多人参加的总结调查会。在会上他将没有把握或不够清楚的问题，一个一个地提出来，让大家议论，广泛征询意见。

之后，毛泽东于1931年2月写成了一篇共有5章39节长达8万多字的《寻乌调查》，对寻乌县的地理环境、交通、经济、政治、各阶级的历史和现状等，进行了全面而详细的考察分析，为中国共产党制定正确的土地革命路线提供了实际依据。

在寻乌调查期间，毛泽东撰写了《调查工作》一文，提出了"没有调查，没有发言权"，"调查就像'十月怀胎'，解决问题就像'一朝分娩'"的科学论断。毛泽东思想的活的灵魂的三个基本方面，即实事求是、群众路线、独立自主，首次在文中得到了集中展现。这篇名著在战争年代意外遗失。1961年1月，田家英从中央政策研究室发现一本发黄的石印本《调查工作》小册子，立即呈送到毛泽东手上。毛泽东喜形于色，连连说道："失散多年的孩子终于回到身边了！"1961年3月11日，他亲笔修改后先印发给中央工作会议与会同志每人一份。后改名为《反对本本主义》，收入1964年出版的《毛泽东著作选读》一书中。

全党掀起调查研究之风

1941年前后，抗日战争进入了极为严重的困难时期，迫切地需要我们党在思想上、政治上、组织上更加团结统一。然而，党内长期存在的"左"倾、右倾错误思想，特别是王明的"左"倾教条主义，在党内还存在一定影响。

毛泽东认识到，中国共产党之所以在一个较长的时间里教条主义盛行，原因在于党内有许多人不了解中国的实际情况，不懂得中国特殊的国情，没有也不会进行深入的调查研究。

为了解决这个问题，毛泽东决定将他在1930年至1933年期间所形成的农村调查报告汇集成《农村调查》一书出版，以此推动全党形成调查研究的风气，学会调查研究的方法，从根本上摒弃教条主义。

《农村调查》这本书，毛泽东曾于1937年编辑过一次，并写了一篇序言，有少量印刷。1941年3月，他再次作了编辑，又重新写了一篇序言和一篇跋，强调指出："对于中国各个社会阶级的实际情况，没有真正具体的了解，真正好的领导是不会有的。"

为了进一步引起全党对调查研究的重视，大兴调查研究之风，1941年8月中共中央发布了毛泽东起草的《关于调查研究的决定》和《关于实施调查研究的决定》两个重要的党内文件。

《关于调查研究的决定》对建党以来调查研究所取得的成绩和存在的不足，作了实事求是的分析和评价；对党内许多干部未能充分认识调查研究的重要性提出了严肃批评。《关于实施调查研究的决定》对开展调查规定了具体的实施办法。

8月27日，中共中央政治局会议正式决定成立调查研究局，毛泽东为主任，任弼时为副主任。

中共中央加强调查研究的决定，得到了各级党组织的积极响应。各中央局及其所属的各级党组织、在延安的中央直属机关等都组织了多个调查团或考察团,展开了广泛而深入的调查研究工作,掀起了全党性的调查研究之风。

广泛深入的调查研究工作,为延安整风运动的开展,为党的各级领导机关和广大干部更好地将马克思列宁主义基本原理同中国革命具体实际相结合奠定了扎实基础。

1961年:"调查研究年"

1960年前后,由于"大跃进"和人民公社化运动的失误,我国经济面临极其严峻的形势。中共中央和毛泽东认识到出现失误的主要原因之一是忽视了调查研究。在1960年底至1961年1月召开的中央工作会议和八届九中全会上,毛泽东反复强调调查研究的重要性,号召全党大兴调查研究之风,希望1961年成为"调查研究年"、"实事求是年"。

1961年3月23日,中共中央发出《关于认真进行调查工作问题给各中央局,各省、市、区党委的一封信》,信中强调:深入基层调查研究,是领导工作的首要任务。"一切从实际出发,不调查没有发言权,必须成为全党干部的思想和行动的首要准则。"随后,刘少奇、周恩来、朱德、陈云、邓小平和彭真等中央领导人身体力行,深入基层开展调查研究工作。

4月1日,刘少奇回到湖南老家,住在宁乡县东湖塘人民公社王家湾养猪场旁的破旧空房里。人们对"临时主席府"设在养猪场旁很是不理解。其实,刘少奇在离开广州前,就对中共中央中南局和中共湖南省委负责人交代说,这次去湖南乡下,不住招待所,采取过去老苏区的办法,直接到老乡家,睡门板、铺禾草,不扰民,又可深入群众。人要少,一切轻装简行,想住就住,想走就走,一定要以普通劳动者的身份出现。在为期44天的湖南农村调查中,他召开各种形式的座谈会,亲切地与社队干部和农民交谈;他走家串户,倾听社员的意见和呼声。面对一些社员不敢讲真话,他坦率地承认错误:"中央办了错事,我们对不起大家;但是改正错误要了解真实情况,希望大家帮助我,向我提供真实情况。"他的真诚打消了社员的顾虑,大家纷纷对食堂、分配、住房以及生产方面的问题发表了自己的看法和意见,使他摸清了实情。

4月底至5月初,周恩来到河北邯郸地区武安县等地调查。到武安的第一天中午,周恩来就提出到食堂就餐。食堂的工作人员事先安排社员打了饭,等周恩来去的时候一个社员也没有,桌上放着猪肉和鸡蛋。周恩来看出来这是在作假。他过了一天又悄悄来到另一个村的食堂,可还是去晚了,社员已经吃完饭回家了。周恩来看到炊事员神色慌张,急忙盖锅盖,就知道这里面一定有问题。他走上前,掀开锅盖,看到锅里剩下的玉米面糊,就盛了一碗吃起来,此时他对集体食堂社员伙食的真实情况也心中有数了。

与此同时,朱德到上海、浙江、福建、江西、广东等地进行调查研究;陈云在上海青浦县小蒸公社一待就是15天;邓小平、彭真在北京顺义、怀柔调查了一个多月……这些调查研究工作为之后的经济政策调整奠定了基础。

"翻两番"与"奔小康"

邓小平是中国改革开放的总设计师,他的诸多重大决策同样来自调查研究。邓小平常常通过问数字了解下情,通过算经济账摸清建设进展,在此基础上制定发展战略和方针政策。

1982年9月,党的十二大提出,从1981年到本世纪末的20年,力争使全国工农业总产值翻两番,使人民的物质文化生活达到小康水平。"翻两番"究竟靠不靠得住?小康目标究竟能不能按计划实现?带着这些思考,邓小平开始了他的南行之旅。

1983年2月7日下午,邓小平来到苏州,在南园宾馆新平房的会客室会见江苏省委领导同志。谈话一开始,邓小平就直奔主题,问:"到2000年,江苏能不能实现翻两番?"

江苏省领导同志回答说:"从江苏经济发展的历史看,自1976年至1982年,6年时间,全省工农业总产值就翻了一番。照这样的增长速度,就全省而言，用不了20年时间，就有把握实现翻两番。"

邓小平听了他们的具体汇报，听到经济发达地区不仅能够，而且可以提前实现翻两番，心里踏实了。

2月9日晚，邓小平来到杭州，住进位于杭州西湖边上的刘庄宾馆一号楼。浙江省委负责同志请邓小平先休息几天，但他说不累，邀请大家进屋谈谈。

邓小平问，翻两番是不是靠得住？现在是多少？到2000年又是多少？省委书记铁瑛汇报说，浙江到2000年能翻两番半或三番。

邓小平了解到，到2000年，浙江将达到人均1300多美元，通过努力可以翻三番。听到这个情况，邓小平特别提出：到2000年，江苏、浙江应该多翻一点，拉一拉青海、甘肃、宁夏这些基础落后的省（区），以保证达到全国翻两番的目标。

回到北京之后，邓小平约请几位中央负责同志谈话。他说："这次，我经江苏到浙江，再从浙江到上海，一路上看到的情况很好，人们喜气洋洋，新房子盖的很多，市场物资丰富，干部信心很足。"

邓小平还提出要求：到本世纪末实现翻两番，必须有全盘的更具体的规划，各个省、自治区、直辖市也都要有自己的具体的规划，做到心中有数。

青春寄语

"没有调查就没有发言权。"

习近平同志曾指出：调查研究是做好领导工作的一项基本功，调查研究能力是领导干部整体素质和能力的一个组成部分。重视调查研究，是我们党在革命、建设、改革各个历史时期做好领导工作的重要传家宝。

只有坚持调查研究，才能"与人民心心相印、与人民同甘共苦、与人民团结奋斗"。调查研究也是青少年在生活中发现问题、解决问题的金钥匙，是青少年求真务实、脚踏实地走向成功的必经之路。

3 从善如流集众思
—— 张闻天的民主作风

张闻天（1900~1976），江苏省南汇县（今属上海市）人，原名应皋（也作荫皋），曾化名洛甫，字闻天。中国共产党早期的重要领导人，杰出的无产阶级革命家和理论家、忠诚的马克思主义者，有"红色教授"之称。

张闻天1925年加入中国共产党，1931年由莫斯科回到上海，任中共中央宣传部长。1933年进入中央苏区，任中央政治局委员、中央书记处书记。1935年在遵义会议上被推举代替博古担任党中央的总负责人，对确立毛泽东在党和红军中的领导地位起了重要作用。

耐心说服，以理服人

张闻天在日常生活中便显出学者的风度，说起话来慢条斯理，平易近人，温文尔雅，没有当官的威严和架子。大家见到他会顿时觉得轻松起来。

张闻天常说，对待一切问题，要采取商量的态度，要有弹性，也要有忍耐心。他不仅是这样说的，更是这样做的。在工作中遇到问题他总是采取商量的态度，也经常引导身边的工作人员在做工作时要善于根据具体情形，根据群众的具体要求和情绪，来教育群众和说服群众，真正做到以理服人，而不是以强迫命令的方式让人们接受意见。

1935年6月26日，中共中央政治局在四川懋功北部的两河口召开会议，确定了北上建立川陕甘革命根据地的战略方针。6月底，毛泽东、张闻天、周恩来、朱德等率领中共中央和军委离开两河口，于7月10日到达黑水县的上芦花。党中央一面耐心等待张国焘执行两河口会议决议，迅速打击胡宗南部；一面筹备粮食，准备北上抗日。

有一天，红军指战员割麦备粮。在歇晌的时候，张闻天同红军指挥员和战士们谈天。红一方面军都是南方人，不习惯吃面食，也不会做，战士们难免会出现一些不适应的情绪。为了说服大家尽快适应新的饮食习惯，他就结合自己亲身经历，有意地跟大家介绍世界各个国家吃东西的习惯：苏联人怎么样，美国人怎么样，日本人怎么样。他说，全世界百分之七十的人吃面，只有百分之三十的人吃大米，我们"北上"，就到了吃面食的地方了，可要少数服从多数啊……说得大家都笑了起来。

红军到达陕北以后，随着各项工作的逐步恢复和展开，一些人事方面的变动也不可避免。有一天，张闻天叫刚从定边回到保安的李坚真去见他。他对李坚真说："中央决定要你回中央妇女部任部长。"听到这话，李坚真不知怎么的哭了起来……她对张闻天说："我的水平低，怕担当不起，还是在下面工作吧。"

看到李坚真不愿接受中央的安排就任新的工作岗位，张闻天并没有着急，更没有批评指责她，而是耐心地开导她。一方面教育她，跟她讲道理，一方面又鼓励她。最终，李坚真接受了组织的安排，挑起了中央妇女部部长的担子。

从善如流，维护团结

张闻天自担任党的总负责人后，每遇到重大问题，都会召开会议进行专门讨论。他特别注意集体领导，善于听取和集中大家的意见，而不是独断专行。

他主持会议时，大家都能够展开讨论，畅所欲言。他总是先听取其他人的意见和想法，经过充分的讨论之后，进行总结。有时候大家觉得在会上讲得不过瘾，散会之后就到张闻天的住处继续讨论。他的这种民主作风对于当时协调党内矛盾、维护党内团结发挥了很大的作用。

中国革命是在半殖民地半封建社会环境中进行的，走的是一条工农武装割据的道路。在这样一种特殊的历史条件下，红军被迫分割为几大块，各自为战，相互间极少联系。张国焘的分裂主义，也正是在红军这种分散状态下滋生起来的。

到达陕北后，虽然实行统一领导，但思想、作风千差万别，要真正做到团结一致，还需要做艰苦的工作。刘少奇讲到当时的情况曾说："党内许多人是从许多山头来的，形成许多班子，走路散步各走各的，吃饭各吃各的。"

在这种情况下，作为党的总负责人，张闻天以自己光明磊落的胸襟和民主作风，对加强党的团结起了很好的促进作用。在一、四方面军会合后，他曾表示，为了促进团结，可以把总负责人的位子让出来。

杨尚昆曾给予张闻天如下评价："自从他主持党中央日常工作以后，一改过去党内那样家长制、一言堂的恶劣作风，党中央的领导核心团结协调，互相配合，革命事业顺利发展。"

"开明之君"，主动让贤

张闻天是一位温文尔雅的学者，善于思考，喜好理论研究和政策宣传，并不长于处理日常琐事。

在被推为党的总负责人之后，他感到自己并不完全适合当一把手，因此，在日常工作中非常尊重毛泽东的意见。

他主持书记处和政治局会议，每次会前都要和毛泽东商定议程。有些文件也是先由他起草，经毛泽东审改后，再提交会议讨论通过。

在历史档案里可以看到，从1935年10月初中央红军到达陕北，到1938年9月召开党的六届六中全会，有洛甫（或张闻天）署名的电报为451件，其中,"洛、毛"或"毛、洛"联名的电报达286件之多,占了将近64%。

张闻天作风民主,同毛泽东合作得十分融洽。毛泽东常常戏称张为"明君",称他的妻子刘英为"娘娘"。

遵义会议后,张闻天和毛泽东的高度一致,保证了毛泽东的战略方针能够畅通无阻地贯彻执行,成为当时中国革命转危为安、从失败中走出来的关键因素。

抗日战争时期,毛泽东的威信空前提高,逐渐成为全党公认的领袖。面对这一事实,张闻天表现出了明智豁达的态度。

1938年4月12日,针对中共中央已经成立集体领导的书记处而外界仍盛称他为总书记的状况,张闻天在武汉《新华日报》公开发表《张闻天(洛甫)启事》,指出:"中共中央设有由数同志组织之书记处,但并无所谓总书记。"

1938年9月14日,中央政治局召开会议,王稼祥传达了共产国际的指示和季米特洛夫的意见:中共中央领导机关要以毛泽东为首解决统一领导问题,领导机关要有紧密团结的气氛。

张闻天根据这一精神,在六届六中全会期间,再次十分诚恳地向毛泽东提出,推举毛泽东为党中央总书记。

毛泽东对张闻天说:"你是明君,是开明之君,党中央总书记由你继续担任吧。"

张闻天尊重毛泽东的意见,没有固执己见,但会后主动将中央领导工作逐步转交给作为书记处书记之一的毛泽东,并将中央政治局会议地点移到杨家岭毛泽东的住处。

毛泽东在同王震谈话时说:"张闻天这个同志是不争权的。"张闻天知道这事后,高兴地说:"这是对我最好的评价。"

张闻天曾说:"人患无'自知之明',一旦自知了,他就会把自己放在一个适当的地位,尽他的力量,来好好地工作下去吧。"他是这样说的,也是这样做的。

只见公仆不见官
中国共产党的领导作风

青春寄语

　　古语道："智者千虑，必有一失；愚者千虑，必有一得。"只有虚心听取他人意见，才能碰撞出思想的火花，才能集思广益。

　　作为党的总负责人，张闻天克服家长制的领导方法，发扬民主，听取不同意见，允许发出不同的声音，协调各方矛盾，促进党内团结。

　　这对于当时的中国共产党渡过一道道难关起着非常重要的作用，也为我们后人无论是做事还是做人都提供了一笔价值不菲的精神财富。

　　2013年6月28日，在全国组织工作会议上，习近平同志强调，严肃党内生活，最根本的是认真执行党的民主集中制，着力解决发扬民主不够、正确集中不够、开展批评不够、严肃纪律不够等问题。要健全和认真落实民主集中制的各项具体制度，促使全党同志按照民主集中制办事，促使各级领导干部特别是主要领导干部带头执行民主集中制。

 三省吾身方知病,惩前毖后乃知行
——批评与自我批评的"秘密武器"

批评与自我批评是中国共产党的优良传统和作风,也是解决党内矛盾,加强党内团结,促进党的先进性和纯洁性建设的重要途径。

积极开展批评与自我批评,最重要的是善于接受批评,最可贵的是勇于自我批评,最关键的是敢于提出批评。

让我们把镜头聚焦在老一辈无产阶级革命家身上,看看他们在批评与自我批评中展现出的品格与风范。

"一句让人震惊的咒骂声"

1941年6月3日,大雨滂沱,电闪雷鸣,延川县代理县长李彩云在参加陕甘宁边区各县县长联席会议时,不幸被雷击身亡。十分巧合的是,同一天一个农民的毛驴也被雷电击中。这个农民便气呼呼地抱怨说:"老天爷不开眼,雷劈了个县长,咋不劈死毛泽东!"

延安保卫部门得到报告后,觉得诅咒我们党的领袖被雷劈死,是一个性质严重的问题,决定把这件事当成反革命事件来追查,要逮捕那个农民。毛泽东知道后,立即制止了他们。毛泽东说:"群众发牢骚,有意见,说明我

们的政策和工作有毛病。不要一听到群众有议论,尤其是尖锐一点的议论,就去追查,就要立案,进行打击压制。这种做法实际上是软弱的表现,是神经衰弱的表现。"随后,毛泽东派出调查组,对边区农民群众的具体情况进行实地调查。

调查组调查了两个月,整理出了调查材料《固临调查》。其中一组对比统计数据引起了毛泽东的深思:从1937年到1941年,脱产人员从1.4万人增加到7.3万人(约占当时边区总人口的5.37%),公粮征收从约1.4万石(每石约为150公斤)增加到约20万石(占边区当年粮食产量的13.85%),群众人均负担从1升增加到1斗。怪不得农民有怨气要骂人,原来脱产人员激增,财政收入锐减,农民负担过重的问题很严重啊!

当务之急,是找到减轻人民负担、渡过难关的办法。

毛泽东下定决心,寻找途径,采取措施,改进工作。

1941年11月,陕甘宁边区二届一次参议会召开,民主人士李鼎铭和其他10名参议员一道,提出了"精兵简政"的议案。毛泽东认为,"这个办法很好,恰恰是改造我们的机关主义、官僚主义、形式主义的对症药"。他后来还在《为人民服务》的演讲中说:"'精兵简政'这一条意见,就是党外人士李鼎铭先生提出来的;他提得好,对人民有好处,我们就采用了。"

11月17日,在中共中央政治局会议上,毛泽东明确提出:1942年边区财政经济方针实行两大原则:第一,精兵简政,调整人员;第二,扩大收入,发展生产。

毛泽东从"一句让人震惊的咒骂声"中发现了领导工作中存在的问题,找到了减轻人民负担、改变官僚主义作风的"良药",显示了他善于接受批评的大智慧。

三人一席谈

1940年下半年,彭德怀指挥八路军一二九师和晋察军区等一百多个团在华北地区对日伪军发动了　次大规模的进攻性战役,史称百团大战。这次战役大大提高了我们党和人民武装力量的声望,增强了全国军民争取抗战胜利的信心。毛泽东也大为称赞,致电彭德怀说:"百团大战真是令人兴奋,像这样的战斗是否还可组织一两次?"

可是,1945年2月,在华北地方与军队工作同志座谈会上,有些同志却对百团大战提出了不公正的、过火的批评,认为百团大战过早地暴露了我们的力量,是"战略性错误"、"路线错误"、"不听中央命令"、"没有组织纪律"、"为蒋介石出力"等。

彭德怀听到这些有失偏颇的议论和批评很不高兴,也很委屈。他决定和毛泽东交换一下意见,并请周恩来做中间人。

一天晚上,他和周恩来来到毛泽东居住的窑洞,三个人坐到一起交谈起来。毛泽东开门见山地说:"咱们定个君子协定:第一,把话讲透;第二,可以骂娘;第三,各自检讨,不准记仇,不得影响工作。"

毛泽东首先作了自我检讨:"造成这样子的后果,责任全在我,事先没有向你通气,事后又没得向你作解释,这也是老同乡我的不对……百团大战是无可非议的。从组织手续上讲,你战前对军委有报告,那时军委和我个人也是同意了的。如果讲缺点的话,那就是军委回电未到,你就提前动作了,但这也是可以理解的嘛……若说有错,首先错误在我,我不但同意了,给你发了电报,还向你提出这样的大战役是否可以多搞几次。"

听到毛泽东这样说,彭德怀心里的不快顿时烟消云散,动情地说:"同志间的了解、信任胜过最高奖赏,有主席今晚这席话,就是现在叫我去死,也是死而无憾了。你还是了解我的,倒是我对你有误会,甚至有埋怨情绪,还要请你原谅,我是个粗人呀!"

"不!你是一个有勇有谋、智勇双全的将领。在革命处在危难关头,你都是站在正确路线一边。这不仅是对我个人的支持,也是帮助了革命。遵义会议上你老彭投的一票是颇有分量的啊!好吧,请你多给我提点意见吧。"毛泽东接着说。

周恩来笑着说:"君子协定的第一条是把话说透,不要错过这个机会哟。"

最后,彭德怀提出,他们在党内都要自觉地接受党的监督和约束,办任何事都要从党和人民的利益出发,谁也不能头脑发热、独断专行、随心所欲。否则的话,势必给党和人民造成无可挽回的损失。

毛泽东认为彭德怀讲得很好,建议将他的这个观点写到党章里去。周恩来表示举双手赞成。

"怕死还当什么共产党员!"

1956年,苏联的一个代表团来我国访问时,彭德怀当面向苏联外交部长米高扬提出质问:"斯大林有缺点,他在世时,你们为什么不提意见?他死了你们就拼命反对他?"

米高扬回答说:"当时不敢提呀,提了要掉脑袋!"

彭德怀义正词严地说:"怕死还当什么共产党员!"

彭德怀就是这样刚正不阿、敢于直言的人。他最反对虚伪和明哲保身,常说:"一个负责干部,在重大问题上必须表明自己的真实观点,这才叫负责。"

他说,共产党员对于党就是要知无不言,言无不尽,应该抛弃一切私心杂念,真正具有不怕杀头、不怕坐牢、不怕撤职、不怕开除党籍、不怕老婆离婚的"五不怕"精神。

毛泽东曾称他是"张飞"。在中央核心领导层中,只有他敢于与毛泽东正面争论,一辩是非。

1957年,彭德怀到一些地方视察,发现反右运动有扩大化的倾向,回来准备向毛泽东汇报。

有的同志说:"运动正在风口上,现在谈不是时候吧?"

他说:"对毛主席就是要讲真话,才是对革命负责。"

1959年7月,他在庐山会议上向毛泽东上"万言书",表达自己的不同政治见解。这都表现了他为了人民的利益,为了党的利益,坚持真理、敢于直言的高尚品格。

"如果我写书,我就写我一生中的错误"

1961年7月18日,一个阳光灿烂的日子,周恩来和陈毅来到上海,同上海的电影工作者会面,地点选在著名电影演员白杨家。

周恩来亲切地与大家交谈。在谈话中,一位同志热情地说:"总理,您给我们写本书吧!"

白杨说:"总理太忙,没有时间动笔。"

不想,周恩来却说:"如果我写书,我就写我一生中的错误。这可不是卢梭的《忏悔录》,而是要让活着的人都能从过去的错误中吸取教训。"

周恩来的一生,总是勇于自我批评,是严于律己的典范。1942年延安整风运动中,他主动检讨自己的错误,把自己犯过的错误向党内同志讲,向党外朋友讲。在不同的场合,他多次诚恳地作自我批评。毛泽东甚至说过这样的话:"恩来同志的自我批评太多了。"

新中国成立以后,周恩来担任政务院(国务院)总理。由于种种原因,有些地区生产发展迟缓,对此,周恩来总是主动承担责任,进行自我检讨。

1973年6月,周恩来陪外宾到延安。这是他离开延安26年后第一次回来。他最关心的是老区人民的生活。当得知延安地区有些地方老百姓还没有解决吃饭问题时,他心情非常沉重,自责自己工作没有做好。

当天晚上,周恩来召开了省地党政军负责人会议。谈到老区人民的困苦生活,他留下了眼泪,深深地自责说:"延安人民用小米养育了中国革命,我们进了城,把你们忘了。我是总理,当家的,这个家没当好,我对不起你们啊!"

从延安回来,他亲自主持成立了首都支援延安办公室,从财力物力上支援延安。

当时,周恩来已经重病在身,还是这样诚恳地检讨自己的工作,主动承担责任。

他一贯主张自我批评要从领导者做起,认为世上本没有完人,人总会有缺点,难免会犯错误。要完善自己,只有不断地改正错误,"领导威信不是从掩饰错误中而是从改正错误中提高起来的"。

"人非圣贤,孰能无过。"人有缺点和错误并不可怕,关键要有批评与自我批评的勇气和改正错误的决心。

习近平同志指出:"对中国共产党而言,要容得下尖锐批评,做到有则改之、无则加勉;对党外人士而言,要敢于讲真话,敢于讲逆耳之言,真实反映群众心声,做到知无不言、言无不尽。"

以"惩前毖后,治病救人"为原则的批评与自我批评,是我们党保持生机与活力的秘密武器。

2014年10月8日,在党的群众路线教育实践活动总结大会上,习近平同志再次强调,批评和自我批评是解决党内矛盾的有力武器,也是保持党的肌体健康的有力武器。党内政治生活质量在相当程度上取决于这个武器用得怎么样。

5 从百战沙场走进十里洋场
——人民的好市长陈毅

陈毅一生写过许多诗,其中写于1954年的一首《手莫伸》流传颇广。

诗云:"手莫伸,伸手必被捉。党与人民在监督,万目睽睽难逃脱。……第一想到不忘本,来自人民莫作恶。第二想到党培养,无党岂能有所作?第三想到衣食住,若无人民岂能活?第四想到虽有功,岂无过失应惭怍。"

这是陈毅当上海市长的座右铭,也是他一生严于律己的写照。

送给上海人民的"见面礼"

1949年4月21日,毛泽东主席和朱德总司令发出《向全国进军的命令》,号令人民解放军彻底歼灭中国境内一切敢于抵抗的国民党反动派,解放全中国。

陈毅认真研究了毛主席的指示,为保证上海这座中国最大的城市免遭战火的破坏,对解放上海这场即将到来的大战做了周密的部署,并形象地比喻为"瓷器店里捉老鼠",意思是说既要捉住老鼠,瓷器还不能碰坏。

为便于部队执行操作,陈毅主持制定了《入城三大公约十项守则》,并向数百名上海接管干部作了多次关于入城方针政策的报告,特别强调了遵守入城纪律的重要性。

陈毅果断地发出指令："记住，我们野战军，到城里可不许再'野'了。纪律，一定要严。上海市区作战一律不许用重武器；进城后一律不入民宅。这是解放军送给上海人民的'见面礼'。"

5月下旬，人民解放军经过奋战解放了上海。此时的上海正值梅雨季节，蒙蒙细雨不断，地面湿漉漉的。进城后，解放军夜晚露宿在潮湿的马路街头。即使是露宿街头，也丝毫没有杂乱无章，而是保持着严整的队形。其实，当时一些房子大门敞开着，军队完全可以住进去。然而他们严格遵守纪律，不进入民宅不扰民，露宿街头三天，谢绝一切物资慰劳。

人民解放军严明的纪律赢得了上海人民的高度评价，"解放军困拉马路浪，秩序交关好"的赞叹不胫而走。上海《大公报》1949年5月25日报道称，"此次解放军夜间进入我市，使数百万人民免受惊恐"。26日，它又以《解放军纪律太好了！》为题，再次指出："解放军的纪律和作风，已成全市市民最主要的话题。马路上群众议论纷纷，到处都听见赞扬和感激之声。"

就连当时美国合众社的报道也毫不吝啬地点赞："中共军队军纪优良，行止有节，礼貌周到……虽然有许多大厦是大开着，可以用来做军营，而中共军队仍睡在人行道上……"

5月27日上海全市解放，上海市军管会宣告正式成立，陈毅任主任，粟裕为副主任。

5月28日，上海市人民政府宣告成立，陈毅任市长，成为新上海的第一任市长。

中央人民政府成立后，12月2日，正式任命陈毅为上海市人民政府市长。

上海市在中国具有举足轻重的地位，也关系到国际影响，确定市长人选可是件大事。

早在当年3月中共中央进驻北平之前，毛泽东曾就陈毅出任上海市长这件事征求过民主人士黄炎培、陈叔通等几位老先生的意见。他们对陈毅之名早有所知。柳亚子先生在1945年就曾赋诗赞陈毅"兼资文武此全才"。因此，陈毅以"儒将"出任上海市长获得了他们的一致赞成。

从百战沙场走进十里洋场,陈毅首先想到的是"不忘本"。他深感能够就任上海市长是党中央和毛主席对他的信任和重托,一进上海不敢稍有耽搁,立即开始着手安排如何做好上海的接管工作。

民族资本家初识陈毅

上海是工商业集中的城市,贸易额占全国总额的一半。上海市场关系全国市场,上海稳即全国稳,上海乱必将波及全国。整顿上海市场,首先需要处理好和民族资产阶级的关系。

中共上海市委经过反复考虑,决定召开一次工商界座谈会。请哪些人来开会,陈毅考虑得十分周密,仔细研究了名单。1949年6月2日,中共华东局和上海市委领导人同上海工商界人士在中国银行大楼进行了第一次正式会面。

前一日,民族资本家荣毅仁收到了上海市军管会发来的请他出席工商界人士座谈会的请帖。看着这陌生又新鲜的请帖,他的心里掀起了层层波澜。

6月2日这天,一辆接一辆的名牌轿车驶向矗立在外滩的中国银行大楼。上海有名的资本家,包括盛丕华、胡厥文、刘靖基、侯德榜、刘念义等都先后来到了会场。到会的资本家共有两百多人,大都怀着惴惴不安的心情,带着一连串的问号,破天荒和共产党要员坐在一条板凳上开会。

荣毅仁到得比较早,休息了一会儿才走进会场。会场布置得很简单。到了开会时间,全场一片寂静。在一片瞩目中,中共华东局和上海市的领导进入了会场。其中有一位中等身材,穿着一套洗得发白的布军装,别着中国人民解放军的布胸章,脚穿布袜草鞋。乍一看,就跟马路上众多的解放军战士几无差别,但体格魁梧,器宇轩昂。

负责联系工商界的盛康年走到荣毅仁身边,介绍他与这个人握手,说道:"这位是陈毅市长。"荣毅仁的心里直翻腾,联想到国民党的高级将领。他们总是穿着高级面料的呢子军装,锃亮的皮靴,一副威风凛凛、不可一世的样子。

寒暄之后，大家就坐。陈毅一口四川话，声音洪亮地说："工商界的朋友们，我叫陈毅，新任了上海人民政府的市长。我们到上海才几天，大家见见面认识一下。我知道你们对共产党是怕的，其实没有什么可怕。我代表市人民政府和中国人民解放军，对在国民党统治下多年来为建立民族工业而奋斗的上海工商界，表示慰问！"荣毅仁和其他工商界人士顿时放松了很多。

陈毅向大家介绍了解放战争胜利进军的大好形势和解放上海的伟大意义，然后说："中国共产党和人民解放军要打倒的是帝国主义、国民党反动派和官僚资本，民族工商业是要受到保护的。中国私人资本主义是一支不可忽视的力量，在一个相当长的时期都应当允许存在和发展。"

陈毅接着加重语气说："共产党在新民主主义革命时期的经济政策是发展生产，繁荣经济，公私兼顾，劳资两利。人民政府愿与大家共同协商，帮助你们解决困难。"

陈毅的讲话铿锵有力，坦诚相见，明明白白地告诉大家，私人企业非但不会被没收，而且人民政府还肯定了民族资本家们建立民族工商业的奋斗精神，并表示愿与大家共同协商，实现并增加新的生产任务。陈毅诚恳又坦率的话语，如春雨般滋润心田，给上海工商界吃了一颗定心丸。

座谈会开了三个小时，陈毅谈笑自若，时而诙谐幽默，当然也有几分威严，大家都听得意犹未尽。

散会后，荣毅仁开车回到公司。一进门，就兴奋地对焦急等候着的经理、厂长们大声说："蛮好、蛮好，马上做好准备，迅速复工！"

与知识分子相知情深

上海是一座文化底蕴十分深厚的城市。在当时上海文化界，有形形色色的专家学者、文化名人。其中有些学者是真正用心做学问并学有所长，有些所谓的"名人"只是沽名钓誉而已，有些是清末民初的老政客，甚至还有日伪时期脚踏两只船或三只船的人物……所以，当时上海文化界情况相当复杂，在接收过程中必然会有很多难以处理的问题。

陈毅素有"儒将"之誉，自然懂得应当尊重知识分子这一道理。在上海解放后第六天，他就召集了负责文教接管工作的同志，嘱咐他们要教育我们的干部，确保我们的干部做到在与上海知识分子打交道时要"礼贤下士"，不能急躁，更不能粗暴。

为了和知识分子近距离接触与交流，陈毅决定召开一次上海文化界知识分子座谈会。他强调说："这个会应该早些开，参加的人要包括科学家、技术人员、学者、教授、作家、演员，还有中小学教师。人多一点不要紧，所有在上海的代表性人物都要请到。"

分管文教接管工作的同志因为有些知识分子是请还是不请把握不好尺度，特来向陈毅请示。陈毅仔细听完以后说："你们提到的这些认为难以处理的人，我听来都是有名的人物，'知名之士'。这些人，一不跟蒋介石到台湾，二不去香港，三不去美国，这就表明，他们还是有爱国心的。只要他们没有具体反共行动，都应该用，有的还要重用。而且要考虑到他们生活上、学习上、研究工作中的一些问题。"

随后陈毅亲自审阅了座谈会的名单，并且又一一询问，查漏补缺。最后，把最初刚刚一百来人的名单增加到162人。

1949年6月5日，上海解放后文化界第一次盛会召开。可谓群贤毕至，群星璀璨。座谈会上，陈毅一口气讲了四个小时。

陈毅用亲切谈心的方式，详尽地阐述了我们党的文化教育政策、对待知识分子的政策；并向文化界人士表示人民政府欢迎他们共同建设新中国。他开诚布公、既深刻又具体的话语，像春风化雨般说到了知识分子的心坎里。

有人曾经说，上海文艺界的一些人在听了他的讲话之后变成了"陈毅迷"。还有许多与旧政权牵连较深的人士，都积极改造自己，并得到信任和重用。他们后来与共产党长期合作，为新上海的建设事业做出了重要贡献。

只见公仆不见官
中国共产党的领导作风

青春寄语

　　陈毅作为新中国上海市的首任市长,坚定地执行党的路线方针政策,炉火纯青地运用统一战线法宝,克服了面临的重重困难,解决了方方面面的问题,最大限度地团结了广大人民群众,也树立了中国共产党的崭新形象,为建设新上海打下了坚实基础。

　　文能治国,武能安邦。陈毅就是一面旗帜、一个榜样。面对新时期新阶段的新形势新任务,只要我们平时肯努力、有积累,用时有信心、有胆略,总会开辟出一片新天地!

6 国家领导人更不能搞特殊
——老一辈革命家大公无私的故事

老一辈无产阶级革命家为了国家的独立、民族的解放、人民的幸福，百折不挠、无私无畏地奋斗了几十年，付出了巨大的代价和牺牲。

新中国成立后，他们在不同的部门和岗位担任着领导职位，可谓重权在握。但是，他们从不居功自傲、以权谋私，坚持一切为了人民、为了国家，做到秉公用权、清正廉洁，用简单的话语传递着为政大道，"心底无私天地宽"的境界和气魄为世人所敬仰。

子女：不搞特殊化

1950年11月25日，噩耗传来，毛泽东的儿子——毛岸英在朝鲜战场不幸壮烈牺牲，年仅28岁。

毛泽东得到这个消息的时候，没有流泪，但脸色非常难看。他强忍着悲痛，缓缓地说："打仗总是要死人的。中国人民志愿军已经献出了那么多指战员的生命，他们的牺牲是光荣的。岸英是一个普通战士，不要因为是我的儿子，就当成一件大事。"

他坚持把毛岸英的遗体安葬在朝鲜，如同千万普通的志愿军阵亡将士一样,长眠于朝鲜的土地上。

后来,为了了却儿媳刘思齐去墓地看望毛岸英的心愿,毛泽东安排身边工作人员沈同陪着刘思齐和她的妹妹去朝鲜给毛岸英扫墓,并嘱咐行动必须保密,避免给朝鲜的领导和有关部门增加麻烦,一切费用由他自己负担。

当毛泽东青年时代的老友周世钊问起毛岸英上前线的事,毛泽东说:"当然,你说如果我不派他去朝鲜战场上,他就不会牺牲,这是可能的,也是不错的。但是你想一想,我是积极主张派兵出国的,因为这是一场保家卫国的战争。我的这个动议,在中央政治局的会议上,最后得到了党中央的赞同,作出了抗美援朝的决定……作战,就要有人,派谁去呢?我作为党中央的主席,作为一个领导人,自己有儿子,不派他去抗美援朝,保家卫国,又派谁的儿子去呢?人心都是肉长的,不管是谁,疼爱儿子的心是一样的。如果我不派我的儿子去,而别人又都像我一样,自己有儿子不派他去上战场,先派别人的儿子去上前线打仗,这还算什么领导人呢?"

其实,毛岸英从小就没有因为是毛泽东的儿子而享受到任何"特殊待遇",反倒是吃了不少苦头。

1930年10月,他才8岁,就不幸与母亲杨开慧一起被捕入狱。20多天后杨开慧被国民党反动派残忍杀害,毛岸英又被关了10多天才予以释放。之后他和两个弟弟被地下党组织接到了上海,在大同幼稚园学习。这时他多么渴望见到自己的父亲啊!

由于革命形势所迫,毛泽东不能去探望他们。后来地下党组织遭到破坏,幼稚园也被破坏,毛岸英兄弟被安排住在一位牧师家,度过了5年艰难的岁月。

1936年,毛岸英被送到苏联学习,一去就是10年。1946年1月,他学成归来,踌躇满志地来到延安。可是,没想到的是,毛泽东给他安排的第一个任务就是进"劳动大学",去熟悉中国最广大基层农民群众的现实生活,在农村广袤的土地上经受锻炼。

解放后,毛岸英也没有担任什么重要岗位的重要职务。毛泽东让他去工厂工作，与工人打成一片。

毛岸英奔赴朝鲜战场的时候刚刚结婚不久。毛泽东不允许他在婚事上搞特殊，为此父子俩还曾发生过争执。事情的原委大致是这样的：毛岸英到延安后认识了烈士刘谦初的女儿刘思齐，两人渐生爱慕之情。1948年8月他俩决定结婚，前去征求毛泽东的意见。

毛泽东同意他俩的婚事。但是听说刘思齐当时还不满18周岁，毛泽东建议他俩再等一等，过几个月满18周岁再结婚。

毛岸英当时已经26岁了，在那个年代属于大龄青年，结婚的心情比较急切，就着急地说，我自己的事还是让我自己做主吧。

毛泽东说：你找谁结婚由你做主，结婚年龄不到，你做得了主吗？那就要由制度和纪律做主。

毛岸英争辩道：岁数不到就结婚的人多着呢。

毛泽东生气地说，谁叫你是毛泽东的儿子呢！我们的纪律你不遵守谁遵守？我再说一遍，思齐不满18岁就不许你们结婚！

最后还是按照毛泽东的意思，毛岸英和刘思齐在一年后才结婚。

毛泽东对儿子毛岸英要求严格，对女儿李讷也不允许搞特殊。李讷上学的学校在郊区，遇到有活动，天黑才能回到家。可是毛泽东从来不允许工作人员开车去接，李讷每天都是骑自行车上下学。

李讷因病住院，身边工作人员按照毛泽东的要求，给她改名为沈娟，说是沈同的女儿，以避免医院对她特殊照顾。

亲属：不作特殊安排

新中国成立时，刘少奇担任中共中央书记处书记、中央人民政府副主席。

生活在湖南老家的一些亲戚认为：少奇同志在北京当了大官，办事一定很容易，沾点光、给点便宜也不算什么。于是，他们或者写信，或者找上门来，请少奇同志帮忙安排工作或调个好单位等。刘少奇都未满足他们的要求。

1959年国庆节前夕,刘少奇的侄女和另外几个亲戚,又为个人的事找到北京来了。

刘少奇知道亲戚们来京的目的后,专门安排了一次特别的家庭会议。这次家庭会议是在他曾主持政治局开会的地方开的,妻子王光美和孩子们及来京的亲戚们都参加了会议。

在家庭会议上,刘少奇语重心长地和大家讲了一番话,显示出一个无产阶级革命家的无私风范和伟人胸怀。

他说,在你们看来,帮助安排个工作,或者其他事情,那是我一句话就可以办到的事。但是,这一句话我不说,也不能说。我是国家主席,但我首先是个共产党员。共产党员应该是全心全意为人民服务,不是为个人小家庭服务的。我手中的权力是党和人民给的,只能用于维护党和人民的利益。我们党是执政党,处于特殊的地位,权力很大,责任也很大。如果我们利用手中的权力,为个人家庭谋私利,那很快就会失掉人民的支持,我们的政权也会得而复失的。我历来反对我的亲属搞特殊。正因为你们是国家主席的亲戚,就更不能乱用党和人民给的权力搞特殊,而是更应该严格要求自己,艰苦朴素,谦虚谨慎。你们现在已经可以吃饱、穿暖,就应该好好地为国家工作,为国家争气。

刘少奇语重心长的一番话使在场的每一个人深受感动,也明白了许多道理,受到了一次无产阶级思想的洗礼,于是纷纷表示要回到原来的岗位上努力工作。

类似的故事也发生在朱德的身上。朱德有个孙子叫朱全化,原来在北京海军司令部工作,朱德多次要求把他调到基层部队去。

一次,海军某同志来探望朱德,朱德又和他提起将朱全化调到基层部队工作的事。当他听说是海军司令部考虑到自己身边子女少而特地将朱全化留在北京时,十分严肃地说:"我要的是无产阶级革命事业接班人,不是孝子贤孙。"

1975年,朱全化被调往南京海军某部。调令下来后,朱德对他说,现在年轻就应该从机关走出来,到基层部队去锻炼锻炼,这对你们年轻人更有益处。

当时正值农历腊月二十九，朱全化想陪家人一起过个春节再去报到。朱德听了，既严肃又慈祥地对他说："不行！一个解放军战士，必须模范地服从命令听指挥，必须提高革命纪律性。还是到部队去过春节吧，那里更有意思！"

第二天，大年三十，朱全化就离开北京去报到了。

家事：不作特殊处理

江苏淮安是周恩来总理的故乡。新中国成立后，淮安县委看到总理故居已经破败不堪，考虑到当地群众对总理的感情，遂对其中的几间房屋进行了整修。

周恩来知道后坚决反对。1958年6月29日，他给淮安县副县长王汝祥及中共淮安县委写了一封信：

> 汝祥同志并请转淮安县委：
>
> 前接我家弟媳陶华来信，得知县人委准备修理我家房屋，我认为万万不可，已托办公室同志从电话中转告在案。
>
> 远在解放初期，县府曾经重修我家房屋，我已经万分不安，当时我曾考虑将这所旧屋交给公家处理，但由于我家婶母还在，又恐房子交给公家后，公家拿它做纪念更加不好，因而拖延至今。
>
> 现在正好趁着这个机会，由我寄钱给你们先将屋漏的部分修好，然后将除陶华住的房屋外的全部房院交给公家处理，陶华也不再收房租。此事我将同时函告陶华，并随此信附去人民币五十元，如不够用，当再补寄。
>
> 在公家接管房院后，我提出两个请求：一是万不要再拿这所房屋作为纪念，引人参观。如再有人问及，可说我来信否认这是我的出生房屋，而且我反对引人参观。实际上，从我婶母当年来京谈话中得知，我幼时同我寡母居住的房屋早已踏为平地了，故别人传说，都不可靠。二是如公家无别种需要，最好不使原住这所房屋的住户迁移。后一个请

求,请你们酌办;前一个请求,无论如何,要求你们答应,否则我将不断写信请求,直到你们答应为止。

还有,我家有一点坟地,落在何方,我已经记不得了。如淮安提倡平坟,有人认出,请即采用深葬法了之,不必再征求我的意见。我先此函告为证。

周恩来在信中还特地提到的平坟还耕一事,事情的起因和经过是这样的:周恩来的多位亲属都安葬在故乡淮安东郊的一块普通坟地里。他考虑到坟地会占用一部分耕地,有碍于农业生产,多次提出将祖坟平掉,"退坟还耕",用于农业生产。

其实,早在1953年春,周恩来在派人护送八婶母杨氏回淮安时,交代的任务之一就是平掉祖坟,把坟地交集体耕种。

1958年在给淮安县委的信中,又专门就此事谈了意见。

1960年淮安县委刘秉衡来北京时,周恩来又郑重地提出平祖坟的问题。

但是,这一要求受到亲属们的反对。乡亲们也想不通。县里每一次把总理的意见拿到常委会上讨论时,大家都认为:难道淮安县增产增收,就差那么一点坟地?不能平!即使挨批评也心甘情愿。

1965年,周恩来交给他的侄儿周尔萃一项特殊的任务,那便是回淮安老家把周家的祖坟深埋了。

周恩来对周尔萃说:"这个问题我一直没有解决,以前也派过工作人员回淮安,请他们帮忙处理,但是没有处理掉。淮安两代的老人到北京来,我也请他们回去解决这个问题,也没有解决好。这次把这个任务交给你。你是一名共产党员,你哥和你嫂子也都是党员,你回去了要做好你哥哥嫂子的工作,一块做好县委和周围群众的工作,把祖坟深埋了。"

对待这件事情,周恩来坚持两个理念:第一,人死了,还占一块地盘,是私有观念的表现,应该改革,应该移风易俗,破旧立新。第二,坟地有碍耕种。国家耕地本来就少,人死了再占一块地,可耕地面积就更少了。所以我们要带头,要把这个地让出来,把坟深埋掉,上面让拖拉机耕平,然后把这块地交给集体去耕种。

周尔萃带着总理的嘱咐回到淮安,做好各个方面的工作,于1965年春节前两天,将周家的祖坟就地下沉一米。

1965年春节过后不久,淮安县城郊乡闸口大队第五生产队收到一张来自北京的汇款单。汇款金额为70元,汇款人是周恩来。周总理汇钱用来支付生产队平坟的工钱和青苗损失费。

青春寄语

孔子曰:"政者,正也。子帅以正,孰敢不正。"

作为执政党,秉公、廉政是共产党从政掌权的守则。

老一辈革命家虽位居高位,却不因此"放于利而行",不是根据自己的利益来行事,而是用朴实的语言和具体的作为践行他们的誓言和守则。

这些言语和作为铸就了一本沉甸甸的经典,历久弥新,传递着永恒而感人的精神正能量。

7 "这条新路,就是民主"
——中国共产党人践行民主的历史足迹

从党的创立那一天起,中国共产党人就高举民主和科学两面大旗,反对封建专制和迷信愚昧。

在改革开放、建设中国特色社会主义的新时期,中国共产党人更加深刻地认识到:"没有民主就没有社会主义。"民主是社会主义的本质属性和内在要求,是党的建设和工作的生命线,不发扬民主就不能坚持党的正确领导。

中国共产党始终以民主为价值追求,在发展壮大的历史进程中,处处留下了追寻民主的足迹。

士兵委员会的建立

1927年9月,秋收起义失利后,毛泽东率领队伍沿罗霄山脉向南转移,9月29日到达江西省永新县三湾村。当晚,毛泽东主持召开了前委扩大会议,决定对部队进行改编。这就是著名的"三湾改编"。"三湾改编"的一个重要内容就是在连以上设立各级士兵委员会。

当时起义部队中的军官大多是从旧军队中过来的,还带着旧军阀的一些习气，经常发生随意打骂士兵的现象。有一次，一个传令兵只因和传令班长顶了一下嘴，就被班长用扁担痛打了一顿，把屁股都打烂了。为了克服军阀主义残余，增强官兵团结，提高部队战斗力，毛泽东决定在军队内部实行民主制度，建立士兵委员会。

士兵委员会的主席和委员由全体士兵民主选举产生。军官也参加士兵委员会，也有选举权和被选举权，但军官被选举者不得超过委员会人数的三分之一。士兵委员会参与军队管理，军官要接受士兵委员会的监督，做错了事要受到士兵委员会的批评，甚至制裁。

"徐彦刚受罚"的小故事当时广为流传，影响很大。

有一天，三十二团特务连连长徐彦刚和几个人在一起玩牌九赌钱，被连士兵委员会主任吴照明发现。他将此情况上报给了军士兵委员会主任陈毅。陈毅当即派人对徐彦刚进行了严厉批评，并表扬了特务连士兵委员会。徐彦刚在陈毅的开导下认识到自己的错误，并请求处分。结果，徐彦刚在中共湘赣边界第一次代表大会期间受罚站岗三天。这件事传开后，士兵委员会在部队中威信大震。

士兵委员会还设有经济委员会，管理连队的伙食，每个星期或每半个月要清算账目，做到经济公开。对于连队内部难以解决的事情，士兵委员会也会召开士兵代表大会讨论研究。

部队曾发生过这样一件事：有一个连一半是南方人，一半是北方人。南方人喜欢吃辣椒，所以当南方人负责买蔬菜时，就多买辣椒；北方人不大喜欢吃辣椒，所以，当北方人负责买蔬菜时就不买辣椒。这样自然产生了矛盾，连长、党代表一时也想不到好办法解决问题。后来连长、党代表和士兵委员会主任一起发动大家开会讨论，最后达成一致意见：既要照顾南方人，所以要买一些辣椒；又要适当照顾北方人，因此不能买得太多。这个决定得到了大多数士兵的拥护和支持，很顺利地解决了这个难题。

士兵委员会的建立在红军内部形成了官长士兵是一家、革命不分你我他的良好风气。当时流传一首歌谣说：

当兵就要当红军,

处处工农来欢迎。

官长士兵一个样,

没有人来压迫人。

士兵委员会对于克服军阀主义残余,密切党与士兵群众的联系,提高军队的战斗力起了很大的作用。正如毛泽东所说:"红军的物质生活如此菲薄,战斗如此频繁,仍能维持不败,除党的作用外,就是靠实行军队内的民主主义。"

关于周期律的对话

1945年6月初,为恢复陷于停顿中的国共和谈,褚辅成、黄炎培、冷遹、王云五、左舜生、傅斯年、章伯钧等七位国民参政员联名致电毛泽东和周恩来,表示鉴于当时的国际国内形势,希望国共两党从速恢复商谈,促成团结。

6月22日,中共中央回电欢迎他们到延安去。7月1日,黄炎培等六人(王云五因病未能成行)乘飞机前往延安。毛泽东、周恩来、朱德等到机场迎接他们。

黄炎培一行在延安待了五天。第一感觉是不受限制,可以自由参观。他看到了琳琅满目的商品、各式各样的新房,以及街道上的意见箱。每个延安人都可以投书,上书建议直至毛泽东。

他们发现,延安的人们对毛泽东大多是直呼其名,一般不称其头衔。中共领袖们也给他们留下了"朴实稳重"的深刻印象。在民众教育馆举行的千人欢迎晚会上,黄炎培说:"延安就我所看到的,没有一寸土地是荒着的,没有一个人是闲荡的。政府对老百姓的生命和生活,都是极负责的!"

在延安访问的第四天下午,毛泽东邀请黄炎培与冷遹到家中作客,促膝长谈了整整一个下午。在亲密交谈中，毛泽东问黄炎培来延安考察了几天后有什么感想。

黄炎培的回答发人深省、振聋发聩。他说："我生六十多年，耳闻的不说，所亲眼看到的，真所谓'其兴也浡焉，其亡也忽焉'；一人，一家，一团体，一地方，乃至一国，不少单位都没有能跳出这周期律的支配力。……一部历史，'政怠宦成'的也有，'人亡政息'的也有，'求荣取辱'的也有。总之没有能跳出这周期律。"

黄炎培接着分析了其中原因："大凡初时聚精会神，没有一事不用心，没有一人不卖力，也许那时艰难困苦，只有从万死中觅取一生。既而环境渐渐好转了，精神也就渐渐放下了。有的因为历史长久，自然地惰性发作，由少数演变为多数，到风气养成，虽有大力，无法扭转，并且无法补救。也有为了区域一步步扩大了。它的扩大，有的出于自然发展，有的为功业欲所驱使，强求发展，到干部人才渐见竭蹶、艰于应付的时候，环境倒越加复杂起来了，控制力不免趋于薄弱了。"

黄炎培对中国共产党夺取政权抱有信心，但对能否长期执政，所谓千秋万代永不变色，心存疑虑。他说："中共诸君从过去到现在，我略略了解的了，就是希望找出一条新路，来跳出这周期律的支配。"

听了黄炎培的友好箴言和深刻见解，毛泽东胸有成竹地说："我们已经找到新路，我们能跳出这周期律。这条新路，就是民主。只有让人民来监督政府，政府才不敢松懈。只有人人起来负责，才不会人亡政息。"

黄炎培对此表示赞同。

中共八大的民主选举

1956年9月15日到27日，中国共产党第八次全国代表大会在北京政协礼堂召开。

大会首次邀请各民主党派和无党派民主人士代表，以及56个国家的共产党、工人党、劳动党等的代表列席。

这是一次民主氛围很浓厚的大会,先后有68人在大会上发言,并有45人作了书面发言。发言者既有中央领导人、地方各级党委负责人,也有普通党员代表。他们从不同方面对社会主义建设和党的建设阐述了看法,既讲成绩和经验,也不回避缺点和问题。

中共八大中央委员会委员的选举,更是体现了民主程序。选举新的中央委员会,是八大的最后一项议程。与以往不同的是,中央事先没有提出一个候选人名单,而是由各位代表自由提名进行预选,且不限名额。

毛泽东讲:"中央委员会是个政治领导集体,政治上要成熟。八届中央委员候选人的提名只划一个杠杠,被提名的同志必须是1938年以前入党的。除此之外,没有任何条条框框。"

在各代表团充分讨论的基础上,按照得票多少公布预选结果,整理成一份候选人名单,各代表团再进行讨论;在吸收了代表们的意见后,提出一份候选名单的草案,进行一次预选;整理后再把预选结果拿出去,让代表们选举产生一份正式候选人名单,然后代表们再在大会上采取无记名投票,正式选举中央委员。

代表们都对这种选举方式持肯定态度。有代表说:"从酝酿名单的过程中,深深感到党的领导方法是科学的,体现了高度的民主精神;这样选出来的中央委员会,一定能够担负建设社会主义的任务。"

青春寄语

民主,对于国家,是一种制度设计;对于政党,是一种价值追求;对于个人,是一种精神力量。

从中国共产党成立到中国特色社会主义建设进程中,一代代共产党人推动民主的车轮不断向前，人民民主是我们党始终高扬的光辉旗帜。

党的十八大强调，人民民主是社会主义的生命。中国特色社会主义政治发展道路是团结亿万人民共同奋斗的正确道路。中国将坚定不移沿着这条道路前进，使社会主义民主政治展现出更加旺盛的生命力。

习近平同志指出，在中国社会主义制度下，有事好商量，众人的事情由众人商量，找到全社会意愿和要求的最大公约数，是人民民主的真谛。涉及人民利益的事情，要在人民内部商量好怎么办，不商量或者商量不够，要想把事情办成办好是很难的。我们要坚持有事多商量，遇事多商量，做事多商量，商量得越多越深入越好。

 **用好的作风选人,选作风好的人**
——干部选拔任用的路线和标准

党的干部路线是加强和改进党的作风建设的组织保证。以什么样的标准选人、用人,对党的领导作风建设具有重要的导向作用。

从抗日战争时期反对宗派主义,向各个阶级、阶层打开用人大门,到新中国初期破除"唯成分论",大量吸收、任用知识分子,再到改革开放初废除领导干部职务终身制,启用一批年富力强、有专业知识的干部……

我们党形成了一条任人唯贤的干部路线,德才兼备的用人标准和革命化、年轻化、知识化、专业化的用人方针,为党的事业培养了大批宝贵人才。

陈云与干部政策"十二字诀"

抗日战争时期,陈云担任中共中央组织部部长。

当时党内存在有两种不同的干部路线:一种是王明的错误干部路线,搞的是宗派主义,任人唯亲,把用人的圈子缩得很小;另一种是毛泽东提出的"任人唯贤"的干部路线,以能否坚决地执行党的路线,服从党的纪律,和群众有密切联系,有独立的工作能力,不谋私利为标准。

陈云坚持后一种干部路线。他在抗日军政大学的一次讲演中,提出了干部政策的"十二字诀":"了解人,气量大,用得好,爱护人。"以此适应抗日战争时期对党员、干部的大量需求,打破关门主义和宗派主义,向各个阶级、阶层中的积极分子打开大门。

延安中央医院有一个医生叫傅连暲,在白求恩的影响下递交了入党申请书。傅连暲原是福建长汀福音医院院长,思想倾向革命,为红军提供了很多帮助,并与毛泽东等人结下了深厚友谊。1933年,他加入红军,后又参加了长征,红军到延安后,担任中央总卫生处长兼陕甘宁边区医院院长。他医术好,看病时也很认真,但与一般同志相处时,显得态度古板,说话生硬。一些同志看不惯他的这种作风,不愿意介绍他入党。

陈云知道了此事,就同中央组织部干部科科长王鹤寿多次找傅连暲谈话,肯定他的优点,指出他的缺点和错误,要求他改正;并同医院党支部的同志交流,了解傅连暲的历史情况和现实表现,对他的入党申请进行考察。

陈云说:"看人一定要看他的主流。傅连暲在政治上愿为共产主义奋斗,跟共产党走,态度是比较诚恳的,我们不能将他拒之门外。他在艰苦长征中经受了考验,表现不错,工作是认真负责的,我看他符合一个党员的条件。他在作风上确实有些缺点,这是可以批评教育的,也应该对他进行帮助。"

最后,陈云、王鹤寿作为傅连暲的入党介绍人,在医院支部大会上对傅连暲的情况做了介绍。经大会讨论通过,吸收傅连暲加入共产党。傅连暲入党以后,工作更加积极了。建国后,他担任了卫生部副部长,为党和国家的卫生事业贡献了毕生的力量。

还有一位同志,原在国民党统治区工作,回到延安后,其他人总是看不惯他的一些行为。陈云经过了解,知道这位同志在国统区里工作还不错,有一定的工作能力;只是因为长期在国统区工作,待人处事的方式,同在延安工作的同志不太一样。因此,陈云提出要实事求是地看待这位同志,认为完全可以任用他。

后来,这位同志被分配到统战部门工作。他积极发挥自己的长处,不断克服自己的缺点,取得了很大进步。

周恩来关心、爱护知识分子

新中国成立之初,人才极度匮乏,亟需吸纳、接收大量知识分子加入到社会主义建设大军的行列中。

可是,党内一部分同志坚持任用人才中的"唯成分论",对党外知识分子抱有成见,在很大程度上妨碍了知识分子作用的发挥。

周恩来坚决反对"唯成分论",总是以自己的亲身经历现身说法:"我出身于一个封建家庭,我个人受过资产阶级教育,历史上做过统一战线工作,跟蒋介石打过多次交道,跟美国的马歇尔也打过交道,在台湾有那么多国民党的同学和朋友,在美国也有很多朋友,我的社会关系可以说是够复杂的。可是,我经过改造,现在已是革命知识分子。"

周恩来为争取知识分子回国,吸引知识分子入党,充分发挥知识分子的作用,做了大量工作。

为了保护钱学森回国,他指示中国代表团多次与美方进行外交谈判,甚至不惜释放15名在朝鲜战争中俘获的美军高级将领作为交换条件;为了程砚秋入党,他多次与程砚秋促膝长谈,并与贺龙一起做他的入党介绍人;为了充分调动知识分子的积极性,从1956年开始,他先后主持制定了两个十年的科技事业发展计划;为了改善知识分子的居住条件,他曾深夜步行到史家胡同的话剧演员宿舍实地考察……

1957年5月10日,根据周恩来的建议,在北京饭店举行北京市留美学生家属联谊会晚会,邀请当时留美学生家属和在京的历年留美返回的同学及其家属参加。

周恩来在百忙之中抽出时间亲自到会,并在讲话中详细分析了中国知识分子的特点,高度评价了知识分子的长处和他们在革命与建设事业中的作用,同时也指出了他们的弱点和努力方向。他号召在美国的中国学者和专家回到祖国的怀抱,说:"不管回国先后,一视同仁,而且来去自由。"这让与会者极为感动。

在他的感召和帮助下,一大批身居国外的知识分子纷纷回国,为新中国的科技进步与发展做出了自己的贡献。

1988年底，钱学森在接受访问时曾满怀深情地说："新中国成立后，周总理一直和知识分子交朋友，他也一直是知识分子的朋友。一方面我们对周总理很尊敬，很爱戴；另一方面，我们又觉得在他面前无拘无束，可以无话不说。这是什么原因呢？这是因为周总理懂得知识的真正价值，非常珍惜它。他尊重知识分子，注意倾听他们的意见尤其是逆耳之言，时刻关心他们的疾苦。这样，他和知识分子自然而然地就有了共同语言，就会进行心灵的沟通和交流了。"

邓小平与干部"四化"方针

20世纪70年代末到80年代初，随着拨乱反正和大规模平反冤假错案工作的展开，一大批曾经遭受林彪、"四人帮"迫害的老干部又重新走上了各级领导岗位。

在举国上下一片欢呼声中，邓小平敏锐地觉察到：这些干部大多数是大革命时期、土地革命时期或抗日战争时期的干部，年龄偏大、文化偏低，不能很好地适应现代化建设的要求。

1979年，邓小平到山东、上海、天津视察，走一路讲一路，反复指出，思想路线、政治路线已经确立了，现在的问题是组织路线，特别是选拔接班人问题，必须选拔懂行的和比较年轻的干部。

邓小平在一次中央党、政、军机关副部长以上干部会议上语重心长地讲道："现在我们搞四个现代化，急需培养、选拔一大批合格的人才。这是一个新课题，也是对老同志和高级干部提出的一个责任，就是要认真选好接班人。老干部现在大体上都是六十岁左右的人了，六十岁出头的恐怕还占多数，精力毕竟不够了，不然为什么有些同志在家里办公呢？为什么不能在办公室顶八小时呢？我们在座的同志中能在办公室蹲八小时的确实有，是不是占一半，我怀疑。我们老同志的经验是丰富的，但是在精力这个问题上应该有自知之明。就以我来说，精力就比过去差得多了，一天上下午安排两场活动还可以，晚上还安排就感到不行了。这是自然规律，没有办法。"他接着又说："我们老同志要清醒地看到，选拔接班人这件事情不能拖。否则，搞四个现代化就会变成一句空话。"

1980年12月25日，邓小平在中央工作会议上明确指出："要在坚持社会主义道路的前提下，使我们的干部队伍年轻化、知识化、专业化，并且要逐步制定完善的干部制度来加以保证。提出年轻化、知识化、专业化这三个条件，当然首先是要革命化。"这是对干部"四化"方针的第一次完整表述。

1982年2月，中共中央作出《关于建立老干部退休制度的决定》，废除了实际存在的干部领导职务终身制，一大批德才兼备的优秀年轻干部先后走上各级领导岗位。

据统计，自1982年到1990年，共提拔72万多名中青年干部担任县级以上领导职务，同时有526万多名到达离退休年龄的老干部陆续从领导岗位上退下来。

1988年9月5日，邓小平会见捷克斯洛伐克总统胡萨克，同客人谈起他退出的原因时说："我有一个观点，如果一个党，一个国家把希望寄托在一两个人的威望上，并不健康。那样，只要这个人一有变动，就会出现不稳定。十一届三中全会以后，大家希望我当总书记、国家主席，我都拒绝了。在党的十三大上，我和一些老同志退出了领导核心。这表明，中国的未来要靠新的领导集体。近十年来的成功也是集体搞成的。"

青春寄语

毛泽东曾说："政治路线确定之后，干部就是决定的因素。"任用什么样的干部，怎样任用干部，事关党的事业的兴衰成败，也事关中国特色社会主义事业的成败。

"用好的作风选人，选作风好的人"，是我们党一贯坚持的原则。反对宗派主义，不看地域、不论成分、不讲资历，任人唯贤、知人善用、德才兼备，创造出一种充满活力的、使各方面优秀人才脱颖而出的环境和氛围，才能永葆党的先进性和纯洁性，永葆党的青春活力。

2014年3月18日，在河南省兰考县委常委扩大会议上，习近平同志强调，做领导工作本来就是"苦差事"，很多时候要"五加二"、"白加黑"，想舒舒服服的就不要当领导干部。2015年3月6日，在全国"两会"期间，在江西代表团参加审议时他又强调，要下大气力拔"烂树"、治"病树"、正"歪树"，使领导干部受到警醒、警示、警戒。

 **俯首甘为孺子牛**
——基层干部的优秀代表孔繁森、郑培民、杨善洲

古人有言:"为官一任,造福一方。"简单点说,就是为官一定要为百姓办事。

在党的历史上,有很多领导干部受到了人民的尊敬和爱戴,就是因为他们真正做到了心系百姓,为百姓谋福祉。

孔繁森、郑培民、杨善洲等是新时期共产党员的优秀代表,为广大党员干部树立了"情为民所系、权为民所用、利为民所谋"的光辉榜样。

两离桑梓,情倾雪域——孔繁森

1979年,为了支援西藏建设,中央决定选派一批年富力强的干部赴西藏工作。当时年仅34岁的山东聊城地委宣传部副部长孔繁森,积极响应党的号召,主动要求进藏。这是他第一次要求赴藏。

孔繁森的亲属都在山东农村。这时,他老母亲已经年近八旬,妻子体弱多病,还有三个孩子,生活非常艰难。可是孔繁森想,谁家能没有个困难呢,在党和人民最需要自己的时候,不能不挺身而出。他做通了家人的思想工作,告别了家乡和亲人,奔赴西藏。

组织上原来准备安排孔繁森担任日喀则地委宣传部副部长，后来由于工作的需要，任命他担任岗巴县县委副书记。岗巴县海拔4700多米，工作和生活条件非常艰苦，但孔繁森二话没说，愉快地接受了组织的安排。

孔繁森一干就是三年。在这三年之中，岗巴县的山山水水留下了孔繁森的行行脚印和忙碌身影。他不仅为全县的经济发展和群众生活的改善做出了自己的贡献，也同当地的干部和群众结下了深厚的情谊。1982年初，当大家得知他要调回山东时，许多群众背着青稞酒、手捧哈达为他送行。一些群众泪流满面，依依不舍。

六年后，因为孔繁森有在西藏工作的经验，山东省在选派入藏干部时便决定让他带队第二次赴藏。当组织上问到他有没有困难时，他仍旧是那句话："我是党的干部，服从组织安排。"

孔繁森在临行前默默来到年迈的老母亲身边，又一次为老人家梳理稀疏的白发，贴近母亲耳边，声音颤抖地说："娘，儿又要出远门了，要到很远很远的地方去，要翻过好多座山，跨过好多条河。"

风烛残年的老母亲抚摸着儿子的头，问："咱不去不行吗？"

孔繁森声音哽咽着说："不行啊娘，儿子是党的人，得给公家办事啊。"

"那你就去吧，俺知道公家的事误了不行，多带些干粮、衣裳，路上可别喝凉水……"

孔繁森给老母亲深深地磕了一个头，拜别了老母亲。妻子和孩子那里，他也做好了说服和安慰工作。之后，他再次毅然踏上了西去的征程，重新回到了西藏这片让他日夜思念的土地。

第二次进藏，孔繁森担任拉萨市副市长，分管文教、卫生和民政工作，把自己全部的情和爱都奉献给了西藏人民。拉萨有56个敬老院，他几乎全都去过。凡下乡到过的地方，那里的孤寡老人他都要登门看望，询问健康状况，询问生活上有什么困难；还经常用自己的工资买一些食品、衣物、药品送给老人。

1988年底，孔繁森冒着零下十几度的严寒，到距离拉萨45公里的桑达乡敬老院看望老人。他挨屋检查老人们铺的盖的、穿的用的。当他走进一位哑巴老人屋里时,一眼看到老人肿得像面包似的脚,俯身扳起脚一看,原来是鞋子太短小了,36码的脚穿了一双32码无后跟的单胶鞋,"这怎么过冬?"孔繁森很是心疼。

回到拉萨的第二天,他就把妻子给他带的一双新棉鞋托人捎了去。他经常对身边的工作人员说:"每次见到这些孤寡老人,就像见到我远在家乡的老母亲。照顾好这些老人,也就算为我的老母亲尽孝了。"

1994年11月29日,一场车祸无情地夺去了孔繁森宝贵的生命,他这年才50岁。阿里地委的同志在整理他的遗物时发现,除了一个袖珍收音机、几件简单的换洗衣物,再就是仅剩的八元六角钱。

为民书记,情洒湘西——郑培民

郑培民,祖籍河北武安,1943年出生于吉林省海龙县,1969年加入中国共产党。从1983年开始,历任中共湖南省湘潭市委书记、湘西土家族苗族自治州州委书记、湖南省副省长、湖南省委副书记、省人大常委会副主任。

2002年3月11日,郑培民在北京参加党的十六大干部考察工作期间,突发心脏病去世。

1990年,郑培民在担任中共湘潭市委书记七年之后,省委决定调任他为湘西州委书记。这是一次平级工作调动,但"湘西"跟"湘潭"虽一字之差,各方面却有很大差别。湘潭是湖南省的工业重镇,而湘西是全省最贫穷的地方,经济基础差,且山路险峻、交通不便。

当时郑培民的一双儿女正在湘潭上中学。如果他调到湘西,家里的重担就会落到妻子一个人肩上。他自己的身体也积劳成疾,可能没法适应艰苦的环境。

因此当时湖南省委的领导曾有过担心,把这样一个工作出色的干部平调到更艰苦的地方去,相当于"从米箩里跳到糠箩里",他可能会有三种反应:第一种是党性、纪律性强,会接受,同意去;第二种可能会谈一点条件;第三种可能就是不想去。

但郑培民二话没说,没有向组织讲任何条件,毅然接受了组织的工作安排。

1990年5月,郑培民到湘西土家族苗族自治州走马上任了。湘西是全国著名的少数民族贫困山区。多年来,湖南省委一直把湘西的脱贫致富摆在突出位置。郑培民一上任就问:"哪个村子最穷?"随后就去了叭仁村。

"叭仁"是苗语"山顶上"的意思。叭仁村是一个坐落在海拔1700米的山顶上的小村庄,三面悬崖一面大山,想进这个村子唯一的办法就是爬上去。崎岖陡峭的山路扼制了这里的经济发展,就连日常饮水也很困难。村民们必须走八公里的山路,才能挑上一担水。

郑培民来到叭仁村的当天,就与干部一起研究如何解决叭仁村的困难,承诺一定帮村民解决用水用电的问题。

1997年,叭仁村建成了一条可以满足全村人和牲畜用水的引水渠,祖祖辈辈的饮水难题终于解决了。在郑培民的帮助下,村里还通了电,建起了希望小学。孩子们也终于不用再为上学而翻山越岭了。

在两年多的时间里,郑培民跑遍了全州218个乡镇。对于"开门见山"的湘西州来说,这是一个毫无喘息之机的数字。

有一次,妻子去湘西看他,一进屋就看到地上扔着一双沾满泥巴的胶鞋,从箱子底翻出的西装已经被虫子咬满了洞。妻子一边晒衣服,一边难受地流泪:"我给你买的西装,你不该穿一次就压在箱底下。"

郑培民说:"在山里农民穿什么我穿什么,不然我怎么和农民的心贴在一起?西装革履的会和农民产生距离感。在湘西我必须做个实干派,扎扎实实为湘西干几件事,必须和农民捆在一起、滚在一起。"

"做官先做人,万事民为先"是郑培民的为官之道、做人原则。他在湘西修路引资,推广农业新技术,改革教育方式,为湘西的脱贫致富打下了坚实的基础。

"郑培民"三个字在苗语中很拗口,因此苗寨人亲切地称他为"为民书记",好叫,干干脆脆,顺应民意。

永不退休的共产党员——杨善洲

在云南施甸县,老百姓口中流传着这样一句顺口溜:"杨善洲,杨善洲,老牛拉车不回头,退休又钻山沟沟……"顺口溜中的主人公,就是原保山地委书记杨善洲。

1988年3月,61岁的杨善洲退休之际,省委书记和省委组织部长先后找他谈话,告诉他可以搬到昆明居住,还可以到省人大工作一段时间。但杨善洲放弃了优厚的待遇。他同家人商量,想回家乡为家乡人民做些事。家人听后都劝他说:"你都退休了,还能做什么?"他坚定地说:"虽然我的职务退休,但共产党员的身份永不退休!有我力所能及的事,我还要帮群众接着办。"

为了实现"为家乡人民办点事"的志愿,杨善洲把目光锁定在了施甸县东南44公里的大亮山。他说服了家人,来到大亮山义务植树造林,一干就是20年。

杨善洲对大亮山满怀深情。在他的记忆中,童年时的大亮山全是树。母亲还常带他到山上挖野菜和草药,然后拿到集市上卖钱来买学习用品和日用品。但从上世纪70年代开始,由于乱砍滥伐,加上当地贫困农民毁林开荒,原本翠绿的大亮山变得荒凉空旷,生态遭到破坏,周边十几个村寨陷入了"一人种三亩,三亩吃不饱"的困难境地。杨善洲对此忧心忡忡。

1988年山林已承包到户,杨善洲提出了国社合作建林场的方案,得到了政府和群众的一致赞同。3月3日,也就是退休当天,保山地区给杨善洲举行了退休座谈会。座谈会刚一结束,他就卷起铺盖走出地委大门,来到了离林场最近的黄泥沟。

翌日,大亮山国社联营林场正式挂牌成立。杨善洲带领县里抽调的同志,人挑马驮,把粮食、行李搬到离公路14公里的打水杆坪子,临时搭建了一个简易的棚子,开始了艰苦的创业。

造林期间,杨善洲处处身先士卒,以身作则,亲自参加整地、育苗、植树。他与林场职工一起艰苦奋斗,没有住房,就搭建毛毡房;没有公路,就开山修路，没有树苗，就到集镇上捡果核，收集树种；没有资金，就多次到省市相关部门争取项目资金，还常拿出自己的退休金给工人发工资……

功夫不负有心人，经过20年的辛勤耕耘，终于换来了累累硕果。大亮山的树木越长越高，还重新涌出了丰沛的山泉水。人们把清澈的山泉接进了家，解决了饮水问题。山林逐渐茂密，村民们光靠修理枝杈就能解决烧柴问题。除了这些，林场还修通了公路，架起了电线……

如今的大亮山林场占地7.2万亩，其中华山松有5.6万亩，不仅形成了郁郁葱葱的森林，幼苗也长势良好。曾经有人给杨善洲算过这么一笔账："你一亩地种200棵树，5万亩就是1000万棵，一棵树要是按最低价30元算，你就是名副其实的亿万富翁啊！"但杨善洲只是淡淡一笑，说他种的树也不为卖钱，他也不会砍任何一棵树，而是要留给大亮山的后人。

到2009年4月，经过杨善洲20年的辛苦创办经营，大凉山林场活立木蓄积量价值达到3亿元。他履行了自己的诺言，把大亮山林场的经营管理权，正式无偿移交给施甸县林业局。

2010年10月10日，杨善洲因病逝世，享年83岁。

孔繁森、郑培民、杨善洲的所思所想、一举一动体现了基层干部的领导作风。

他们在各自的领导岗位上，俯首甘为孺子牛，身体力行"以人为本，执政为民"理念，始终怀着对人民群众的深厚感情，怀着服务群众、造福百姓的强烈责任感，满腔热情服务群众，做人民群众的忠实公仆，得到了人民群众的高度认可。

他们是我们党基层干部的优秀代表，是我们党执政兴国的坚强基石。

10 亲民、务实、节俭
——"八项规定"迎来执政新风

2012年12月4日,中央政治局召开会议,审议并通过了关于改进工作作风、密切联系群众的八项规定,包括:改进调查研究,精简会议活动,精简会议简报,规范出访活动,改进警卫工作,改进新闻报道,严格文稿发表,厉行勤俭节约。

八项规定出台以后,一股股亲民风、务实风、节俭风迎面而来。党风政风焕然一新,党心民心为之一振,受到广大人民群众的热议和好评。

轻车简从——亲民风

"八项规定"明确提出要轻车简从、减少陪同、简化接待,减少交通管制,一般情况下不得封路、不清场闭馆。

打铁还需自身硬。在公开作出承诺五天前,中央政治局常委们就将这些新规付诸实施了。2012年11月29日,习近平等七位政治局常委从中南海到国家博物馆参观《复兴之路》展览。本来只需五分钟的车程,可是十分钟过去了,车队也没有到达。因为车队是随着社会车辆一起走的,没有实施交通管制,没有清道封路,和普通车辆一样开到目的地。

中共中央党史研究室主任欧阳淞是《复兴之路》主办单位的负责人。他说："这虽是一次具体安排，一个小细节，但反映了新一届党中央集体良好的亲民作风。"

2012年12月7日，习近平同志到深圳视察，同样没有封路，深圳前海附近的道路畅通如常。下午三点半，习近平同志乘坐的车子驶入深圳前海深港合作区，现场没有任何欢迎条幅，也没有列队迎送的环节。

前海深港现代服务业合作区管理局负责人当天陪同考察。他说："总书记在前海大堤上参观时，200米开外海面上的清淤船照常工作。考察前海期间，工人照常施工，没有刻意打扫，也没有交通管制、欢迎条幅，没有列队迎送、呼喊口号。"

第二天，习近平同志前往深圳莲花山向邓小平雕像敬献花篮，仍是既没有清场和封路，现场也没有铺设红地毯，警察只是提前半小时左右到公园内进行交通疏导。有的人站在路边等候总书记的到来，有的人继续爬山。当天是周末，莲花山公园正在举办杜鹃展览，在公园游玩的人很多，但总书记的出行对游人几乎没有什么影响。

向邓小平雕像敬献鲜花的仪式结束之后，习近平同志在山顶广场兴致勃勃地欣赏了深圳的市容，并走到人群中亲切地与群众握手。一位女青年非常高兴，因为她与总书记握了两次手："第一次握完手之后，我又跑到前面去。然后总书记慢慢走过来，我又跟他握了一次手。"

在场的人对国家新领导人竖起大拇指。一位年老的市民说："中央领导人出行没有封路，没有仪仗队和红地毯，不搞特殊化。"

党的十八大以来，习近平同志深入基层，心系群众，从赴广东考察工作时吃自助餐，到赴河北调研时吃大盆菜；从在河北阜平住16平方米的房间，到在四川芦山地震灾区住临时板房；从在湘西同村民一起摘柚子，到去北京庆丰包子铺排队点餐；从看望青岛黄潍输油管线爆燃事故受伤人员，到慰问北京四季青敬老院老人……时时、处处、事事彰显了共产党人的政治本色和为民情怀。

切忌空谈——务实风

早在延安整风时期,毛泽东就批评党内存在"八股"歪风:"会是常常从早上开到晚上,没有话讲的人也要讲一顿,不讲好像对人不起。"并把讲官话定义为"不负责任,到处害人"。

2012年中央出台的"八项规定"特别强调要精简会议活动,切实改进会风,提高会议实效,开短会、讲短话,力戒空话、套话。

耿乐是北京最大的民间艾滋病防治机构淡蓝网负责人。2012年11月25日,他到北京市卫生局开会,被告知"第二天有重要领导和你们座谈"。耿乐想:可能要见卫生部部长。时间紧急,他回去后连夜赶写出了一篇发言稿,并且背了几遍。第二天,他来到卫生部的会议室。让他始料不及的是,和他们座谈的是中共中央政治局常委、国务院副总理李克强同志。

更让耿乐没有想到的是,李克强同志没有带发言稿,也不让他们读稿子,不要汇报成绩,更不要表扬政府工作,只说遇到了什么问题。李克强同志说,今天座谈,需要大家共同提出一些问题,共同找到一些解决方法。他要听听他们的意见。

刚开始,耿乐还在犹豫,不知道从何说起,也不知道什么能说,什么不能说。看到大家都不说话,李克强同志说:"别按顺序了,谁想到问题谁就说,谁先来?"在李克强同志的鼓励下,大家不那么拘谨了,打开了话匣子,抢着说,都没有念稿子。而李克强同志不停提问,刨根问底,了解情况和具体问题。

其中一位NGO负责人提到,在有的地方,防艾组织在组织活动时,宾馆不提供场地,公安机关也会干涉。李克强同志追问:"为什么?"这位负责人说:"可能是因为出于公共安全,担心引发公众恐慌。"李克强同志当场表态:"一切以公权力为借口的歧视都要严格追究责任!"

短短一个小时的座谈会很快就结束了,却给耿乐留下了深刻的印象。他认为开这样的座谈会,进行这样的互动交流,准备发言稿根本没用。这让他切实感受到了李克强同志的务实和平易,感受到他在真心倾听他们的意见。

相似的情景还曾出现在2012年11月21日召开的全国综合配套改革试点工作座谈会上。当时一名来自湖南的负责人介绍情况,发言不到两分钟,就被李克强同志打断了:"你的汇报我已经看过了,稿子里谈到的对工业耗水大户实行阶梯水价、累计加价,我想问一下,加价的累进率是多少?企业承受力如何,评价怎样?"这突如其来的发问令该发言人一时语塞。李克强同志对大家说:"我们既然是座谈会,就应该多谈试点过程出现的具体问题,谈谈你们在推进改革过程中的需求。"

李克强同志下基层调研,特别注意深入调研,切实了解群众的困难。他与群众拉家常,关注他们的生活状况。2013年3月,李克强同志到江阴市新桥镇考察,一位安徽籍小伙子主动与他交谈。他仔细询问起来,"住在哪里?工作几年了?结婚了吗?爱人跟着来了么?给家里寄钱吗?寄多少?是每个月都寄吗?"在上海外高桥港,他又问一位职工:"在这里待多长时间了?家住在这里么?全年能挣多少钱?家里还有地吗?孩子在哪里?"

从农场到车间,李克强同志找问题,挖矛盾。在常熟的农场,他问农民:"你的历史我都知道了,我就想问你,你现在感觉碰到最大的问题是什么?下一步发展,体制上需要的最大支持是什么?"

对于存在的问题,李克强同志敢于直面,从不遮掩。2015年3月5日,在十二届全国人大第三次会议上,在政府工作报告中,他就强调了当下在发展中面临的许多问题,因而"我们要直面问题,安不忘危,治不忘乱,勇于担当,不辱历史使命,不负人民重托"。随后的答记者问上,对于一些记者提出的尖锐问题,他也是坦诚回答。

精简会议——节俭风

2013年2月28日,在全国政协十二届一次会议内地记者情况通报会上,全国政协办公厅新闻局负责人向媒体透露,即将召开的政协十二届一次会议精简纸质文件材料的印制和发放，提案简报、大会发言等文件将通过网络系统提供查询，此项无纸化办公措施可节省会议支出200万元。

通报会后，参与本次会议报道的内地记者在政协礼堂领取大会证件。他们只领取到了记者证和一张密码函件。密码是供上网查询提案简报等文件时使用的。

随后召开的十二届全国人大一次会议也展现了精简高效的良好会风。人民大会堂主会场主席台、报告席不摆鲜花，会场不悬挂标语。

大会期间，没有实质内容、可发可不发的文件简报，一律不发。大会简报印数由原来的5200份减少到4000份，代表议案摘报印数由往年的554份压缩至300余份。粗略估计，仅简报节省的纸张就达1.2万张。

大会秘书处通过中国人大网代表服务专区，为代表提供各种信息服务，不再提供纸质资料。文件简报首次使用电子网络传输编辑系统，不再通过电话传真和专人专车传输简报。这样既节省传输时间，提高了工作效率，又节省经费，省去了约1500公里车辆行驶费。大会会期也比以前减少了一天。

"既要尽量压缩会期，但更要以充分的时间保障会议质量，不刻意在'压缩'上做文章，我想这正是一种实事求是的态度。这种实事求是的态度是一种更为可贵的会风。"一位参加两会报道的记者这样评价。

"八项规定"出台以来，精简会议取得了实质性进展。会议数量大大压减，会议规格和规模得到严格控制，出席人员大为精减。中央将经济工作会议和城镇化工作会议两个会议套开；不再举办首都春节联欢文艺晚会和元宵晚会；一年里取消拟邀请中央领导同志出席的活动近40次。

据不完全统计，2013年1月至11月，中央和国家机关113个部门和单位召开的全国性会议比2012年全年下降34.5%，会议费下降44.5%；文件总数、简报种类比2012年全年分别下降15.2%、47.8%。

各地方政府也为会议"瘦身"，全国兴起"节俭新风"。31个省区市召开的全省性会议与2012年全年相比下降28.4%，会议费下降34.9%。从会场布置到会议用品，各地会议开销都有所减少。为了进一步压缩会议成本，建立起了网络会议平台，像视频会议、电话会议、网络通讯等逐渐得到推广和普及，并受到领导干部的青睐。

青春寄语

"八项规定"是新一届中央领导集体从严治党的庄严承诺，是加强和改进党的作风建设的重要举措，是对广大人民群众要求打造务实高效政府的响亮回应。

轻车简从的亲民风、切忌空谈的务实风、精简会议的节俭风，只是中央提出和落实八项规定以来党风好转的一个侧面、几个缩影。

"八项规定"彰显了从中央政治局常委到各级领导干部"对民族负责"、"对人民负责"、"对党负责"的强烈责任感和使命感。

党的领导人用实际行动向形式主义和官僚主义"开战"，充分凸显了共产党人求真务实的本色，为政风民风带来新气象。

肆

"人民"成为心中最重要的词
——中国共产党的工作作风

君者，舟也；

庶人者，水也；

水则载舟，水则覆舟。

《荀子·王制篇》中这段话反映出中国古代的朴素哲学观，舟与水的相辅相成、相互依存的关系，背后同样有着颠覆与毁灭的对立关系。水不仅仅是船的依托，同样可以将船倾覆毁灭掉。

中国共产党在革命、建设、改革90多年的风雨历程中，始终认为人民是历史的缔造者，始终把群众路线作为我们党不变的坚守。

毛泽东曾多次强调，历史是人民书写的，只有人民才是历史的创造者。共产党始终将群众路线作为立党之本，作为各级干部各项工作的基石与出发点。

只有发扬依靠人民、艰苦奋斗、攻坚克难、勇于创新、勤俭节约的工作作风，将"为人民服务"贯彻到一切实际工作中，我们才能披荆斩棘，释放活力，创造奇迹，在逐梦路上才会始终拥有破浪前行的不竭动力。

习近平同志提出，推动改革发展事业，关键在党，关键在广大党员干部要有优良的工作作风。他又强调，作为党的干部，就是要讲大公无私、公私分明、先公后私、公而忘私，只有一心为公、事事出于公心，才能坦荡做人、谨慎用权，才能光明正大、堂堂正正。

《载歌行》，黄胄绘

1 为人民服务
——中国共产党人工作的出发点与归宿

1942年5月,毛泽东《在延安文艺座谈会上的讲话》提出了"为人民服务"的命题。

1944年9月,毛泽东在追悼张思德的著名演讲中,把"为人民服务"明确为我党我军和一切革命同志的普遍追求,指出共产党及其所领导的军队"完全是为着解放人民的,是彻底为人民利益工作的"。

1945年4月,毛泽东在《论联合政府》中把"为人民服务"上升到我们党和军队唯一宗旨的高度。

8月,毛泽东在重庆谈判期间,作客大公报馆,欣然写下"为人民服务"五个大字。

如今,"为人民服务"永久地镌刻在中南海新华门内的影壁上,指引着一代又一代的共产党人奋力前行。

为人民求解放

"哪里有了共产党,哪里人民得解放……"这首耳熟能详的"东方红"唱出了老百姓的心声。

解放前，中国人民生活在帝国主义、封建主义和官僚资本主义（"三座大山"）的沉重压迫下，政治地位低下，生活十分贫困。

人民盼望着有一股力量，能将罪孽深重的黑暗势力推翻，建立起一个通过劳动保证温饱和尊严的社会，建立一种能带来繁荣富强、国泰民安的社会制度。

共产党在激流中崛起，顺应时代的潮流，以推翻"三座大山"，争取民族独立、人民解放为己任。在争取民主、自由、国强民富的奋斗历程中，领导全国人民进行了漫长而艰苦卓绝的斗争。

中央苏区时期实行的土地革命，充分解放了农村生产力，苏区人民的生活水平有了极大的提高。当时在苏区流传着许多歌谣，如："龙靠水来虎靠山，我靠红军把身翻。打倒土豪和劣绅，工农当家坐江山。""红军打来晴了天，穷苦人家笑连连。三荒五月有饭吃，九冬十月有衣添。"……反映了苏区人民当家作主的喜悦心情。

抗日战争时期，共产党在各根据地取消杂租、劳役和各种形式的高利贷，还开展了生产自救，减轻人民负担，得到了人民群众的拥戴。

解放战争时期，中共中央颁布《土地法大纲》，宣布废除封建土地制度，把土地平均分给农民，实现了中国农民成为土地主人的梦想。

有一个美国记者曾经问毛泽东："你们办事，是谁给的权力？"毛泽东说："人民给的。人民要解放，就把权力委托给能够代表他们的、能够忠实为他们办事的人。这就是我们共产党人。"

在20世纪五六十年代，毛泽东与库尔班·吐鲁木老人紧紧握手的照片，是当时新疆许多人家必挂的照片。这幅照片的背后有着一个动人的故事。库尔班·吐鲁木在旧社会度过了60多年的悲惨生活。他很小就失去了父母，童年是在恶霸地主的羊圈里度过的，受尽压迫剥削、歧视屈辱，过着食不果腹、衣不遮体的凄苦生活。

新疆和平解放后，他分到了土地和房屋，过上了幸福生活。库尔班·吐鲁木逢人便讲共产党好，新社会好，还执意要上北京去见恩人毛主席。固执

"人民"成为心中最重要的词
中国共产党的工作作风

朴实的老人相信,他只要骑上小毛驴一路走,就一定能走到北京。乡亲们告诉他:"北京太远了,骑毛驴根本去不了。"老人又到公路上去拦汽车。司机听了,也只是笑着摇摇头,善意地婉言谢绝了。以后,他只要见到上边来人了,就要打听毛主席的情况。

库尔班·吐鲁木想见毛主席的事,传遍了天山南北,也打动了所有知道这事的人。1958年6月,75岁的库尔班·吐鲁木终于作为和田专区劳动模范来到北京,来到中南海,见到了毛主席。

他紧紧握着毛主席的手,千言万语不知从何说起。瞬间,一张珍贵的照片永远凝固在历史的记忆当中。

为人民当好家

毛泽东在党的七届二中全会的报告中指出:"从我们接管城市的第一天起,我们的眼睛就要向着这个城市的生产事业的恢复和发展。"1949年10月1日,中华人民共和国成立了。新中国成立之初,人民政府一方面要肃清国民党反动派残余势力,另一方面要尽快制止恶性通货膨胀和物价飞涨,稳定发展经济,巩固人民政权,为人民当好家。

中国共产党用三年的时间肃清了国内敌对势力,战胜了帝国主义的封锁、破坏和武装挑衅。其中"银元之战"和"米棉之战"是经济战线上人民政府与投机资本家在金融物价斗争中的两次精彩战斗,巩固了人民政权。与此同时开展了"三反"、"五反"运动,完成了稳定物价、土地改革和国民经济的恢复工作。

到了1953年春天,土地改革基本完成,农民终于有了自己的土地,延续了几千年的地主阶级土地所有制被消灭了。

国民经济基本恢复以后,党和国家领导人开始考虑如何从新民主主义革命过渡到社会主义革命的大问题。1953年,党中央公布了过渡时期的总路线,就是要在一个相当长的时间内,基本上实现国家工业化和对农业、手工业和资本主义工商业的社会主义改造。

在进行农业的社会主义改造的过程中,党充分考虑和尊重农民的意愿,自愿结社,提出了自愿互利原则,逐渐有步骤地开展。第一步,组织带有社会主义萌芽的互助组;第二步,在互助组的基础上组织以土地入股和统一经营为特点的半社会主义性质的初级农业生产合作社;第三步,组织完全社会主义性质的高级农业生产合作社。通过这些步骤,让农民逐步适应。

在对手工业改造的过程中也是充分尊重手工业者的意愿,逐步有步骤地展开的。鉴于民族资本主义的特殊性,为了把原来落后、混乱、畸形发展的资本主义工商业引上社会主义改造的道路,党和政府分了两步:第一步把资本主义转变为国家资本主义;第二步把国家资本主义转变为社会主义。

在对民族工商业实行改造的过程中,党和政府对工商业者的选举权、工作和生活作了充分保障,使他们愿意接受社会主义。这既保护了民族工商业者,也为成功过渡到社会主义创造了条件。

到1956年底,我国基本上完成了对农业、手工业和资本主义工商业的社会主义改造,建立起了社会主义制度。

在社会主义制度下,党领导人民开始积极进行经济建设,提高物质和精神生活水平。

为人民谋幸福

"我们讲着春天的故事,改革开放富起来……"这首旋律优美的歌曲《走进新时代》,唱出了中国人民在改革开放后享受富裕生活的美好心情,更是中国亿万农民内心的真情表白。

改革开放以来,党和政府始终高度重视"三农"问题,每年的中央一号文件已经成了中国共产党重视农民、农村、农业的专有名词。

我国农村人口占了绝大多数,农民问题无论过去、现在还是未来,无论是在政治、经济还是文化方面,始终是一个战略性和全局性问题。在我国实现民族振兴的进程中，没有亿万农民的参加是不可能实现的。因此，振兴中华，首先必须振兴农业，富裕农民。农村、农业和农民是国家的基础和命脉。

1978年以前，人民公社制度的弊端显现无遗。农业生产效率低下，近半数的生产队要靠国家贷款。1978年，安徽省凤阳县小岗村18户农民签下生死状，悄悄实行包产到户，第二年就获得了丰收。小岗村18户农民没有想到，他们的壮举掀开了中国农村改革的序幕。

当时万里任安徽省委书记。在他的支持下，小岗村的大包干经验很快在安徽全省推广开来。农民的积极性被极大地激发出来。1978年全国农民人均纯收入134元，比1957年增加近50%。此后，"家庭联产承包责任制"成了中国农村改革的代名词，迅速从安徽蔓延到全国，农村从此跨入了新时代。

22年后，同样也是安徽省率先进行了农业税收改革试点。到2006年，我国在农业税改方面取得重大突破，全面取消农业税。

农业税具有2600年的历史，在历史上发挥过重要作用。新中国成立后，我国政府依据有关规定，在广大农村征收农业税。1958年通过了我国第一部农业税收法律制度。我国的农业税包括农业税、农业特产税和牧业税。1949~2005年，我国农业税收入达4200亿元。农业税虽然对我国的经济社会发展起到了积极作用，但逐渐也显露出许多弊端，诸如给农民带来了沉重负担，造成乡镇干部和农民关系紧张，降低我国农产品和农业特产的竞争力等。

农业税的终结不仅减轻了亿万农民的负担，更给他们带来了看得见的利益，人均减负140元左右。伴随着农村改革的不断深入，我国农业、农村发展正在迈进新的历史阶段。2013年全国农村居民人均纯收入8896元，比1978年增长了近65倍。

家庭联产承包责任制和取消农业税都是具有划时代和里程碑意义的重大历史事件。一个解决了耕者有其权的问题，一个解决了耕者有其利的问题。增收惠民仍然是当前农业、农村建设的总体目标。农业丰，则国家盛；农村稳，则天下安；农民富，则人民富。

青春寄语

全心全意为人民服务不仅是一项要求，更是每一个共产党员的责任。践行得好坏直接关系到民心向背、国家兴衰。

经过长期的革命和建设实践，为人民服务已经成为中国共产党人工作的出发点和归宿。解放人民、服务人民、富裕人民等理念，深深地融入到各级党组织和党员干部的思想之中。

时代在变迁，为人民服务的根本宗旨没有变，"人民对美好生活的向往，就是我们的奋斗目标"。

中国共产党人始终将人民的期盼作为自己的历史使命，为人民服务成为中国共产党人工作和作为的代名词。

2 自带干粮去办公
——苏区干部好作风

"苏区干部好作风,自带干粮去办公。日着草鞋干革命,夜走山路访贫农。""苏区"就是我党当年采用"苏维埃政权"(亦即人民民主性质的政权)组织形式的地区。80年前,这支脍炙人口的山歌唱出了苏区干部一心一意为群众谋利益的真实写照。

时至今日,这支山歌还常常在老区人民耳畔响起。苏区干部好作风的一件件感人往事,仍被人们津津乐道。

事事带头,处处模范

苏区干部的好作风首先表现在充分发挥模范带头作用上,对于党和苏维埃政府所部署的各项革命工作,凡是要求群众做到的,干部们自己首先做到。

创造"第一等工作"的兴国县创造了党员干部"十带头"制度,即:带头学习政治、军事,带头遵守党的纪律,带头参军参战,带头生产劳动,带头执行勤务,带头购买公债,带头节约粮食支援红军,带头优待红军家属,带头慰劳捐献,带头集股办合作社。同时,提出党员干部要成为"四个模范",即:扩大红军的模范,干部作风的模范,土地革命的模范,经济文化建设的模范。

他们不仅是这样规定的，也落实在了行动中。翻开当年的《红色中华》《青年实话》《红星报》等报刊，有关这方面的报道屡见不鲜。例如在扩大红军运动中，共产党员和县、区、乡干部带头，整个党支部，整个区委、县委、县苏维埃政府机关工作人员带头参加红军的现象比比皆是。

据统计，江西在1932年秋季扩红竞赛中，新战士中党团员所占的比例，兴国达52%，万泰达47%，公略达44%，全省平均达35%。1934年5~6月扩红突击运动中，加入红军的各级地方干部总计1451名。

当时有句响亮的口号："最好的干部到红军中去！"扩红如此，优待红军家属如此，购买公债、支援前线等方面，苏区干部均处处走在前面。

急人民之所急，想人民之所想

苏区干部的好作风也表现在关心群众生产和生活方面。他们真正做到了急人民之所急，想人民之所想。

村里的道路、桥梁坏了，苏区干部就带领群众及时修整铺平；小孩要读书，他们就发动群众自筹资金办起了"列宁小学"；群众一时买不到布匹、食盐，他们立即赶往别区采购运回；为了减少群众疾病的痛苦，他们领导居民开展卫生运动；为了减轻商人的中间剥削，他们筹措资金办起了消费合作社；为了解决耕牛不足问题，他们发动群众组织了犁牛合作社……

他们真正做到了毛泽东所提出的："一切这些群众生活上的问题，都应该把它提到自己的议事日程上。应该讨论，应该决定，应该实行，应该检查。"

毛泽东本人更是关心群众的楷模，瑞金沙洲坝的"红井"就是毛泽东关心群众生活的历史见证。

1933年4月，毛泽东随同中央工农民主政府和中央军委从瑞金的叶坪村迁到沙洲坝。沙洲坝地处干旱地带，是一个前连丘陵、后依高山的村庄。前面村边蜿蜒而过的沙洲河河床遍地沙石，滴水不存。当地群众世世代代缺水吃，只能喝又脏又臭的塘水，以致有人编了首民谣："有女莫嫁沙洲坝，有河无水洗被帕。"

毛泽东看到这种情况很是痛心,决定要帮村民解决这个问题。于是,每当晚饭后便东奔西走,四处找水。直到一天傍晚,毛泽东带着几位同志沿着沙洲河步行走了四五里,在鹅公岭山腰发现了一股山泉。望着汩汩流淌的清澈泉水,毛泽东擦了一把脸上的汗水,露出了会心的笑容。

经过周密计划,毛泽东发动临时中央政府的工作人员利用周末到山上砍回毛竹,打通竹节,然后将这些又粗又长的竹管一根连一根,一直接到山泉。当甘甜的清泉引到沙洲坝时,全村都沸腾起来。许多老人由家人搀扶着,前来观看这激动人心的场面。

但这只是暂时解决了村里的吃水问题。冬季来临,雨量减少,山泉也枯竭了,仍然无法长期供水。于是,毛泽东请来老农们共同商量,决定挖井引水。沙洲坝村民怕挖井影响风水,引起鬼神不悦。毛泽东笑着对大家说:"挖井是为了大伙有干净的水喝,要是有鬼神来闹,先找我毛泽东。"听到毛泽东的话,大伙都笑了起来,一致同意挖井。

经过仔细勘测水脉,最终选在"列宁小学"前面挖井。挖井那天,毛泽东挽起袖子挥动镢头,刨开了第一块土。在毛泽东的带动下,村里的老百姓、红军战士、中央机关的工作人员齐心协力,一道挖井。经过一个星期左右的努力,挖出了一口五六米深的水井。为了使井水更加清澈,毛泽东还亲自下井底铺砂石,垫木炭。

后来村民们怀着对毛泽东的崇敬与感激之情,在井旁竖起一块石碑,上面醒目地刻着:"饮水不忘挖井人,时刻想念毛主席。"这就是著名的"红井"。

清正廉洁,克己奉公

苏区干部的好作风还体现在甘愿为群众利益牺牲个人利益、清正廉洁、克己奉公等方面。

在敌人对苏区进行第五次"围剿"时期,中央苏区的军民生活举步维艰。为了节省革命经费和公家伙食，家住苏区的本地干部就从自己家中背米去办公。

1927年9月，毛泽东率领秋收起义部队到三湾，实施了著名的三湾改编。在加强党对军队领导的同时，部队在各连队建立了士兵委员会。每个月，连队都要精打细算，想方设法节约出一小部分伙食费。经过士兵委员会讨论后，均分发给包括普通士兵和高级将领在内的就餐人员零用，名曰"伙食尾子"。这体现了红军早期的民主制度。

江西省苏维埃主席刘启耀带头从家中背米到苏维埃机关，不要公家发的"伙食尾子"。妻子一时不理解，埋怨他说："当个主席，连饭都赚不到吃，真没有用。"刘启耀没有责怪妻子，而是耐心地给她讲道理：共产党人当官，不是为了发财，而是为人民谋幸福。

平时粮食都是刘启耀从家里背到宁都办公地，但是遇上工作忙的时候，他就连回家背米的时间都没有了，只好让他妻子从老家兴国把米背来。见到刘启耀，妻子嗔怪说："老公老公，饭要我供。"刘启耀笑着说："革命成功，吃穿不穷。"

1934年10月，红军主力开始了长征，刘启耀并没有随部队出发，而是留在了当地继续战斗。在一次战斗中，他不幸中弹，由于失血过多昏了过去。他被战友刘国龙推入死人堆中隐藏了起来。刘国龙则拿起他的驳壳枪和证件，穿上他的外衣，吸引敌人的火力，最后不幸牺牲。

当敌人清理战场时，从刘国龙遗体中搜到写有刘启耀名字和职务的中共党员证。当敌方的头目看到这些缴获来的战利品时，以为刘启耀被击毙了，为了邀功请赏，赶快叫来随军记者当场拍照。不久，敌人在报纸上大肆吹嘘"击毙伪省苏主席刘启耀"。

深夜，苏醒过来的刘启耀强忍伤痛，吃力地从死人堆里爬了出来，找到原来埋藏褡裢的山洞。沉甸甸的褡裢里装有金条、首饰和银元，是他代为保管的党的经费。

自此，刘启耀和游击队失去了联系，陷入了孤雁离群的困境。他在山民的帮助下，穿着烂棉袄，戴顶破斗笠，肩背讨饭袋，手拿打狗棍，化装成乞丐。他风餐露宿，忍饥挨冻，始终坚持不动用一分一毫党费，一心往湖南方向去追赶西移的主力红军。

他几乎走遍了赣西南老区各个角落，秘密联络了老党员、老红军、老苏区干部数百人，同敌人展开针锋相对的斗争。

1936年，刘启耀为了更加方便地联络和保护失散了的红军战士，在泰和马家洲开了一家旅店作为据点，并建立起了"旅宁同乡会"，继续开展与敌人的斗争。这期间，在他的努力下，先后组建了中共江西省临时省委、遂川县委、吉安县委、泰和县委等地下党组织。

1937年1月，刘启耀与原杨赣特委书记罗孟文、特委宣传部长刘飞庭等在泰和县成立江西临时省委时，才将他珍藏了三年的金银拿出来，作为省委办公经费。

刘启耀以实际行动证明了他是一名优秀的清正廉洁的党员干部。

青春寄语

"苏区干部好作风"是苏区优良作风的集中体现，也是我党优良传统的重要组成部分。

苏区干部的好作风是我党宝贵的精神财富。这种以身作则、清正廉洁、克己奉公的工作作风，是共产党人从胜利走向胜利的法宝。

中国共产党人时刻提醒自己："在张口的时候要想一想该不该说，在伸手的时候要想一想后果是什么，在迈腿的时候要想一想这是不是自己该去的地方。"

他们珍惜人民赋予的权力，始终牢记"权为民所赋，权为民所用"，赢得了人民的支持与拥护。

3 自己动手,丰衣足食
——八路军三五九旅开垦南泥湾

20世纪40年代初,为了克服日寇的扫荡、敌人的封锁造成的严重经济困难,陕甘宁边区发起了"发展生产,自力更生"的轰轰烈烈的大生产运动。朱德总司令向全军发出戍边屯垦的号召。八路军一二零师三五九旅全体官兵积极响应号召,开进南泥湾,开展生产运动。

上至政委、旅长,下至勤务兵,全体官兵发挥忘我的劳动热情,创造了惊人的奇迹。他们不仅做到了丰衣足食,还使荒芜的南泥湾变成了"陕北好江南"。

一名党员一面旗,身先士卒争当好榜样

为了响应党中央开展大生产运动的号召,朱德总司令提出了"屯田政策",主张以部队强壮的劳动力投入生产运动,并亲力亲为地进行了详细的实地勘察,将南泥湾确定为屯田基地。

1941年3月,王震旅长奉命率部开进荆棘丛生、野兽群游、人迹罕至的南泥湾。他告诫三五九旅全体指战员:"南泥湾开垦起来困难大,希望你们充分做好思想动员和组织准备工作,用大家劳动的双手,建立起部队的革命家务。"

部队进驻南泥湾后,面临着资金匮乏、缺衣少食、工具奇缺、窑洞难觅等极端困难的局面。不久,七一八团接到命令,组织人力到延长县背米。一百多里路程,大雪封山,运输工具匮乏,连背米的工具都没有。团长陈宗尧和大家就用仅有的一条旧床单折起来缝成口袋,把被子里的棉花取出来,做成口袋,或者把裤腿两头扎紧做成米袋。

出发时,战士们考虑到团长是个残疾人且身体还有病,便再三要求他骑马,但团长拒绝了。他说:"响应毛主席的号召,干部应该做出榜样。今天,我和大家一样,是一个背米的普通战士。"

部队一会儿翻山,一会儿蹚沟,一路上只听"咕咚咕咚",不知多少人跌了跤。可大家还是很开心,有的还唱着歌,哼着戏。陈宗尧走在队伍的最前面,探路时滑倒次数最多,下坡一滑就是几丈远,他却诙谐地说:"这不掏钱的飞机,坐得真过瘾啊!"荆棘挂破了他的衣裳,划破了他的手和脸,豆大的汗珠顺着脸颊往下淌,他却毫不在乎,还不时搀扶其他同志,鼓励后面的人加油。

队伍一直走到半夜,才看见一个小山村。老乡们都睡熟了,警卫员正要叫开老乡的门,陈宗尧立即用手指着屋檐下一小块没雪的地方说:"不要打扰老乡了,这不是现成的么。"说着铺开他那用床单做成的口袋,就地休息起来。

西北风还在一个劲地吼叫着。同志们又累又饿,身上的衬衣已被汗水湿透,刚一停下来,身上就冰冷冰冷的。但是大家看到团长拖着带病的身体还如此严格要求自己,没有一个叫苦叫累的。

南泥湾位于延安东南黄龙山地区,土质肥沃,适于开垦。为激发大家的生产积极性,部队开展了开荒竞赛活动。陈宗尧带着突击小组,爬上离团部十里地的一座山上,驻扎下来开荒种地。

这一带的荒山上,到处是很深的篙子草和很大的山桃树,还有"咬人"的狼牙刺、黑葛兰等等。它们都成了开荒的"拦路虎"。狼牙刺和黑葛兰是一种多年生的灌木,根粗叉多,枝上黑刺长、尖、硬,还有毒。一不小心就挂破衣服刺伤皮肉,火辣辣的疼。然而生长这些树草的地方,往往都是土质肥沃的好地。

陈宗尧一马当先,抡起镢头,与繁茂的植物较起了劲。多年来未被打扰的植物也不甘示弱,狼牙刺划破了他的脸,山桃树戳破了他的背……陈宗尧手上磨出了很多铜钱大的血泡……他却毫不在乎,越干越猛。

陈宗尧还经常趁休息时,带领战士们去给当地老百姓开荒。刚逃荒出来的刘老汉见到陈宗尧,抹着眼泪说:"世道真变了。过去国民党的团长,走路坐轿都嫌不舒服。现在咱八路军的团长,亲自开荒生产。还来帮助老百姓挖地,真是天下少有的事。"

陈宗尧白天和大家一起开荒,晚上还要办公,指挥全团的生产,每天都睡得很晚。由于过度劳累,加上生活十分艰苦,他病倒了,一连几天吃不下饭。同志们劝他下山,他死也不肯。大家便想方设法为他代耕。在这个劳动时段,大家心里热,劲头足,喊着口号,干到天黑还不停歇。

几天后,大家忽然看见缠着纱布扛着镢头的陈宗尧出现在荒地里。同志们不允许他干活,陈宗尧笑嘻嘻地告诉大家:"这点病不算啥,毛主席在杨家岭种地,周副主席还亲手纺线,朱总司令还挑着筐子拾粪,我休息得下吗?"

一把镢头一杆枪,生产自给保卫党中央

三五九旅七一七团九连驻扎在砭上村,与白区仅一沟之隔,是通往敌占区宜川县的交通要道,也是边区的东南大门。平时战士们都是一手拿镢头一手拿枪,敌人来了就拿起地头的枪进行反击,敌人走了就拿起镢头继续开垦。

1944年9月,正是秋收农忙季节。由于战事需要,许多战士被抽调南下开辟敌后根据地,留下的人要抢收所有庄稼。九连的40多名战士要完成3000多亩的任务。这是一个史无前例的挑战。

连队通过反复研讨达成一致:决不能让一颗粮食烂在地里。战士们披星戴月,沿着坎坷的羊肠小道,往返于山头和山脚。每人每天往返行程120余里,每担少则120多斤,多则150多斤。

第五天，遇到漫天云雾遮住了道路，还伴随着淅淅沥沥的秋雨。战士们赤膊上阵，在泥泞的小路上摔倒、爬起，艰难行进，嘴里呼喊着："加油啊，为战胜鬼子，为革命成功！"第七天，金灿灿的谷子就已全部运到了山下的打谷场。

经过指战员们的艰苦努力，三五九旅在南泥湾创造了奇迹。所有农作物都大大超额完成了上级规定的生产任务，猪牛满圈、鸡鸭成群、蔬菜瓜果琳琅满目。参观的人络绎不绝，连声赞叹："八路军真能干，打仗是英雄，生产是模范，把南泥湾变成米粮川！"

朱德总司令在《游南泥湾》诗中写道："去年初到此，遍地皆荒草；夜无宿营地，破窑亦难找。今辟新市场，洞房满山腰；平川种嘉禾，水田栽新稻。屯田初告成，战士粗温饱……熏风拂面来，有似江南好。"

1943年三五九旅做到了粮食、衣被等全部自给，1944年达到了"耕二余一"。战士们用自己的双手，粉碎了敌人的封锁和侵扰，成功瓦解了国民党顽固派的多次反共高潮，保卫了延安，保卫了党中央。

一颗粮食一缕纱，创建陕北俏江南

1941年3月，在"一穷二白"的境况下，三五九旅在绥德建成第一个纺织厂，王震旅长将其命名为"大光纺织厂"。

由于敌人的严密封锁，原材料极度匮乏。采购员需要冒着生命危险，拿盐巴去敌区找老百姓换棉花，再分发给战士们纺成棉纱。

团政委谭文邦的妻子陈敏正带着两个嗷嗷待哺的孩子。她把尚未断奶的孩子用布条拴在柱子上，任其在炕上自己爬；大的孩子任其在外面玩，自己则用简单粗糙的纺车夜以继日地纺纱。战士们多次把在野地里熟睡的孩子抱回来，提醒她说："大嫂，别让狼把孩子叼走了啊！"

通过不懈努力，她做到了全家自给自足，还把结余支援地方政府。她连续两年被评为特等劳动模范，毛主席还为她写了"模范家属"的题词。在陈敏的带动下，部队女同志组织起来，成立了八路军家属学校，纺了两万多斤纱。

南泥湾也掀起了纺线热潮。在操场、窑洞、小溪旁，到处都是纺线的八路军和老百姓。甚至三五十辆或几百辆纺车摆在一起，拉开阵容进行竞赛，为保证纺织厂的顺利生产做出了巨大贡献。

1942年，部队基本达到了粮菜自给，但还是要将瓜菜、山药蛋等和粮食掺合在一起吃。王震旅长号召全旅："生产要多，消费要省。"他告诫指战员们要有克服困难的全局观念，不能种多少吃多少。

夏天，战士们光着膀子干活，任凭烈日晒脱背上几层皮，秋凉也只穿补了又补的破衣旧裤。上级发的新军服，压在枕头底下，只在检阅或过节时穿。拿到的新布鞋，小心地放在包袱里，平时还用马兰草和旧布条打草鞋穿。

1944年部队南下时，很多战士还捐献出两套崭新的军服、几双鞋袜以及没有落过水的毛巾。

青春寄语

"自力更生，艰苦奋斗"成为南泥湾精神的核心，是我们党在革命战争时期形成的优良作风和传统，也是我们进行社会主义现代化建设的精神动力。

习近平同志说，人世间的美好梦想，只有通过诚实劳动才能实现；发展中的各种难题，只有通过诚实劳动才能破解；生命里的一切辉煌，只有通过诚实劳动才能铸就。

我们要时刻牢记"艰难困苦，玉汝于成"，"居安思危，戒奢以俭"，"忧劳兴国，逸豫亡身"的道理。这是实现中华民族伟大复兴梦想的不竭力量。

4 进京赶考
——从"革命"走向"执政"之路

在中国革命即将取得全面胜利之际，另一个命题摆在毛泽东的面前：该如何成为新中国的领导者，如何领导一个新国家。蒋家王朝的老路不能走，更不能重演三百多年前李闯王的悲剧。

三百多年前的那个甲申年，李自成率领农民起义军打进北京城后，将领腐化，臣吏骄奢，内部争斗，导致很快失败，落得个"李自成率领农民起义军南征北战打了18年，进了北京却只坐了18天"的结局！

中国共产党人要在北京建立新政权，从表象上来看，似乎与三百多年前的李自成有相似的地方，因为共产党人经过28年奋斗也要进京了。毛泽东没有停留在胜利的喜悦中，而是以非凡的洞察力和战略远见，去思考中国共产党在全面执政后，如何跳出"胜利—骄傲—腐败—灭亡"这个在历代中国政权更迭中不断被重复的周期律。

1949年3月23日，中共中央从西柏坡移驻北平。毛泽东用了"进京赶考"四个字，比喻形象而寓意深刻。他说，我们一定要考个好成绩，不要被退回来，"我们决不当李自成"。

警惕"糖衣炮弹"

西柏坡是河北省平山县一个依山傍水的小山村。这个外表看似落后闭塞的村庄，就是中共中央进北京之前的驻地。

在夺取全国胜利的重大历史关头，毛泽东深刻地指出了中国共产党将要面临胜利后的执政考验。早在1944年，他就把郭沫若写的《甲申三百年祭》列为整风学习文件，要全党引以为戒。

为了让全党上下做好担当新角色、迎接新任务的准备，中共中央在西柏坡召开了党的七届二中全会。会上毛泽东讲到中国人民民主革命胜利后，党内可能产生"骄傲情绪、以功臣自居的情绪、停顿起来不求进步的情绪、贪图享乐不愿再过艰苦生活的情绪"等四个方面的问题。会上特别提醒进城后可能有这样一些共产党人，在拿枪的敌人面前不愧为英雄的称号，但经不起人们用糖衣裹着的炮弹的攻击，在糖弹面前要打败仗。

针对"四种情绪"和"糖衣炮弹"，毛泽东告诫全党："夺取全国胜利，这只是万里长征走完了第一步。如果这一步也值得骄傲，那是比较渺小的，更值得骄傲的还在后头。"

毛泽东要求全党做到："务必使同志们继续地保持谦虚、谨慎、不骄、不躁的作风，务必使同志们继续地保持艰苦奋斗的作风。"

为了使"两个务必"和其他规定落到实处，全会根据毛泽东的提议，还做出了六条规定：不做寿；不送礼；少敬酒；少拍掌；不以人名作地名；不要把中国同志与马恩列斯平列。

党的七届二中全会决定将党的工作重心由乡村转入城市，全党同志必须及时地适应这一新的变化，用更大的努力去学会管理和建设城市的工作。毛泽东满怀信心地预言："我们不但善于破坏一个旧世界，我们还将善于建设一个新世界。"

党的七届二中全会为新中国的建设准备了思想理论基础，经毛泽东亲手绘制的一个新生的人民共和国如日出东方，呼之欲出了。

决不当李自成

1949年3月22日晚，是毛泽东在西柏坡的最后一夜，也是他忙碌和难以入睡的一夜。

据毛泽东的卫士李银桥回忆，毛泽东在凌晨批阅完文件后，并没有睡觉，而是站在窗前一边抽烟一边眺望着夜空，陷入深深的沉思中。3月23日上午，中共中央书记处五大书记毛泽东、朱德、刘少奇、周恩来、任弼时，率中共中央机关就要离开西柏坡了。

临行前，周恩来早早前来看望毛泽东，问道："没有休息好吧？应该多休息一会儿才好，长途行军坐车是很累的。"

毛泽东笑道："今天是进京的日子，不睡觉也高兴。今天是进京'赶考'嘛，进京'赶考'去，精神不好怎么行呀？"

周恩来笑着说："我们应当都能考试及格，不要退回来。"

毛泽东郑重地说道："退回来就失败了。我们决不当李自成，我们都希望考个好成绩。"

西柏坡，这个名字从此拥有了深刻的历史意义和深远的历史影响。就是从这个小山村出发，以毛泽东为首的党中央领导集体率领从炮火硝烟中走来的中国共产党人，意气风发地进京"赶考"了。

人民的公仆

作为共产党的领袖，毛泽东、周恩来等人决不是以当"皇上"和"宰相""辅臣"的姿态进入北京的，而是以进京赶考考生的心态来面对人民的考验的。

进入北京后，毛泽东警觉万分，时刻保持着忧患意识，多次告诫身边的工作人员、告诫全党"不当李自成"。

有一回，他前去观看京剧大师梅兰芳、刘连荣主演的京剧《霸王别姬》。

当看到"力拔山兮气盖世"的楚霸王哀叹大势已去的绝境时,毛泽东不无感慨地对身边的工作人员说:"不要学西楚霸王。我不要学,你也不要学,大家都不要学。"他要求全党都来看这部戏,以西楚霸王为鉴,并向全党发出"宜将剩勇追穷寇,不可沽名学霸王"的忠告。

作为执政党的领袖,老一辈革命家始终保持着谦虚谨慎、不骄不躁的作风,保持着艰苦奋斗的作风。

在今天的博物馆里依然展示着毛泽东长期使用的补了又补的睡衣、毛巾被和线袜。

在工作中他严于律己,从不徇私情,不搞任人唯亲那一套。少年时代在外婆家相处极好的表兄义南松,请求为其胞兄介绍工作。毛泽东在写给他的信件中婉言相拒,说"不宜由我推荐"。

毛泽东的言传身教深深地影响着家人和身边的工作人员。一次他的儿子毛岸英在回复表舅向三立替人谋"厅长"职位的信中坚决地写道:"我决不能也不愿违背原则做事。"

周恩来作为国家总理,严格要求自己的亲属,给他们订立了"十条家规",从没有利用职务之便为家人谋取半点私利。1968年,周总理的侄女周秉建高中毕业,周总理让她去内蒙古锡林郭勒草原插队,临行时用吃苦瓜为她送行,借此来教育她要吃得了苦,要与当地牧民心连心。

党和国家领导人刘少奇也向全党干部指出:"得了天下,要能守住不容易。很多人担心,我们未得天下时艰苦奋斗,得天下以后可能同国民党一样腐化。他们这种担心是有理由的。"他表达了自己的担忧:"我们打倒蒋介石、打倒旧政府后,要领导全国人民组织国家,如果搞不好,别人也能推翻我们的。"中国共产党人的忧患意识表现得非常充分。这是做好工作的前提和基础。

陈毅任上海市长时,有亲属让他安排工作。他问人家,你说共产党好还是国民党好?对方答,当然是共产党好。陈毅说,要是国民党的市长,当然要给安排好工作,可我要是给你安排了,我不就成了国民党市长了吗?一席话说得亲属心悦诚服,安心回老家去了。

"人民"成为心中最重要的词
中国共产党的工作作风 肆

正生廉,严生威。事实证明,毛泽东等老一辈无产阶级革命家集体进京"赶考",向人民交了一份经得起历史检验的合格的答卷。

青春寄语

"赶考"一说,说得诚惶诚恐,说得如履薄冰。因为这实际上就是人心向背的考验。

"赶考"是共产党人的工作态度,体现出中国共产党人面对新形势、新条件,勇于迎接挑战、积极面对困难的勇气与决心。

"赶考"反映了中国共产党人在胜利面前永不懈怠,勇于迎接考验,争取更大胜利的坚强意志。光阴荏苒,弹指一挥间,今天"赶考"的考生依然是中国共产党;今天的"考官"仍然是全体中国人民;评判的标准,仍然是人民满意不满意、拥护不拥护、高兴不高兴、答应不答应。

"我们一定要始终与人民心心相印、与人民同甘共苦、与人民团结奋斗,夙夜在公,勤勉工作,努力向历史、向人民交出一份合格的答卷。"这是新的历史时期中国共产党领导集体所作的真情表白。

时代在变,共产党人"赶考"情怀没有变,"赶考"还在继续。这是永不停顿的新"赶考"。

5 平凡中的伟大

——县委书记焦裕禄的"公仆"作风

焦裕禄，1922年8月出生，山东淄博人，中共党员。1962年12月，焦裕禄来到兰考县任县委书记。

兰考县位于河南省东黄河故道上。当时，正是这个地区连续遭受三年自然灾害较为严重的一年，全县粮食产量下降到历史最低水平。

展现在焦裕禄面前的是漫无边际的沙海、洼地。这些洼地都是毫无生气，泛着青色的白茫茫的盐碱地。

在这样一个烂摊子面前，焦裕禄是这样回答的："感谢党把我派到最困难的地方，越是困难越能锻炼人。请组织放心，不改变兰考面貌，我决不离开这里。"

焦裕禄身先士卒，不顾重病在身，带人在全县范围内开展大规模的追洪水、查风口、探流沙的调查研究工作，谋划治理、发展之策为兰考脱贫致富呕心沥血，直到生命的最后一刻。

1964年5月，焦裕禄因患肝癌不幸病逝，年仅42岁，被誉为"县委书记的榜样"。

吃别人嚼过的馍没味道

患有严重肝病的焦裕禄在一年多的时间里,强忍着肝痛,深入基层,了解情况,步行两千多公里,足迹到达全县120多个大队。

他能不看地图,就准确地说出应该在什么地方修防沙防风林带,堵住什么方向的风;可以在什么地方下种、种豇豆、种红薯、种花生。他的结论都来自第一手的调查。

曾有同志考虑到焦裕禄的病,劝他不要参加野外调查了。他说:"吃别人嚼过的馍没味道。"

焦裕禄来兰考报到的第二天就骑车下乡了。他首先来到灾情最重的老韩陵村,到田边地头,到饲养棚里,到穷困农民的草屋里,了解情况,观察灾情。

焦裕禄走访的第一个老农是萧位芬。他在萧大爷家的牲口棚里住下了。交谈中,萧大爷"挖穷根得种花生,要想富得栽泡桐"的提议让焦裕禄眼前一亮。

第二天天一放亮,焦裕禄就来到沙堆上。他高兴地发现,这里几年前栽了一棵泡桐,树的周围一片麦苗,绿油油的。他从一拃深的地方抓起一把土,在手上使劲握了几下,土被捏成了小团。

"萧大爷,您说得对,要治沙,栽泡桐,我看兰考治沙就从您村入手。"焦裕禄在萧位芬家的牲口棚里一住就是几天。

焦裕禄来到兰考后,一针见血地指出了兰考穷的根源——风沙、内涝、盐碱。他下了决心,就是拼上身家性命,也要把这"三害"治住。他建立了"除三害办公室",先后抽调了120多名干部、老农和技术人员,组成一支"三害"调查队,在全县展开了大规模的追洪水、查风口、探流沙的调查工作。他说:"知己知彼,百战不殆。要想根治'三害',必须查清它的分布情况和具体数量。"

为了查找风口的确切位置,焦裕禄不顾天寒地冻,顶着呼啸的北风,上了横贯兰考全境的旧黄河大堤,爬上测量架,亲自测量、记录。为了识别盐碱地，焦裕禄每次都用舌头去舔，并总结了识别的方法：咸的是盐，凉的是碱，又苦又辣又骚的是马尿碱。

秦砦有500户人家，可耕地4800亩，重碱地4200亩。经过考察，秦砦所在的地方原来就是淤土层，30多年前由于黄河决口，形成了盐碱地。如果把淤土翻上来，把盐碱翻下去，盐碱地就会变成肥沃良田。

在焦裕禄的直接关注下，县里提供翻淤压碱的工具，还拨了几万斤粮食支援秦砦群众翻淤压碱。到1964年春，就已改造2400亩重盐碱地，当年赶上了种麦。

破凳子照样能干革命

一天，焦裕禄来到"除三害办公室"，顺手拿一个板凳准备坐下，忽然被一个同志拦住："焦书记，别坐，别坐，这个凳子三条腿，坐不稳，会摔倒的。请坐到床上来吧。"

焦裕禄说："同志们能坐，我也能坐。"他执意坐到三条腿的凳子上。大家都笑了，你一言我一语地说："'除三害办公室'是破草房，坐的是破凳子……破桌凳还不合每人一套呐！有的同志办公坐到砖上，趴在床上，文件放在枕头下。"

大家向焦书记建议能不能每人配一套办公桌椅，焦裕禄满口答应："行，很需要。"大家一听，立刻高兴地鼓起掌来，忙说现在就让会计去办。焦裕禄话锋一转说，现在还不是时候。同志们顿时有些失望。

看到同志们的表情，焦裕禄接着说："'除三害办公室'是除害兴利的，害还没除，利还没兴，就添置一屋油漆发亮的家具，能行吗？"

"毛主席住在陕北窑洞里，坐在一把破椅子上，指挥了全国多少战役，写出了多少光辉著作！我们坐在破凳子上，就不能革命吗？"

他引导大家树立艰苦奋斗的思想，说，如果没有这种思想，就是配上金凳子和银凳子，也治不了"三害"。

"凳子少,正好可以促使我们往下跑,深入到群众中去,还能和群众建立深厚感情;桌子不得劲,正好可以少发文件,多和群众面对面;没安电话,正好可以促进直接到群众中面对面交流。"

大家听得精神鼓舞,眉开眼笑,都说:"焦书记,你真把我们的心说动了,今后不再说桌凳的事了。"

焦裕禄风趣地说:"不,今后一定得要。等除掉'三害',兰考富裕了,每人配一套桌椅,不要也得要!"

老百姓的贴心人

焦裕禄在兰考,一刻也没离开过第一线。

1963年冬天的一个夜里,大风雪刮了一夜,焦裕禄的房子里电灯也亮了一夜。他心里惦记着群众住得咋样,牲口会不会冻死……

窗户纸刚一透亮,焦裕禄就带领县委的同志,冒着风雪下乡访贫问苦去了。他走进一个五保户家。这里住着一双无儿无女的老人。老大爷有病,老大娘眼瞎。焦裕禄一进屋就坐在老人的床头,问寒问暖。

老人拉着他的手问:"你是谁?大雪天来干啥?"他说:"我是您的儿子!给您送救济粮来了!"他拉着老大娘的手说:"娘,我叫焦裕禄,我是您的儿子。我怕大雪天冻坏您二老。"

另一个风雪天,焦裕禄踏着半尺厚的积雪,来到村民王连备家的茅草屋。王连备家七口人,缺衣少食,生活十分艰难。焦裕禄看见三四个孩子穿着单衣挤在草窝里,难过得直流眼泪。他给王连备一家发了救济衣和救济款,嘱咐他快给孩子把棉衣穿上。出了门又站了一会,回头看看王连备家屋顶上的草厚不厚。

过了几天,焦裕禄又来到王连备家,解决了给孩子看病的困难。当时正是晌午,焦裕禄问:"吃饭没有?"

王连备答:"吃罢了。"

焦裕禄走到锅边，揭开锅盖："老王，锅里没有一点热气，你咋说吃了呢？"

王连备迟疑了一下，说："上次政府已经给我们添置了棉衣，俺再说缺吃的，咋张开口啊。受灾的地方多，我怕国家负担不起。"

焦裕禄听了心里很感动。他指着地上的一根草棍，说："你说得很对，国家的救济就好比扶了你一把，站起来还要靠你自己。"说着把草棍扶直。他问王连备："你能出力吗？"

王连备说："能，庄稼人有的是力气。"

第二天，焦裕禄就派人去给王连备家送来一把铁锹和一辆架子车，让他去给粮站拉脚。在短短几个月时间里，焦裕禄一连到王连备家探望了六次。后来，王连备生活有了着落，两口子把焦裕禄当做比亲人还亲的人。

"死了也要看兰考人民把沙丘治好"

1964年春天，正当兰考县除"三害"斗争胜利前进的时候，焦裕禄的肝病越来越严重了。

在焦裕禄开会和作报告的时候，人们发现他经常将右脚踩在椅子边上，用右膝顶住腹部。他上衣的靠近腹部的扣子是不扣的，而且时常将左手按在腹部。到后来人们才知道他是用左手按在时时作痛的肝部，或者干脆用一根硬东西一头顶着肝部，一头顶在藤椅圈上。天长日久，他办公室的藤椅的右边被顶出了一个大窟窿。

焦裕禄已经预见到了兰考的美好未来。他想动手写一篇文章，题目是《兰考人民多奇志　敢叫日月换新天》。但是文章只开了个头，病魔就逼得他放下手中的笔。县委决定送他到郑州的医院治病。

临行那天，由于肝疼得厉害，他是弯着腰走向车站的。在火车开动前几分钟，他还郑重地布置了最后一项工作，要县委的同志好好准备材料，等他回来时，向他汇报抗灾斗争的战果。谁也没有想到，这就是焦裕禄同兰考县人民的最后一别。

焦裕禄病危的消息传到兰考后，县上很多干部去看他。他总是不谈自己的病，而先问县里的工作情况。他问张庄的沙丘封住了没有，问赵垛楼的庄稼淹了没有，问秦砦盐碱地上的麦子长得怎样，问老韩陵地里的泡桐栽了多少……

他生命中的最后一句话是："我活着没有治好沙丘，死后希望把我埋在沙丘上，死了也要看兰考人民把沙丘治好……"

1964年5月14日，焦裕禄不幸病逝。那一年，他才42岁。在他的灵柩移回兰考的那天，兰考县城万人空巷。成千上万群众自发护送他的灵柩走向墓地。许多群众在墓前长跪不起、泪流满面。

从此以后，5月14日成为兰考人民永远难忘的日子。每年的这一天，兰考的干部群众都要以各种形式纪念他们的焦书记。

青春寄语

为了改变兰考县的落后面貌，焦裕禄身先士卒，心系百姓，忘我工作，燃尽了一切，直至牺牲生命。他心里装着全县人民群众，唯独没有自己。他的精神浓缩着"公仆"二字的全部内涵。

习近平同志说，"焦裕禄同志的形象一直在我心中"。在他的心里有一个"焦裕禄情结"。他高度评价焦裕禄精神，提出新时期要特别学习弘扬焦裕禄同志"心中装着全体人民、唯独没有他自己"的公仆情怀，凡事探求就里、"吃别人嚼过的馍没味道"的求实作风，"敢教日月换新天"、"革命者要在困难面前逞英雄"的奋斗精神，艰苦朴素、廉洁奉公、"任何时候都不搞特殊化"的道德情操。

6 像春蚕那样吐完最后一根丝
——人民的好总理周恩来

周恩来（1898~1976），江苏淮安人。青少年时代就立志"为了中华之崛起"而发愤读书。

20世纪20年代初，他到欧洲勤工俭学，确立了共产主义的信仰，成为中国共产党最早的党员之一。

1924年，他回到祖国，投身革命，从此一直奋斗在中国政治舞台的前沿。新中国建立后担任国务院总理，直至去世。

周恩来虽然离开我们近40年了，但他的崇高品德和优良作风深深地铭刻在人们心中。人民永远怀念这位开国元勋、勤政爱民的好总理。

不盖政府大楼的总理

新中国成立后，周恩来非常注意保持人民政府清廉、简朴的形象。

在国家历史博物馆有一张照片，纪录了周恩来在那间狭小的办公室里办公和开会的场景。国务院常常要举行会议来研究和协商国家大事，但在这栋老式平房里开会，就显得光线阴暗，面积狭小了，开会时往往非常拥挤。

1956年，有些部委的领导提出修建政府办公大楼的建议，同时在选址与规划设计方面也进行了准备。周恩来知道后坚决否定了这个规划。他说:"我们共产党是为人民服务的,只要我当一天总理,就不盖国务院大楼。"

1959年,在筹建人民大会堂等首都"十大建筑"(包括人民大会堂、中国革命历史博物馆、中国人民革命军事博物馆、全国农业展览馆、北京火车站、北京工人体育场、民族文化宫、民族饭店、钓鱼台国宾馆、华侨大厦)的过程中,有关部门又提出兴建政府办公大楼的计划。周恩来又对相关部门说:"只要我当总理,你们就要把大兴土木的念头取消,国务院不能带这个头!"就这样,国务院办公大楼的建筑计划被撤销了。

正因为如此,在他执政期间,人民对政府的信赖感很强,政府在人民心目中的形象很高大。

党内最忙的人

周恩来是党内做工作最多的人,也是最忙的人。总理办公室那彻夜不灭的灯光,已成为共产党人为人民勤奋工作的象征。

新中国成立初期,特别是在抗美援朝的紧张阶段,他常常一天工作15个小时之久,有时甚至睡眠不到两个小时。累了,就站起来走一走;困了,就在额头上抹点清凉油。由于过度疲劳,时而出现流鼻血的症状,他就让工作人员稍事治疗后,又继续工作。

西花厅还流传着总理的"第二办公室"和"第三办公室"的故事。每天起床后,周恩来就把值班秘书叫进卫生间,让他报告电话记录、待批阅的紧急文件和一天的工作安排等;有时也叫人(多半是熟悉的老部下)到卫生间来汇报工作,交谈的时间是几分钟,也可长达几十分钟。日子一长,西花厅的工作人员赋予卫生间一个雅号——"第二办公室"。

周恩来还利用在这个"第二办公室"短短的几十分钟里,以惊人的速度阅读报纸。哪些报道有差错,哪些宣传与事实有出入,写法不恰当,都逃不过他敏锐的眼睛。发现问题,他会及时打电话到有关部门指示更正。

卧室则被称为"第三办公室"。周恩来每天深夜或凌晨离开办公室时,总抱着一大摞文件。洗漱完毕,进卧室躺到床上后,继续批阅文件。手里拿着红蓝铅笔,在文件上圈、点、画,常常在疲惫不堪时打瞌睡,文件上就画出一道道弯弯曲曲不规则的线条。邓颖超戏称"他每天总抱着金娃娃去睡觉"。

当工作人员劝总理注意休息时,他总是说:"我是总理,就得什么事都要管啊!管不好怎么向党和人民交代!"

1972年5月,周恩来在一次身体常规检查中发现了癌症,但仍事无巨细,日夜操劳,病情逐步恶化。

1974年6月1日,他不得不住院,进行手术治疗。离开西花厅前,周恩来让秘书带上他要看的书籍和待批的文件。在医院里,他依然坚持工作。

据不完全统计,从1975年3月到9月间,重病在身的周恩来与各方面人士谈话、谈工作102次,会见外宾34次,离开医院开会7次,在医院开会3次,外出看望别人4次。

他曾对为他的健康而忧心忡忡的医务人员说:"既然把我推上历史舞台,我就得完成历史任务。"

病情严重无法下床时,他说:"以后你们就不要再叫我'总理'了,我躺在这里已经不能再为国家为人民工作了,听你们叫我总理,我心里难受……不做事了,不能叫总理了。"

人民的儿子

作为忠实的人民公仆,周恩来把人民的疾苦时刻放在心上。

1966年3月8日,河北邢台发生强烈地震。9日,周恩来乘坐直升飞机来到地震灾区。他一下飞机,就对赶来的干部群众说:"你们受灾了,毛主席派我来看望你们!"他拉住灾民的手问寒问暖。

当天晚上,周恩来正在部署救灾工作,又发生了五级以上的余震。房屋剧烈晃动,大家劝说总理赶紧离开。周恩来见余震已经过去,就说:"没什么,继续谈吧!"在这裂了墙壁的楼房里,周恩来一直工作到深夜两点。

3月22日,邢台又连续发生6.7级和7.2级的强烈地震。这次地震,比前一次范围更广,破坏更大。为了稳定灾区群众的情绪,周恩来冒险再次赴邢台。乡亲们没啥招待总理的,只端来一碗水,水面上还落了一层灰。周恩来接过碗,吹了吹,一饮而尽。后来,这只周恩来用过的碗被村里的群众一直保留着……

群众利益在周恩来心目中占有极为重要的位置。他尽管日理万机,但仍然坚持到基层、到群众中去调查研究,为群众排忧解难。

当他得知北京市内公共交通拥挤不堪,影响群众上下班时,便亲自乘坐公交车在北京城转了大半圈,听取同车群众的意见,亲身体验群众的困难,获得了第一手资料。回来后,他指示有关部门提出具体措施,缓解了北京市公共交通拥挤问题。

在首都搞"十大建筑"的时候,人力物力都十分紧张,周恩来也没有忘记群众,要求在搞好建设的同时,注意解决人民的居住问题。

人民大会堂建成后,他还指示邀请原拆迁户参观人民大会堂,并请他们在人民大会堂看了一场电影。

关心"小人物"

1962年6月21日,周恩来首次视察大庆。

他一下火车,便与迎接他的会战指挥部领导和群众亲切握手,深情地说:"同志们辛苦了,你们工作做得很好!"随后驱车来到井场,健步登上钻台,与工人们亲切握手、问候、攀谈。

在和大家交谈中,周恩来发现现场一位司机正坚守岗位,无法近距离交谈,于是他弯下身,从众多的设备中间穿过去,来到那位司机身旁,紧紧握住司机那沾满油污、结着老茧的手。那位司机激动得久久不愿松开总理的手。

一位当班工人手上满是油污,不好意思地直往身上猛擦。周恩来主动上前紧握他的手,和蔼地说:"没关系,我也当过工人。"

对身边的服务人员,周恩来也尊敬有加。他曾多次对身边的服务人员说:"我们虽然分工不同,但都是为了革命,我们都是同志。"周恩来经常协助服务员工作,服务员为外宾削苹果,他也削;为外宾递烟,他就帮着擦火柴。有时还叫服务员检查他削的苹果符不符合要求。服务员有时不让周恩来动手,他就说:"我是总服务员!"

有一次,一位摄影记者为了拍下毛泽东会见外国元首的珍贵镜头,长镜头伸到了一位领导人的肩上。这位领导人索性一动不动,让镜头架在自己的肩上等待记者拍完。等他拍完,这位领导人才回过头来,朝他微笑。"啊!是周总理!"摄影记者大吃一惊,不好意思地想说什么。周恩来对他点点头说:"没关系,这有什么呢?"

青春寄语

邓小平说:"周总理是一生勤勤恳恳、任劳任怨工作的人。"

周恩来在担任总理期间,在处理内政、外交和大小公务活动中,他那强烈的公仆意识是无处不在的。正像他自己说的:"为人民服务就是要像春蚕那样吐完最后一根丝。"

鞠躬尽瘁、死而后已,全心全意为人民服务,把群众的安危冷暖时刻放在心上。周恩来用自己的言行,书写了一本生动、深刻的党性教科书。

他一生对人民奉献很多,向社会索取极少。他的大智、大勇、大仁、大爱,是极为宝贵的精神财富。

7 巾帼不让须眉
——岗位尖兵李素丽与宋鱼水的模范事迹

党的作风问题关乎党的形象。广大党员在平凡的岗位上默默无闻地工作。他们爱岗敬业，无私地奉献着自己的青春。他们用实际行动践行着全心全意为人民服务的宗旨。他们的工作赢得了群众的口碑，也宣扬着党的好形象。李素丽和宋鱼水就是其中的优秀代表。

李素丽，1962年生，北京市人，中共党员。1981年参加工作，先后任北京市公交总公司60路、21路公共汽车售票员，1993年荣获全国"五一"劳动奖章和"全国优秀售票员"称号，1994年被评为"全国建设系统劳动模范"，1996年起先后荣获"全国三八红旗手"、"全国职业道德标兵"、"全国杰出青年岗位能手"、"全国劳动模范"和"全国优秀共产党员"等称号。1998年调到北京市公交总公司负责"公交李素丽服务热线"。

宋鱼水，1966年生，山东蓬莱人，中共党员。1989年毕业于中国人民大学法学专业，进入北京市海淀区人民法院经济庭工作，先后任书记员、审判员、副庭长、庭长，现任海淀区人民法院党组成员、副院长。她先后荣立一等功两次、二等功两次，分别被最高法院和全国妇联授予"十大杰出青年法官"、"人民满意的好法官"、"全国模范法官"和"十行百佳"妇女、"全国三八红旗手"等称号，并荣获全国"五一"劳动奖章。

在平凡的岗位上树立不平凡的目标

1981年，对前途充满期望的李素丽高考落榜，悄然走上了北京60路公交汽车售票员的岗位。

父亲是公交车司机，常年的耳濡目染和言传身教，再加上党团组织的帮助，使年轻的李素丽对公交行业有了日渐清晰的认识，渐渐喜欢上了这项看似简单乏味、缺乏创造力的工作。尤其是当她的热情服务得到国内外乘客赞扬时，更感到自己平凡岗位的不平凡。

她暗暗为自己定下服务原则："礼貌待客要热心，照顾乘客要细心，帮助乘客要诚心，热情服务要恒心。"于是，三尺票台，十米车厢，二十公里往返路途，虽然日复一日、年复一年地重复报站、售票，李素丽却把这个小小的车厢经营得风生水起、其乐融融。

宋鱼水出生在胶东一个偏僻的小山村，小时候常常坐在田间地头听大人们聊家长里短，谁家被生产队少分了两捆柴，谁家儿媳妇受了婆婆的气……

从生产队的分柴、分粮活动中，她深刻感受到老百姓最大的期盼就是公平、公正。那时候她就梦想成为一个包公式的人物，为百姓排忧解难。

1989年，宋鱼水迈进了海淀法院的大门，实现了当法官的夙愿。面对与日俱增、纷繁复杂的案件，宋鱼水身着佩有天平法徽的黑色法袍，在庄严肃穆的法庭上，通过审判工作做到了"辨法析理，胜败皆服"，使法庭变成传播法律知识的"生动课堂"，化解社会矛盾的"调节器"。

以专业的精神服务群众

北京西站正式启用后，李素丽从60路调到了离家十几公里外的21路公交车上。

21路的乘客来自四面八方，有大量的国外游客、外地乘客、老弱病残孕乘客等。为了做到"话到、眼到、手到、腿到、情到、神到"，李素丽认真学习英语、哑语、外地方言，努力钻研心理学、语言学；利用业余时间走访、熟悉与21路相关联的复杂地理环境；多次到先进车组观摩学习；抱着孩子到处体验拥挤的车厢……

为了尽快弄清沿线的情况，她利用下班后的时间，一站站走访沿线街巷的机关单位，一步步丈量车站到附近主要单位的距离，再记在小本子上。回到家时，经常累得连腿都抬不起来了。

丈夫心疼地说："你注意点身体，别着急，把摸路的事放慢点。"

李素丽则回答："我抓紧多走几步路，不知多少乘客就能少走冤枉路。"

一个多月后，李素丽对沿线50条大街小巷和70多家单位的情况已经了如指掌。当乘客咨询该如何换乘、具体方位及需要步行的距离时，李素丽都能迅速给出答案，并用早已准备好的纸笔给乘客画路线图。

她潜心研究各种乘客的心理和需求，有针对性地为不同乘客提供周到满意的服务。遇到老幼病残孕，她搀上扶下；遇到早晨着急的上班族，她尽量等他们；遇到外地乘客，她百问不烦，到站提醒。为此她被乘客们誉为"老人的拐杖、盲人的眼睛、外地人的向导、病人的护士、群众的贴心人"。

"争当专家型法官"是宋鱼水为自己定下的目标。同事们都知道她的勤奋刻苦：茶余饭后，观摩开庭，讨论案件，考察交流……抓住一切可能的机会用来学习。同事、律师、专家，甚至当事人，无不成为她的老师。

干审判员，她在庭里结案最多；当副庭长，她成了审判疑难案、复杂案的"专业户"；任庭长，她要求大家"力求每个案件的审理都成典范，每份法律文书都成精品"。

中关村科技园区发生过一件某著名学者诉一家数字图书馆著作权侵权案。当时，对数字图书侵不侵权，法律没有明确规定，更没有审判参照。这起案件的审理不仅影响到当事双方的实际利益，而且事关中国数字图书馆的发展方向。

宋鱼水和她的同事们把探索法律前沿问题和数字媒体发展中出现的新问题融合在一起，查阅了大量国内外资料。他们认为，鼓励创造性的劳动更重要，尊重知识、尊重权利人的利益有利于科教兴国；数字图书公司不属于公益性，其行为侵犯了著作权人的信息网络传播权；随着互联网的广泛运用，数字使用方式会给著作权人带来更大的损害和影响……由此最终判决构成侵权。这个案例当年被评为全国十大著作权侵权案之首。

像这样"全国首例"、"全国第一"的案件，宋鱼水和她的同事们办理了多起。骄人业绩的取得，无疑是与宋鱼水和她的同事们的求知探索精神分不开的。

一名记者问她有没有想过转行当律师，她毫不犹豫地回答："一个优秀的律师可能有百万财产，一个合格的法官只能有清白朴素的生活，我更愿意做一名合格的法官。"

以高尚的品格影响社会

回首法庭上下，看似铁面无私的场所，势不两立的对立方，却被宋鱼水高超的调解艺术变得春风化雨、温情无限。

在宋鱼水看来，调节可以使双方当事人利益实现最大化，社会财产损失最小化；调解是一门艺术，是法官对当事人情感和心理的一种把握，是公正与善良的艺术；法官要研究当事人心理，多一点关爱，多一点理解。

根据海淀区法院统计，70%以上经宋鱼水接手的案件都是以当事人自愿接受调解而告终。她就像高级调理师，使表面看似不可能变为实际的可能，使积怨已久的当事人在法庭外握手言和。

一位律师感慨道："两个冤家死对头重新走到了一起成为盟友，这样的结果远远超出了对案件判决的意义，成为法院化解社会矛盾的典范。"

当众多荣誉涌向宋鱼水时，她平淡地一笑："快乐的源泉不是荣誉，更重要的是人民群众的信任。荣誉或许会枯竭，信任是无言的丰碑。作为法官，必须把司法的公正、司法的温暖，用自己的行动传达给百姓，让他们正确对待裁判，理智接受输赢。"

宽容、理解、耐心、尊重是宋鱼水在审判实践中练就的职业品格。

再回望一番车厢内外的李素丽。她每天都会提前一小时赶到车队，做好各项准备。她的车厢总是漂亮整洁，彩旗挂满四周，玻璃明亮照人，扶手一尘不染。车上常年备有方便袋、方便钩、小药箱、小孩的坐垫、报刊杂志等，"乘客之家"四个大字透射出实实在在的内容。她的言行感染和影响了无数乘客。

李素丽亲自带了50多个徒弟，大多成了车组的骨干。专程来乘坐她的车体验服务的乘客越来越多。无数人向她学习，爱岗奉献精神遍地开花。

崇文区第二人民医院保健科杨秀敏大夫在儿子6个月大时，开始乘坐李素丽的车，一坐就是10年。由于长期受李素丽优质服务的感染，她也开始提高自己的服务水平。孩子大都哭着不肯打预防针，她就自己做了不少小玩具，一边让孩子玩，分散注意力，一边给孩子打针。有些父母白天上班没空带孩子去医院体检，她就上门服务。1995年世界妇女大会期间，杨秀敏听说李素丽的女儿患肺炎住进医院而无家人照看，就几乎天天都去医院帮忙照顾。

一家塑料包装厂的工会主席孙师傅和杨秀敏是"车友"，她逢人就念叨："不知咋的，自认识李素丽后，我心里老想着像她那样往外掏掏自己的真情。"

当党组织和乘客给李素丽多项荣誉和赞誉时，她只有简单的两句话："我在售票员这个平凡的岗位上实现着自己的理想和人生追求。我永远属于我的乘客，属于我的岗位。我的服务能使乘客满意胜过任何荣誉。"

"每一条公共汽车的线路都有终点站，但为人民服务没有终点站。我会永远用自己的真情和奉献同大家一起走向明天！"李素丽如是规划了自己一生的工作目标。

习近平同志指出，精神的力量是无穷的，道德的力量也是无穷的。……长期以来，各地区各部门按照中央要求，不断推进公民道德建设，弘扬中华

传统美德,培育时代新风,中华大地涌现出一大批道德模范、最美人物。

李素丽和宋鱼水,爱岗敬业的模范标兵,看似平凡的岗位却因为她们而变得崇高。

她们把全心全意为人民服务作为自己的人生追求,将别人认为琐碎的工作变成了一曲曲爱的乐章。

李素丽春风化雨般的服务,宋鱼水化干戈为玉帛的艺术,都是一个共产党员党性的自然流露。

这不仅是一种胸怀,更是一种情操。

8 他们，感动中国
——医界楷模吴孟超和钟南山的仁爱之心

在我国医学界有两位祖籍同是福建的杰出医者。两人同为院士，一位是科学院院士，一位是工程院院士。他们就是吴孟超和钟南山。

吴孟超，1922年生，福建闽清人，著名肝胆外科专家，中国科学院院士，现为第二军医大学东方肝胆外科研究所所长，中华医学会副会长。国家最高科学技术奖获得者，我国肝脏外科的主要创始人。

钟南山，1936年生，福建厦门人，呼吸系统疾病专家，中国工程院院士，中华医学会会长，中国治疗呼吸系统疾病的领军人物。

他们在各自的医学领域里取得了非凡的成就。作为医生，他们全神贯注地面对每一个鲜活的生命，将无数患者救离死亡线；作为前辈，他们以求实、严谨的科学态度，为同行及后辈树立了一座座丰碑；作为共产党员，他们全心全意为人民服务、忘我地工作和廉洁自律的工作作风，无愧于党旗下的誓言。

正是在他们身上展现出的爱党爱国爱民的伟大情怀，使得他俩分别被选为2011年和2003年感动中国人物。

不同的经历，不变的精神

新中国成立初期，我国医疗技术比较落后，肝脏手术在国内被视为禁区。由于人种和生活饮食特点，我国的肝癌患者占了世界同类疾病的一半以上，然而肝癌手术的成功率却基本为零。

曾有一位到访的外国专家宣称，中国肝胆外科要想达到世界医疗水平，至少需要二三十年。

这番定论深深地刺痛了吴孟超。他从制作肝胆的解剖模型开始，夜以继日地揣摩、研究、实践。

可以说，没有任何人比吴孟超更熟悉中国人的肝脏。他突破了以前把肝分成左右两叶的说法，创造性地提出"五叶四段"肝脏解剖新理论。

时至今日"五叶四段"一直作为医学院校指定的解剖诊断标准。

这一杰出贡献使吴孟超成为我国肝胆外科的开拓者和主要创始人，并逐渐建立了我国肝脏外科理论技术体系和学科体系。

这种坚忍不拔的精神同样流淌在钟南山的血液里。改革开放后，为了学习国外的先进技术，已经43岁的钟南山去英国访学。

按照当时英国的法律，中国的医生资格在英国并不被认可，他受到了英国导师弗兰里教授的歧视。在写给他的一封非常不礼貌的信中，弗兰里限定他在英国只能待8个月，没有必要待两年。

钟南山原本兴奋的心情被当头泼了一盆冷水。为了证明自己的能力，钟南山决定开始进行"一氧化碳对人体影响"的研究。

为了取得第一手数据，他拿自己做试验：让护士帮他抽血，然后自己吸入煤气，并逐渐把煤气浓度提高……前后抽了八百多毫升的血后，钟南山终于把研究曲线做了出来。

这个实验不仅验证了弗兰里教授的一个演算公式，同时还发现其公式存在的瑕疵。

导师看了非常高兴，非常敬佩钟南山严谨的科学态度，并告诉他如果愿意，可以一直在这儿工作。

对患者的仁爱之心

在长达60多年的肝胆外科职业生涯中，吴孟超几乎每天都工作在手术台上，那双神奇而灵巧的手为14000多名肝病患者解除了病痛。

对病人来说，吴孟超不仅有一双神奇灵巧的手，还有一颗仁爱的心。每次接诊，他都对病人亲切微笑，聊聊家常，拉近与病人的距离。虽然这里的病人绝大多数具有传染性，但吴孟超经常亲切地拉着病人的手问诊。

遇到冬天天冷时，他总是先焐热自己的双手，才去触摸病人的身体。为了感知患者的体温，他经常用自己的额头来触碰患者的额头。

做完检查，他不忘为病人拉好衣服，掖好被角，系上腰带，顺手还会把病人的鞋子放到方便穿的地方。

耄耋之年的吴孟超只要有时间，一天还要上三台手术。2005年冬天，吴孟超被推荐参评国家最高科技奖。上级派人对他进行考核，确定第二天上午和他谈话。医院考虑到这是件大事，取消了他原定的手术。吴孟超得知后，坚持手术不能推迟。

考核组的同志很多人都想知道：这是个什么重要的病人？吴老竟然放弃这么重要的会议坚持手术。

事后吴孟超说："一个河南的农民，病得很重，家里又穷，乡亲们凑了钱才来上海的。多住一天院，对他们都是负担。实在抱歉，让你们久等了。"

吴孟超处处为病人着想，从不让病人多花一分钱。他说："用器械咔嚓一声一千多元，我用手缝合分文不要。"在患者眼里，这位慈祥的老人就是他们的救命恩人。

同样每天工作在医疗一线的钟南山，他的"奉献、开拓、实干、合群"精神，被同事们亲切地誉为"南山风格"。

一个广东台山的小孩来就诊，钟南山考虑到病人家里的实际情况，特意在病历上写上这样一句话:"病人经济已有困难,请尽量只做必要的检查。"他想人之所想,不愿意给病人的家庭增加更多的负担。

无论什么人,只要找到钟南山看病,都会得到认真对待。而钟南山只要接诊了病人,就会负责到底。每周四下午是钟南山出专家门诊的日子,这也是他雷打不动的规矩。

问起钟南山教授在百忙之中为什么开专家门诊,他平静地说:"不管是院士还是院长,我首先是个医生。"

严谨的科学态度

吴孟超和钟南山在对待科学的态度上都是一丝不苟,坚持实事求是的原则。

一次,医院按照惯例组织病例讨论大会,所讨论的病例是因并发症而死亡的患者,正是吴孟超的病人。

有位医生发言时,为了不伤吴孟超的面子,故意强调病人的身体状况,却被他当场打断。

吴孟超当着几百名医生的面坦言:这个病人的死因跟我们手术过程中的操作失误有关系。

吴孟超著名的"主任查房"让很多医生害怕。他不会放过病例上的每一个错字、化验单上的每一个数据,最讨厌别人说"差不多"、"好像是"。

在他身边工作的工作人员都对吴孟超的严谨作风印象深刻。吴孟超对每一台手术都毫不懈怠。不论患者什么身份,不论病情轻重,不论患者的CT、核磁共振等影像检查结果多么精准,手术前一天,他都要再和辅助检查科室的医生做一次术前检查;对病灶要充分了解,以便做到心中有数,万无一失。

每当遇到病情比较复杂的患者时,吴孟超都会召集专家会诊。一次会诊没有将问题全部解决,就再会诊。直到对病情充分了解,达成共识后才制定治疗方案，决不允许有含混之处，目的是要尽最大努力把所有可能的因素都想到。直到把各种应对措施都制定好，他才会上手术台。

钟南山对待科学同样坚持实事求是的态度。这也让他获得了"非典战士"的赞誉。

2003年初，一种人类从没有见过的疾病——传染性非典型肺炎开始在广东部分地区迅速传播开来。

2月18日，权威检测机构通过检测得出结论，在广东送去的这两例死亡病例的肺组织标本切片中，发现了典型衣原体。于是在他的主持下，开始使用抗生素来进行治疗。

同日下午，广东省卫生厅专门召开紧急会议。轮到钟南山发言时，他依据大量的事实和临床症候表现，不同意典型衣原体是非典型肺炎病因的观点，认为典型衣原体可能是致死的原因之一，但不可能是致命的原因。通过充分论证后，会议最后采纳了钟南山的意见。

会后，有人不无担心地问钟南山，是否会因为自己院士的身份而面对挑战时有所保留。钟南山坦然地说："科学只能实事求是，不能明哲保身，否则受害的将是患者。"

3月6日，钟南山在媒体上表达了对衣原体致病说的质疑，旗帜鲜明地指出：按衣原体思路进行治疗的方案是无效的。

在钟南山等专家严谨的科学实验与论证下，广东省政府采纳了他的意见，果断地采取了积极防御措施和治疗方案，赢得了时间和主动权。

2003年清明节左右，有权威声音说，疫情"已经得到控制"。钟南山认为在病原体未明，没有找到对病原处理方法的情况下，不宜用"有效控制"的说法，用"有效遏制"比较客观合适。

虽然仅一字之差，却反映出一位科学家对待科学的严谨和对国家、人民高度负责的态度。

钟南山充分表现出了一个科学家应有的良知和勇气。他的"实话实说"促进了"非典"治疗的国际协作，加快了对这一疾病的控制速度。

  吴孟超和钟南山对待科学实事求是、对病患负责的工作作风,使他们分别赢得了"中国肝胆第一人"和"抗击非典第一功臣"的美誉。

  仁爱之心是医者的精神根本,是医疗事业的基石。正是吴孟超、终南山等杰出的医者将其发扬光大,成为中华民族道德丰碑中的一块块基石。

  习近平同志说,国无德不兴,人无德不立。……只要中华民族一代接着一代追求美好崇高的道德境界,我们的民族就永远充满希望。

9 人民利益至上
——"八个坚持、八个反对"践行记

2001年9月,党的十五届六中全会审议通过《中共中央关于加强和改进党的作风建设的决定》,明确提出加强党风建设的主要任务是全面贯彻落实"八个坚持、八个反对"。

"八个坚持、八个反对"是:坚持解放思想、实事求是,反对因循守旧、不思进取;坚持理论联系实际,反对照抄照搬、本本主义;坚持密切联系群众,反对形式主义、官僚主义;坚持民主集中制原则,反对独断专行、软弱涣散;坚持党的纪律,反对自由主义;坚持清正廉洁,反对以权谋私;坚持艰苦奋斗,反对享乐主义;坚持任人唯贤,反对用人上的不正之风。

"八个坚持、八个反对"的提出,反映了以江泽民同志为核心的党的第三代中央领导集体对加强党的作风建设的深刻思考,既是经验总结,也是努力方向。这其中至关重要的是密切联系群众。

江泽民同志等党和国家领导人在体察民情、了解民意、集中民智、珍惜民力中,诠释着共产党人优良工作作风的真正内涵。

体察民情

　　体察民情是密切联系群众的基础，通过体察民情，了解人民群众的真实想法和具体情况，可以更加实事求是地、有针对性地制定党和国家的方针政策。

　　1997年3月14日，原四川省重庆市、万县市、涪陵市、黔江地区合并，恢复重庆直辖市的议案在第八届全国人民代表大会第五次会议上审议通过。

　　重庆是个老工业基地，农村人口占总人口的80%，而其中又有相当比例的贫困人口，同时还肩负着三峡工程移民的重任。

　　重庆成立直辖市一年后，其发展情况怎样？人民的生产、生活如何？一直是江泽民同志十分关心的事。他说："我一定要来看一看。"1998年4月13日，江泽民同志飞抵重庆。

　　第二天，江泽民同志来到重钢集团下岗职工曾寒波家中。曾寒波在家门口开了一间羊肉汤锅小吃店。

　　江泽民同志一一询问小吃店的经营情况：小吃店卖什么、收入如何等。曾寒波回答道：一桌汤锅只卖二三十元，来店里吃饭的客人不少，算下来每个月大概有一两千块钱的收入，日子过得还不错。

　　江泽民同志听后，非常高兴，赞扬他们为国家和工厂分了忧，很好！

　　他又对随行的负责同志说，一定要鼓励下岗职工转变观念，把企业、社会和职工个人的积极性充分调动起来，切实做好下岗职工再就业这项工作。

　　同样让江泽民同志牵挂的是三峡工程建设中百万移民的生活情况。江泽民同志乘船来到涪陵，然后沿着新修的移民扶贫公路——涪丰公路，一路东行，来到了南沱镇的连丰移民新村。

　　村民们围在村口，翘首等待着总书记的到来。终于，有人喊道"总书记来啦"，人群中顿时沸腾起来。江泽民同志来到人群中，热情地与村民们打招呼。这时，村支书迎了上来，紧握住江泽民同志的手，并把他请进了办公室。办公室的墙上挂满了各种规划图。江泽民同志一边看着图纸，一边听着村支书的介绍：经过一年多的努力，三峡水库淹没地段的村民大都盖起了新房，一个新的连丰村已基本建成。

江泽民同志边听介绍边点头，对南沱镇的新村建设非常满意。当他得知通过移民，全村的集体经济也得到发展时，说："这可是件好事呀，集体经济发展了，就有钱为老百姓办点事。"

了解民意

了解民意是密切联系群众的前提，通过认真倾听群众呼声，了解群众意愿，避免工作的盲目性和片面性。

信访工作是了解民意的重要渠道。1990年3月，党的十三届六中全会通过的《关于加强党同人民群众联系的决定》强调："各级党组织要十分重视群众来信来访。对于群众反映的情况，要认真研究分析，区别情况，正确处理。需要查处的，应提交或责成有关机关查证核实处理。"

每年都有四五十万件群众来信来电寄往中央信访工作部门。针对这件事情，中央领导提出了明确的要求：对群众的来信来电要根据具体情况采取不同的措施，或呈送给相关领导同志查阅，或转交给相关部门研究解决等。同时，还反复强调要重视这项工作，否则就会损害党同人民群众的关系。

时任国务院总理朱镕基在第四次全国信访工作会议上接见与会代表时提出："重视和关心信访工作，是我们党的优良传统和作风。"

他还讲道，1994年人民群众直接写给他个人的信就有一万多封。1995年也同样如此，每个月他仍会收到近千封人民群众的来信。

虽然处理群众来信是非常繁重的工作，但他还是希望尽可能多地阅读群众来信，工作再忙也要倾听群众的声音。

朱镕基认为，这不但涉及我们党和群众的关系，也攸关我们党的生死存亡。

我们党是否倾听群众意见、帮群众办事、为群众服务，是一个事关党的宗旨和生命的根本性问题。

集中民智

　　集中民智是密切联系群众的重要环节。党的事业只有依靠人民群众的聪明才智和伟大创造力，才能获得不竭动力。

　　2000年10月，党的十五届五中全会通过了《中共中央关于制定国民经济和社会发展第十个五年计划的建议》。这是指导我国新世纪初社会主义现代化建设的纲领性文件。

　　为了制定一个既具有时代特征、符合市场经济要求，又能更好地体现广大人民群众根本利益的五年计划，江泽民同志亲自主持，连续十二次听取了有关方面的专题汇报，又到各地进行调研，广泛征求各方建议。

　　为了进一步扩大社会参与度，从2000年10月23日起，国家计委同相关新闻单位联合开展了"十五"计划征文活动，就编制"十五"计划向社会公众广泛征集意见和建议。

　　广大工人、农民、军人、学生、教师、科技工作者、企业家、公务员、专家学者、离退休干部以及海外华人等，纷纷慷慨献言，参与国家大计的制定。

　　据统计，截至2001年1月31日，累计收到信件11028封、电子邮件1256件、电话500多人次，高峰期一天就有上千封来信。《经济日报》《光明日报》《工人日报》等参与该计划征文的报社也收到了5200多封稿件。

　　来信来函的内容涉及经济社会生活的方方面面。人民群众参与制定国家大政方针的热情十分高涨，纷纷献计献策。

　　国家计委和有关单位专门成立了工作小组，对每封来信都认真进行登记、编号、分类，并对有价值的建议予以采纳。

珍惜民力

珍惜民力是密切联系群众的基本要求。

人力、物力、财力是非常宝贵的资源，必须十分珍惜。特别是在那些欠发达地区，经济发展水平不高，群众生活还比较困难，更需要格外珍惜民力。绝不能动辄集资，加重群众的负担；动辄"以工代赈"，建设一些有名无实的"工程"，浪费群众的人力；动辄就搞什么好大喜功、不切实际的"万亩果园"、"万头猪场"、"万亩蔬菜"等等。

为了缩小东西部的差距，实现共同富裕，1994年党中央国务院提出并决定实施国家"八七扶贫攻坚计划"。该计划力争到2000年基本解决当时全国农村8000万贫困人口的温饱问题。

这个计划为下一步扶贫指明了目标、对象、措施和期限，成为新中国历史上第一个扶贫开发行动纲领。它特别强调由道义性扶贫转向制度性扶贫、由救济性扶贫转向开发式扶贫、由扶持贫困地区转向扶持贫困人口。通过重点发展那些低投入高产出、有助于直接解决农村群众温饱问题的种植业、养殖业等产业，真正实现扶贫解困。

为全面部署实施国家"八七扶贫攻坚计划"，国务院于1994年2月28日至3月3日在北京召开了全国扶贫开发工作会议。

江泽民同志在会上讲话指出，只要各级领导干部心里始终想着贫困地区，和群众同甘共苦，坚持邓小平同志建设有中国特色社会主义理论和党的基本路线，在国家的必要扶持和社会各界的帮助下，立足实际，开发扶贫，持续奋斗，讲求实效，"八七扶贫攻坚计划"就一定能实现。

会议强调扶贫开发要发扬自力更生、艰苦创业的精神。扶贫县在完成解决群众温饱问题这一任务之前，坚决不买小汽车，不建宾馆和高级招待所、不盖办公楼，不搞县改市。这既是纪律，也是一种精神。要用这种卧薪尝胆的精神取信于民，激励民众，实现扶贫攻坚的任务。

智力扶贫、文化扶贫、春蕾计划、希望工程节节开花，我国的扶贫方式从政府自上而下的单一扶贫，变成了全社会共同参与。

2001年5月，国家"八七扶贫攻坚计划"中"吃饱饭，穿暖衣"的目标基本实现。经过几代共产党人的努力，第三代中央领导集体带领人民群众实现了这个东方大国的千年梦想。这是中华民族历史上的一个壮举，也是对世界做出的巨大贡献。

青春寄语

工作作风是党的作风的重要组成部分，是展现党风的窗口。

习近平同志说，我国革命、建设、改革的历史反复证明，只有制定符合实际的政策措施，采取符合实际的工作方法，党和人民事业才能走上正确轨道，才能取得人民满意的成效。

"打铁还需自身硬"，只有坚持人民利益至上，密切联系群众，体察民情、了解民意、集中民智、珍惜民力，切实维护广大人民群众的根本利益，才能使我们党始终以优良的党风赢得人民群众的信赖和拥护。

10 照镜子 正衣冠 洗洗澡 治治病
——全党开展群众路线教育实践活动

群众路线是党的生命线,是中国共产党在长期的革命和建设历程中形成的一切为了群众,一切依靠群众,从群众中来,到群众中去的领导作风和工作方法。

习近平总书记反复强调:"抓作风建设,首先要从中央政治局做起,要求别人做到的自己先要做到,要求别人不做的自己坚决不做,以良好党风带动政风民风,真正赢得群众信任和拥护。"

2013年,中共中央决定,从当年下半年开始,用一年左右时间,在全党自上而下分两批开展党的群众路线教育实践活动,以加强党的作风建设,集中解决党内存在的"形式主义、官僚主义、享乐主义、奢靡之风"等严重脱离群众的问题,"对作风之弊、行为之垢来一次大排查、大检修、大扫除"。

习近平等中央领导同志身体力行、亲力亲为。七常委分别在第一批活动中联系一个省区,第二批活动中联系一个县,全程指导,示范带动。

真抓实干——狠刹形式主义

搞好作风建设的重要一环就是真抓实干,狠刹形式主义歪风。可以说,

"真"和"实"是此次作风建设最鲜明的特点。

"只有实干，才能走在前列。"从习近平同志的地方执政履历中，可以看出他一贯强调真抓实干的作风。他在河北、福建、浙江、上海等地任职期间，几乎跑遍了所有辖区。到中央工作后，更是足迹遍布全国每个角落。

习近平同志外出考察时要求地方不能"导演"，不搞"培训"，决不允许弄虚作假，力求见真群众、摸真情况。

他外出考察时，总是选择到特困地区和贫困家庭中去，从而摸清真情实况，切实帮助落后地区和困难群众早日脱贫致富。

2013年2月2日到5日，习近平同志到甘肃中部的定西、临夏等地的特困地区考察，去看望老党员和困难群众。来到困难群众家中，他同乡亲们手拉手唠家常，询问粮食够不够吃，低保有没有保证，看病有没有保障，孩子有没有学上，年货有没有备好……

2014年1月26日到28日，在零下30多度的严寒天气下，习近平同志到边陲地区内蒙古兴安盟阿尔山市慰问林区和棚户区的困难群众。他踏雪走进一户群众家中，看着一家6口挤在38平方米简陋平房里。他察看地窖，摸摸火墙，坐在炕头，了解群众的实际困难，叮嘱相关干部要抓紧改造棚户区。

2015年1月19日，习近平同志到曾经的地震灾区云南鲁甸考察。在查看灾区板房学校时，他关心地问，"安置好没？能不能吃上一口热饭？孩子有没有学上？生病能不能治疗？能不能尽早搬进新居？"走进受灾群众居住的帐篷，他伸手摸了摸棉被，问"暖和不暖和"；到公共厨房，还揭开锅盖，问"菜是自己买吗，是否便宜"。

国家行政学院教授汪玉凯认为，习近平同志的这些考察细节与他求真务实的工作作风一脉相承。"不单是听取汇报，而是通过自己看灾区，摸棉被、揭锅盖，去了解老百姓真实的生活状况如何，是为了更好地体察民情、听取民意。"

习近平同志说，基层的形式主义，根源不在下面，而是上行下效。形式主义空耗资源、折损公信力。不办实事，老百姓的信任感就会降低。以习近平同志为核心的新一届中央领导集体真抓实干,以身作则,狠刹形式主义不正之风。

亲民爱民——杜绝官僚主义

我们党历来反对官僚主义,倡导亲民爱民。

早在延安整风时期,毛泽东对官僚主义深恶痛绝,曾形象地把其比作泥塑的神像,说它是"一声不响,二目无光,三餐不食,四肢无力,五官不正,六亲无靠,七窍不通,八面威风,久坐不动,十分无用",并号召全党"把官僚主义这个极坏的家伙抛到粪缸里去"。

官僚主义不除,势必侵蚀党的肌体,疏离党同群众的血肉联系。党的十八大以来,新一届中央领导集体身体力行,以亲民爱民作风赢得了人民群众的好评。

有过知青经历的习近平同志在不同场合反复讲"千万不要忘记政府前面的'人民'二字","像爱自己的父母那样爱老百姓",对人民的挚爱之情溢于言表。

习近平同志不止一次给普通群众回信。每次收到群众来信后,他都会亲笔签名予以回复,表现出一个党和国家领导人时刻关注基层的亲民之情。

在地方调研时,习近平同志同样保持着一贯的亲民爱民作风。在河北省考察时,他和困难群众一起盘腿坐在炕上和他们拉家常,对生病的群众还会亲切询问他们吃什么药,鼓励大家一块努力,争取日子越过越好。一位农民激动地回忆道,习总书记还问他家里的电视能看几个台、电话能不能打长途,一点架子都没有。

亲民爱民也蕴含着对人民的尊重。李克强同志参加十二届全国人大一次会议湖南代表团审议时,发生了这样一段"插曲":他在发言时,突然有一位人大代表打断他的讲话。为了审议进程得以继续,工作人员几次想出面提醒这位代表。李克强同志不仅制止了工作人员,认为发言权是人民代表应有的权利，而且在这位代表发言结束之后，带头为他鼓掌。

李克强接地气的语言风格彰显着他的亲民爱民风范。"治理雾霾不能等风盼雨"、"要贴近老百姓的GDP"、"干一寸胜过说一尺"、"使明规则战胜潜规则"等一系列朴实的语言拉近了与群众的距离。在与李克强总理近距离座谈后，联合国艾滋病规划署社会动员与合作顾问周凯博士称赞"李克强总理是个充满智慧、非常亲民的人"。

吃苦耐劳——抵制享乐主义

"忧劳可以兴国，逸豫可以亡身。"享乐主义盛行是一个政党走向衰亡的起始，表现在工作作风上就是怕苦怕累，贪图安逸。一代代共产党人以"吃苦在前，享受在后"为准则，树立起了吃苦耐劳、艰苦奋斗的精神丰碑。

在我们身边，不乏这样的党员：他们吃遍所有的苦，只为换来百姓最多的甜；如同基石，撑起了党执政为民的大厦；也为群众路线教育实践活动提供了最好的素材。

陈家顺是云南省曲靖市沾益县人力资源和社会保障局副局长，任职后积极组织家乡农民到浙江义乌等地务工。2007年，他担任沾益县人社局义乌劳务工作站站长。但麻烦事接踵而来，群众反映出去打工后的情况和之前宣传的不一样，陈家顺因此成了他们的"出气筒"，甚至被人指着鼻子骂："你收了老板多少钱来合伙骗我们？"

为了把真实的用工信息传达给群众，为了获得第一手材料，陈家顺扮演求职者，以农民工身份去面试。从2007年9月起，陈家顺先后深入五家用工企业"卧底"打工，当过操作员、仓库保管员、养过猪、干过装卸工，还当过民办学校教师。

一次，他"卧底"到一家养殖场，被安排到最脏最差的病猪栏干活。死猪的恶臭味常常令他恶心呕吐，吃不下饭。他说："那时最受不了难闻的气味，开始两天连饭都吃不下，直到一周后才基本适应。每天最辛苦的事情就是清洗猪舍，刚开始要花三个小时才清洗完。"

在"卧底"经历中，有时，他白天要站上12个小时，下班时疲惫得连腿都迈不开……但他选择了坚持，先后为农民工提供了180多家用工情况良好的企业信息。人们感动地称他为"卧底局长"。

勤俭节约——力戒奢靡之风

力行节俭、力戒奢靡一直是我党的优良传统和作风。

2013年1月，习近平同志在十八届中央纪委二次会议上告诫各级领导干部，"要坚持勤俭办一切事业，坚决反对讲排场比阔气"，抵制奢靡之风。

3月，李克强同志在答记者问时表示："要用简朴的政府来取信于民，造福人民。本届政府任期内，政府性的楼堂馆所一律不得新建，财政供养的人员只减不增，公务接待、公费出国、公费购车只减不增。"

6月，中央政治局召开专门会议提出，要统筹制定领导干部的工作生活待遇标准，落实不赠送、不接受礼品的规定，切实解决违反规定和超标准享受待遇的各种问题。这些都表明了新一届领导集体力戒奢靡之风的坚定决心。

2012年底，习近平同志在河北阜平考察时，与身边的工作人员一起用餐：四个热菜是红烧鸡块、阜平炖菜、五花肉炒蒜薹、拍蒜茼蒿；一个猪肉丸子冬瓜汤；主食是水饺、花卷、米饭和杂粮粥……还特别交代不上酒水。

习近平同志在住宿上同样不求奢华。本来可以安排到一家条件较好的旅馆，但习近平同志却选择住到一个只有16平方米的小套间。房内家具陈旧，卫生间瓷砖开裂。他笑着对当地人说，这样挺好的，不必讲究。

2013年4月20日，四川省雅安市芦山县突发七级强烈地震。震后8小时，李克强同志的身影就出现在震中龙门乡。

网上有一张被网友们称为"总理的早餐"的图片：在震区临时搭建的帐篷里，总理坐在一张简易的凳子上。他一手端着稀饭，一手正在用筷子夹榨菜。面前的小圆桌上，只放了一瓶矿泉水。

有网友评论道，这时灾区已经有了一些救援物资，总理完全有可能吃个丰盛一点的早餐。或许是为了节约时间，争取早日把救援物资送到灾区人民的手里，我们的总理选择了吃最简单的早餐……

"没有一种力量，比来自群众更强大；没有一种根基，比根植群众更坚实。"

密切联系群众，是我们党最大的政治优势；脱离群众，是我们党最大的危险。

如果"四风"蔓延，最终必将导致失去人心。党的群众路线教育实践活动剑指"形式主义、官僚主义、享乐主义、奢靡之风"。

在第一批群众路线教育实践活动中，普遍清理了超配超标公车、超标办公用房。兼任多个职务的领导干部普遍只留一处办公用房，普遍取消违规配备的"O"牌车和军警牌号车。

坚持"照镜子、正衣冠、洗洗澡、治治病"，必能将这"四风""照"得细致，"正"得完美，"洗"得干净，"治"得彻底，为实现中国梦凝聚起亿万人民的磅礴力量！

伍

为官清正，做人清白
——中国共产党的生活作风

> 夫君子之行,
>
> 静以修身,俭以养德。
>
> 非淡泊无以明志,非宁静无以致远。

诸葛亮《诫子书》里这段话的大意是:有道德修养的人,依靠内心安静修身养性,依靠俭朴作风培养品德。不看轻世俗的名利,就不能明确自己的志向;不身心宁静,就不能实现远大的理想。

生活天地间,品德无小事。生活作风反映着思想作风,体现着领导作风,是中国共产党人在日常生活中形成的生活态度和行为模式,是共产党员思想品质、道德观念、文化素养的综合反映。

90多年来,中国共产党人以崇高远大、矢志不渝的理想,艰苦奋斗、无私奉献的品质,直面困难、不屈不挠的勇气,乐观坚强、积极向上的态度,高雅健康、求真尚美的情趣,给我们展示了一幅幅真善美的生活画卷,让人们看到了共产党员鲜活的人生和高尚的人格。

2014年1月26日至28日,习近平同志在内蒙古自治区调研时强调,全党同志特别是领导干部一定要讲修养、讲道德、讲廉耻,追求积极向上的生活情趣,养成共产党人的高风亮节,做到富贵不能淫、贫贱不能移、威武不能屈。

《潮》 詹建俊绘

1 红米饭，南瓜汤，金丝被儿盖身上
——井冈山上的艰苦生活

1927年，轰轰烈烈的大革命失败了，中国到处都是反革命屠杀的腥风血雨，全国上下一片白色恐怖。

秋收起义受挫后，毛泽东改变了攻打大城市的计划，率领部队开进地形复杂、位置偏僻、物产贫瘠的井冈山，开辟了中国第一个农村革命根据地。

"天作房，地当床，盖的金丝被（稻草），吃的红米南瓜汤"，就是红军井冈山生活的真实写照。

"什么人都是一样苦"

毛泽东带着部队上山后，首先面临的就是上千人的吃饭问题。

后来，朱德率部上山与毛泽东会师，组成中国工农红军第四军。部队壮大为三个师九个团，加上妇女和孩子，总人数近万人。每个月需要40多万斤粮食。

可是，井冈山是一个生产力水平极其低下的地区，长期以来"人口不满两千，产谷不满万担"。如何让大家有饭吃，成为一个非常突出的问题。

那时，从军长到士兵，每人每天只有五分钱的伙食费，大家几乎天天吃

的都是红糙米和南瓜。开饭时,一锅是饭,一锅是南瓜,每个班各装一盆,大家就围在一起吃。

敌人围山的时候,外面的粮食运不进来,就只能吃煮南瓜。有时连南瓜都难以为继,就只有以野菜充饥。由于营养不足,许多战士出现打摆子、拉痢疾的情况。有的人身体开始浮肿,腿上一摁就是一个坑。

有一天吃饭时,毛泽东发现战士们的情绪有些异样,三三两两议论纷纷。原来部队又缺粮了,而炊事员挖来的野菜太苦,大家实在吃不下去。炊事员无奈地对毛泽东解释:"天冷了,许多野菜都枯死了,只有这几种苦菜还能吃。"

毛泽东明白了。他来到战士们中间,端起碗夹着野菜大口大口地吃起来,一边吃一边说:"这种苦菜是比较苦的,可是它有丰富的政治营养。吃了它,我们干革命就不怕苦,我们一定能够战胜困难。"战士们受到鼓舞,也都跟着有说有笑地吃起来。

除了吃饭问题,红军穿衣盖被也很困难。战士们没有统一的军服,身上穿的是百家衣,脚上穿的是草鞋。有的人甚至连草鞋都穿不上,只能打赤脚。衣服常常在打仗和训练时撕破,战士们找不到布补,只好拆东墙补西墙,撕下裤腿补裤裆。这样撕来撕去,长裤变成了短裤,长袖衫也成了短袖衫。

寒冷的冬天到了,战士们没有棉衣,只能穿着破烂的单衣;没有棉被,就钻到稻草堆里睡觉。有时候能搞到一条由两层布缝起来的"夹被",战士们就把稻草塞到里面,这便是他们最舒服、最漂亮的被子了。实在冻得睡不着了,战士们就起来跑步、操练、烤火,让身体暖和一些再睡。后来,部队想方设法买到一些棉布、棉花,让大家自己缝制棉衣。

朱德也和普通士兵一样,穿着补丁摞补丁的破旧衣服,打着褪了色的旧绑腿。许多老百姓和士兵第一次看见他时,压根没想到这副打扮的人会是军长。大家都以为他是个马夫或者伙夫。朱德毫不介意,还常常以"伙夫头"自居。

前委书记陈毅曾经在给党中央的报告中写道:"红军的官兵物质享受一样,所以官兵不能有什么分别。群众及敌兵俘虏初看见大名鼎鼎的四军军长那样芒鞋草履十分褴褛,莫不诧异。若不介绍,至多只能估量他是一个伙夫头,同时到现在'伙夫头'三个字恰成了四军军长的绰号。"

自力更生渡难关

由于敌人的严密封锁,食盐、布匹、药材等许多日用必需品几乎断绝。为了渡过危机,广大军民积极开动脑筋想办法,自力更生地解决了许多困难。

盐是最为稀缺的物资。一般的食盐买不到,大家就自己动手熬制硝盐:首先把老房子、老墙面上的土刮下来,放在水缸里浸泡几天;再把这些水倒在锅里熬煮;熬好后,锅底就出现了一层白白的结晶体。这就是硝盐。虽然硝盐吃起来又苦又涩,但是南瓜汤里只要有一点咸味,味道就好多了。而且,长期不吃盐会引起浮肿,有了硝盐,战士们的身体也会好一些。

随着战斗的持续进行,部队的伤病员也在不断增加,医疗设备和药品远远不能满足需要,有时连清洗伤口的盐水都没法保证。医护人员想了很多办法。没有凡士林,就用猪油代替;没有手术刀,就用剃头刀代替;没有骨锯,就用木匠的锯子做断骨手术;没有盖布,就用枫树叶代替;没有纱布,就用白棉布、土布代替。

许多器材需要消毒又没有酒精,医护人员就用石灰水熬煮的土法消毒来避免感染。医疗器械消耗很快又无法补充,医护人员就到山上砍竹子,自己动手制作镊子、药筒、大小便器、夹板等。

每件东西都很宝贵,如果能继续用就再次使用。纱布总是洗了又用、破了再补。由于西药常常供应不上,医护人员只好尽量使用中药。他们开始学习民间药方,自己上山采集草药。为了采到更多更好的药材,他们把周围的山头都爬遍了。

为了解决部队和群众日常用品的供应困难,党组织恢复了原来日渐萧条的遂川草林圩场,并在宁冈新建了大陇圩场。圩场也就是农村商品交易的集市,农民可以在那里出售自家生产的农副产品、手工业产品,换回生产生活所必需的工业品。

没有了重重税卡,没有了苛捐杂税,没有了烟馆赌行,各地前来卖货的商人和买卖东西的老百姓络绎不绝,有时可以达到两万人左右,真是从来没有过的热闹。许多紧缺物资通过各种渠道流入圩场,包括猪、牛、羊、家禽、蛋类、各类竹木山货以及农民自制的棉纱、土布等。

一些白区的商贩甚至愿意冒着生命危险来红色圩场。他们说:"我们来到大陇红色圩场做生意,感到什么都比白区新鲜,心情格外舒畅。红区和白区真是两重天!"

"红军像一个火炉"

虽然井冈山上的物质条件异常艰苦,可红军战士们的精神世界却是丰富而充实的。尤其是新来的俘虏兵,觉得国民党军队和红军是两个世界。

正如毛泽东所说,红军就像一个火炉,俘虏兵一过来就被熔化了。同样一个兵,昨天在敌军不勇敢,今天在红军就很勇敢。

战士们共同练本领、学知识,互相鼓励,彼此关心。吃不饱饭,大家就开玩笑,要"打倒资本家,天天吃南瓜"。冬夜太冷没有被子,大家就风趣地把盖在身上的干稻草称为"金丝被"。

一有空,战士们就开始唱自编的歌谣:"红米饭,南瓜汤,秋茄子,味好香,餐餐吃得精打光;干稻草来软又黄,金丝被儿盖身上;不怕北风和大雪,暖暖和和入梦乡。"

黄洋界保卫战取胜后,几个战士还用《空城计》中诸葛亮的唱腔编了一段"空山计":"我站在黄洋界上观山景,忽听得山下人马乱纷纷,举目抬头来观看,原来是蒋贼发来的兵。一来是,农民斗争少经验;二来是,红军主力离开了永新。你既得宁冈新城多侥幸,为何敢来侵占大小五井?(注:大小五井是指井冈山上的五个村庄——大井、小井、中井、上井和下井。峰峦叠嶂的群山层层环抱着五个村庄,其形状如一口口井,因此而得名,是当年红军开展革命活动的重要地点之一。）你既来就把山来进，为何在山下扎大营？你莫左思右想，心计不定，我这里内无埋伏，外无救兵。你来，来，来，我准备南瓜红米、红米南瓜犒赏你的降兵；你来，来，来，请你到山上来谈谈革命。"休息时，大家披着军毯，敲打着脸盆、铁罐子当乐器，放开嗓子唱起来。

为了解决井冈山上的吃饭和粮食储备问题，党组织动员全军将士到山下运粮。各级干部纷纷带头挑粮，同战士们一样每天走百余里山路。军长朱德年纪较大，工作任务也很繁重。战士们为了不让他挑粮，偷偷把他的扁担藏了起来。谁知，朱德另外找了一根扁担，刻上"朱德扁担"、"不准乱拿"字样，又加入了挑粮的队伍。大家非常感动，挑粮热情更高了。

许多人的手上、肩上和背上磨起了大大小小的血泡，可他们毫不在乎地说："不要紧，起点泡算什么？我们在枪林弹雨中都不怕，还怕这点泡泡！"有的人还把这事编成了歌谣："挑谷上坳，粮食可靠，为着伤员，不怕起泡！"

有一次，毛泽东和几个战士在黄洋界的一棵荷树下歇脚。毛泽东问道："站在荷树下能看多远啊？"有的战士说："可以看到江西。"有的战士说："可以看到湖南。"毛泽东意味深长地说："我们应该看得更远！不仅要看到江西和湖南，还要看到全中国、全世界！"

听了毛泽东的话，大家深受鼓舞。在这条挑粮小道上，红军战士靠着肩挑背驮，把几十万斤粮食运上了井冈山。

列宁说过："如果斗争只是在有极顺利的成功机会的条件下才着手进行，那么创造世界历史未免就太容易了。"

历史永远铭记，在已到极致的困难面前，共产党人百折不挠耐苦楚，自力更生渡难关，积极乐观迎挑战，把井冈山上的光荣与梦想传遍了中华大地。

朱德为井冈山挥笔写下的"天下第一山"题字，其最深刻的意蕴既不在山高，也不在景美，而在于中国共产党人在此点燃的星星之火终成燎原之势，在于无数革命志士用鲜血乃至生命铸就了艰苦奋斗精神。

今天的中国，正如习近平同志所说，距离实现中华民族伟大复兴的目标越近，就越需要广大青年锲而不舍、驰而不息地艰苦奋斗。

2 激情燃烧的岁月
——宝塔山下的延安新生活

延安,被誉为中国革命的圣地。从1935年到1948年,毛泽东等老一辈无产阶级革命家在这里生活和战斗了13个春秋。他们运筹帷幄,决胜千里,领导中国人民取得了抗日战争和解放战争的伟大胜利。

在延安城东南的山顶上有一座唐代宝塔。抗战时期,许多追求真理的热血青年从全国各地奔赴延安。当他们远远地看到这座宝塔时,就觉得是到了一个光明的世界。

在政治腐败、社会动荡的旧中国,这里是一片风清弊绝的净土,"一没有贪官污吏,二没有土豪劣绅,三没有赌博,四没有娼妓,五没有小老婆,六没有叫化子,七没有结党营私之徒,八没有萎靡不振之气,九没有人吃摩擦饭,十没有人发国难财。"

宝塔山下,延河水畔,中国共产党人以崭新的精神风貌,绘出一幅新民主主义革命时期的独特历史画卷。

火热的边区生产

1939年,为了粉碎敌人的经济封锁,扭转陕甘宁边区"几乎没有衣穿,没有油吃,没有纸,没有菜,战士没有鞋袜,工作人员在冬天没有被盖"的严峻形势,党中央号召边区军民开展大生产运动,共同努力渡过难关。

毛泽东带头参加生产。他笑呵呵地对警卫员们说:"我们可以种瓜、种菜,还可以养些猪,解决自己的穿衣吃饭问题。"

"我不能走远了,不能和你们一起上山开荒,可以在附近给我分一块地。"

大家七嘴八舌地劝阻道:"主席工作很忙,身体又弱,不一定参加生产啦!我们每个人多干一点就行了。"

毛泽东摇摇头,坚定地说:"不行!"

在毛泽东的坚持下,大家在窑洞附近开了一块长方形的地。他一有时间便会在这块土地上劳动,锄草、施肥、浇水,精心地进行田间管理。

朱德、周恩来、任弼时等中央领导人也带头参加生产劳动。周恩来还在中央直属机关纺线比赛中被评为"纺线能手"。革命领袖以普通劳动者身份开荒种地、支援生产的故事极大地鼓舞了边区的干部群众,整个党政军学界和边区群众人人开荒种地,个个学习纺线,大生产运动如火如荼地开展起来。

王震率领的三五九旅是大生产运动中的先进典型。他们把荆棘遍野、荒无人烟的南泥湾变成了"处处是庄稼,遍地是牛羊"的陕北好江南。1943年秋天,毛泽东来到南泥湾视察,看到了一片令人欣喜的塞外江南风光:山坡上是成群的牛羊,茁壮的谷子、玉米、豆子随风摇摆,清澈的小河边是一片片稻田和菜地。

伴随着一声"毛主席来了",满怀喜悦等待着的战士们顿时沸腾起来。大家欢呼着拥上前去。毛泽东和他们挨个儿握手,并夸奖道:"你们种的庄稼生长得很好啊!"

在听说部队有时可以杀猪宰羊改善生活时,毛泽东微笑着说:"困难,并不是不可征服的怪物,大家动手征服它,它就低头了。大家自力更生,吃的、穿的、用的都有了。"

看着战士们自制的锄头、镰刀、纺车、擦枪油、木枪等器材,看着用桦树皮做的"不花钱的油光纸",看着养猪场里一大群懒洋洋的肥猪和一窝乱拱乱跳的小猪，看着田地里沉甸甸的谷穗和黄澄澄的谷粒，毛泽东满意地说："你们这里什么都不用花钱，同志们依靠自己的双手，创造了一切。"

与民同乐

在延安，党的领导人和群众吃同样的小米饭，穿同样的补丁衣服，常常在路上跟老百姓唠家常。

一天下午，毛泽东在枣园附近碰到几位老人，便热情地打着招呼，走过去跟他们聊起天来。当得知有两位老人明天过生日时，他高兴地说："那很好呀！你们正是'六十花甲年高有德'的人，应该给你们贺寿才好！"

一个老人摇了摇头，长长地叹了一口气："像我们这号受苦的人，哪还能谈得上过生日贺寿呢？"

毛泽东认真地说："如今咱们翻身了，生产搞得也好了，这叫人寿年丰啊！明天就是元宵节，你们都到我那里坐坐，咱们大家一起贺个寿。"

第二天，老人们相约来到毛泽东的住地，毛泽东赶忙走到门外迎接他们。一位老人紧紧握住毛泽东的手，流着热泪激动地说："毛主席呀！我们祖宗三代都没有贺过寿。你把我们庄户人家的大事小事都挂在心上。你是我们受苦人的大救星呵！"

毛泽东微笑着，亲切地说道："老人家，不要难过，咱们过去是苦，可今天翻了身，生活大改善，自己当家做主人，应该高兴才是呀！"

老人用手擦了擦眼泪："今天这个世道变了，我不难过了。你给我们引路，共产党给我们谋福，有吃有穿，丰衣足食，我们心里都乐呀！"在场的所有人都开心地笑起来。

丰富多彩的精神世界

残酷的战争并没有压垮坚强的共产党人，物质生活的艰苦也没有妨碍精神生活的丰富。一些群众性文化体育活动陆续开展，唱歌、跳舞、打篮球、踩高跷、扭秧歌，以及常常上演的电影和戏剧，使延安的文化生活呈现出勃勃生机。

每到周末，大大小小的舞会是最吸引人的地方。夜幕降临，乐队奏出悠扬的乐曲，吸引着大家走进"舞场"。在这里，没有干部和群众之分，没有首长和士兵之别，更没有职务高低之别，只有喜爱舞蹈、热爱生活的人。不仅中央领导人和各级干部来跳舞，平时负责服务工作的勤务员也加入到跳舞的人群中。周恩来的华尔兹跳得漂亮、标准，朱德的舞步稳健、朴实。

毛泽东有慢性肩关节炎，医生给他开了一个特殊的药方——学跳交谊舞。经不住医生们的连劝带磨，对跳舞毫无兴趣的毛泽东答应试试。经过反复练习，他终于学会了跳舞，还能够随着音乐的节奏变换一些动作。不过，大多数时候他并不跳，而是坐在一边跟大家聊天。他曾经深有感触地说："跳舞这个运动不错，能休息脑子，使双腿有力，还是一个联系群众、与群众交谈的好机会。它弥补了游泳之不足——在水里就无法和别人说话了。"

看戏是广大干部群众特别喜欢的事儿。1938年4月，陕甘宁边区工人代表大会举办晚会，演出秦腔《升官图》《二进宫》《五典坡》等戏。老百姓像过节一样高兴，把剧场挤得满满的。看到高潮处，大家激动得又是鼓掌又是打口哨。

许多中央领导人也来看戏了。他们看到如此盛况空前的情景，感到非常震撼。毛泽东对工会负责人齐华说："群众非常喜欢这种形式。群众喜欢的形式，我们就应该搞，就是内容太旧了。如果加进抗日内容，那就成了革命的戏了。"

为了满足群众的需求以及更好地进行抗日宣传，陕甘宁边区民众剧团成立了。许多领导人都很关心剧团的发展，毛泽东拿出30元钱给剧团买毛驴和气灯，周恩来、博古每人拿出50元法币支持剧团建设，贺龙还特意把缴获的日军战利品送给剧团使用。

民众剧团紧密配合抗日形势，演出了《冲上前去》《好男儿》《中国魂》

及《十二把镰刀》等经典剧目，受到大家的热烈欢迎。毛泽东把剧团喻为"播种队"，走到哪里就将抗日的种子播撒到哪里。

在党的领导下，广大文艺工作者创作出一批具有鲜明民族风格和时代特色的优秀文艺作品，如新歌剧《白毛女》、话剧《同志，你走错了路》、秧歌剧《兄妹开荒》、新编京剧《逼上梁山》、评剧《三打祝家庄》、歌曲《东方红》，以及小说《小二黑结婚》等。

在周恩来的直接支持下，中国第一个红色电影机构——延安电影团也建立起来。他们以简陋的设备纪录了中国共产党带领人民军队和群众创造辉煌业绩的真实生活，为中国共产党和中国历史留下了珍贵的影像资料。

青春寄语

毛泽东曾说："延安县同志们的精神完全是布尔什维克的精神。他们的态度是积极的，在他们的思想中、行动中，没有丝毫消极态度。他们完全不怕困难，他们像生龙活虎一般能够征服一切困难。"

坚定正确的政治方向，解放思想、实事求是的思想路线，全心全意为人民服务的根本宗旨，自力更生、艰苦奋斗的创业精神……这就是中国共产党人在激情燃烧的岁月中升华出的延安精神。

无论过去、现在还是将来，这份宝贵的精神财富，都能使我们在充满机遇和挑战的征途上披荆斩棘、勇往直前。

习近平同志指出，伟大的延安精神教育滋养了几代中国共产党人，始终是凝聚人心、战胜困难、开拓前进的强大精神力量。弘扬延安精神，就要保持延安时期那么一种忘我精神、那么一股昂扬斗志、那么一种科学精神，为建设和发展中国特色社会主义不懈奋斗。

3 霓虹灯下的哨兵
——南京路上好八连

1949年6月，中国人民解放军华东军区警卫旅特务团三营八连进驻刚刚解放的上海执行防务。

在繁华的南京路上，八连官兵"拒腐蚀，永不沾"，发扬"穿草鞋"、"带针线包"，"节约一分钱、一滴水、一度电"的优良传统，保持了人民军队艰苦朴素的好作风。

1957年，一篇名为《身居闹市一尘不染——人们称赞他们"南京路上好八连"》的报道，以及《针线包》《行军锅》《一分钱》等一系列专栏文章，使八连的故事广为人知。

1963年，国防部授予该连"南京路上好八连"的荣誉称号。同年8月，毛泽东写下《八连颂》一诗，号召全军各部队向他们学习。

电影《霓虹灯下的哨兵》讲述的就是他们的故事，使"南京路上好八连"的事迹更加深入人心。

身居闹市，一尘不染

八连的指战员大多出身于穷苦家庭，饱尝了旧社会的辛酸。参加革命以后，和敌人作战的条件又十分艰苦，可以说从来没享过什么福。刚到南京路，他们自然感到什么都新鲜。

灯红酒绿的南京路奢侈豪华，曾经是好逸恶劳、好吃懒做、铺张浪费的剥削阶级穷奢极欲的场所。它腐蚀过很多人的灵魂，也腐蚀过各式各样的军队。有人这样说："站在南京路上，连吹来的风都是香的。"

当时，一些敌视新中国的人断言："共产党进了上海，不要多久，就会发霉、发黑、烂掉！"还有人说："上海是个大染缸，共产党会红着进去，黑着出去！"事实证明：敌人的预言彻底破产了。以八连为代表的人民军队在敌人的钢枪炮弹前是英雄，同样抵挡得住敌人的"糖衣炮弹"。

那时候，八连住的是一个破烂的旧仓库，睡在地铺上，穿的还是从老解放区带来的老布袜子和粗布衣服，有时还会穿着草鞋走在南京路上。在十里洋场站岗巡逻，是对八连战士的考验。衣着考究的男士，打扮妖艳的女士，霓虹闪烁的舞厅，充满靡靡之音的歌厅，这些都是八连战士从未见过的情景。一些人甚至故意在战士们面前掉落些零钱、香烟等东西，以此来试探共产党的军队是不是真的不被物质利益所诱惑。

八连战士始终保持着拾金不昧的良好风气。大到一件衣服，小到一方手帕，甚至是一分钱，战士们都尽力寻找失主，实在找不到就作交公处理。有一天，战士徐淑潮拿着一分钱跑来说："指导员，我捡到一分钱，交公。"旁边有个新战士"噗哧"一声笑了，又赶快用手捂上嘴。指导员却郑重其事地接过钱，并把徐淑潮的名字和他的事迹登上了光荣榜。

当天晚上，指导员找那个发笑的新战士谈话说："一分钱虽然微不足道，可交了公是人民战士的本色。如果你留下它，它就会在你的心灵里染上一个永远抹不掉的污点。"

给养员朱英才在路上捡到一张领款证。他怕失主着急，赶快按照上面的地址，亲自送到失主家里，果然失主正为此事而焦急不安。这位满头白发的老大爷见解放军战士把领款证送上门，感动地说："从前国民党军队见了就要抢的东西，现在你们拾到了，还亲自送上门。我活了七十多岁，从没有见过你们这样好的军队,你们真是毛主席教出来的好战士。"

在八连,像这样的事多得数不清。

克勤克俭,慷慨无私

八连有句口头语:"新三年,旧三年,缝缝补补又三年。"

八连战士每个人都会针线活,新来的战士不会缝衣服、缝被子,连长就利用休息时间耐心地教他们。

战士罗大大的一双袜子换了六次袜底都舍不得丢。许长松的一件衬衣已经是补丁连补丁了。指导员王经文的被子还是十年前发的,装衣服的就是一个旧肥皂箱子。

八连有位排长,叫张文清。他把1949年上级发的一床被子脏了洗、破了补,一年又一年。经过多年的磨损,连被面原来是什么颜色都看不出来了。

1955年干部实行薪金制后,当排长的一个月可以拿六七十块钱。战士们很不理解为什么排长还要盖这样的被子,有的就在背后悄悄议论。张文清知道后,便向战士们讲述解放军艰苦朴素的光荣传统。他转业好几年后,八连的干部去看望他,发现他竟然还盖着那床破旧的被子。

班长曹满送的妻子来探亲时,看见丈夫的衬衣有许多破洞,便坚持要给他买件新衬衣。两人在百货公司逛了半天,可曹满送总是下不了决心买。最终两人还是空着手回来了。

回到连队,战士们七嘴八舌地吵着要看班长买的新衬衣。曹满送笑呵呵地回答说:"行啊,你们等一会儿啊!"说完他就进了宿舍,剪开两件有破洞的旧衬衣,把没有破的部分拼合起来缝成了一件。拿着自己加工而成的衬衣,曹满送高高兴兴地给战士们展示起来:"看,这就是我的新衬衣!"

战士黄长根每月只有几角钱的花销。常有人问他,难道就不想买点自己喜欢的东西?他却总是回答,吃好的、穿好的,谁能不想啊,"不过,现在还不是时候。要是人人光想自己享福,共产主义谁去建设呢?"

八连官兵对自己这样克勤克俭，对他人却是慷慨无私的。三班战士易桂生家里来信，说他的母亲病了。指导员知道后，悄悄寄了20元钱给他母亲治病。易桂生一直被蒙在鼓里，直到他姐姐到连队看他，他才知道部队有人寄了钱给他妈妈看病。易桂生很想找到这个好心人，到处打听，却一直没有结果。最后，他找到指导员，希望指导员能帮忙查找。指导员仍然没有告诉他，只是说："这点小事，查它干什么，你好好工作就行了。"

在八连，发生过无数次暗地里寄钱帮助他人的事。上到干部，下到战士都这样做过。他们平常舍不得吃、舍不得穿，每一分钱都计划着花。但是当有些地区遭了灾荒时，他们一下拿出300多件衣服和鞋袜资助灾区人民，丝毫不会觉得心疼。

战士吴岳生平常一根冰棒都舍不得吃，但是为了给国家建设贡献自己的点滴力量，他毅然把积攒下来的75元钱全部买了"建设储蓄券"。这样做他觉得十分充实和满足。

优良作风，代代相传

时光飞逝，斗转星移，"好八连"艰苦奋斗的精神却丝毫没有随着时间的流逝而褪色，在一批又一批战士中层层接力、代代相传。有几样看似极为普通的东西，已经成了八连的"传家宝"。

1947年国民党军队撤退时丢下了一口行军锅。老炊事员王景全把它捡了回来，每天用它烧水做饭，行军打仗全都背在身上，连进上海都舍不得扔。他觉得即便大城市有新锅，也应该先让老百姓用。老炊事员复员后，八连战士仍然用这口锅做饭。直到1956年，上级规定统一用新的行军锅，这口旧锅才进了连队的"博物馆"。

八连有个工具箱，最初是一个老战士用木料做的，里面放着修楼梯、修床板用的小锯、钉子等。老战士复员时，把工具箱送给战士李祖根，把自己的手艺也传给了他。李祖根学老战士的样子，修旧利废，为工具箱增添了一些新工具，还开辟了补鞋的新业务。在李祖根即将复员的时候，又开始教战士葛傅义学习技术，做好接管工具箱的准备。

针线包也是八连的传家宝，每个战士都有一个。老战士复员时，送给新战士的交班礼物就是针线包。就这样，后辈向前辈学习，一点一滴，日积月累，一批批优秀的战士在"好八连"成长，优良的作风得以传承。

在八连的同志，锻造了艰苦奋斗的品质，而离开八连的同志，也在新的岗位上弘扬着艰苦奋斗的传统。1959年，八连有17名战士复员到上海市的一个工程队工作。他们穿着旧军装和带补丁的鞋袜，一直记着自己是"好八连"出去的战士，一定要把连队的光荣传统带出去。

工程队里有个姓高的工友，喜欢吃好的穿好的，每个月的工资都不够花，还要找别人借钱才能生活，最后竟然连鞋子都买不起。老战士张友让主动和他谈心，告诉他艰苦朴素对自己发展和国家建设的意义，还拿出自己的鞋子给他穿。

这个工友很受感动，很快改掉了毛病，不仅还清了债，对自己的开销也有了规划，每月还能节余10元钱帮助家里。生活中的点点滴滴使他从心底里佩服"好八连"培养出来的人。

青春寄语

从农村转战城市，从战场再到"十里洋场"，面对巨大的考验，八连官兵身居闹市，一尘不染，成为一个时代艰苦奋斗、拒腐防变的旗帜。

岁月流淌，精神传承永不停止；时代变迁，英雄传人更增添风采。

"好八连"留下的宝贵精神财富，直到今天仍深刻地影响着人们，尤其是一代又一代的中国青年。

在复杂多变的国内外形势和社会环境下，如何保持一种品质，如何坚守一方净土，南京路上好八连已经为我们做出了回答。

 **只做平凡事，皆成巨丽珍**

——雷锋的"一颗螺丝钉"精神

雷锋（1940~1962），中国人民解放军的一名普通战士。他以"一颗螺丝钉"精神，在农民、政府公务员、工人、士兵等各个岗位上实践着全心全意为人民服务的宗旨。

1960年，《毛主席的好战士》《茁壮的新苗》《苦孩子成长为优秀战士》等一系列报道，使雷锋的事迹广为传颂。

1962年雷锋因公殉职后，国防部命名他所在的班为"雷锋班"。毛泽东亲笔题词——"向雷锋同志学习"。刘少奇、周恩来、朱德、陈云、邓小平、董必武等党和国家领导人也为之题词。郭沫若、贺敬之等著名诗人创作了赞扬雷锋的诗歌，雷锋迅速成为一个时代的典型。

《接过雷锋的枪》《学习雷锋好榜样》等歌曲脍炙人口，《雷锋日记》《雷锋的故事》等书籍影响了一代又一代人，"雷锋精神"在全中国人民心中树起一座永恒的丰碑。

习近平同志指出，雷锋等人身上所具有的信念的能量、大爱的胸怀、忘我的精神、进取的锐气，正是我们民族精神的最好写照，他们是"民族的脊梁"。

"我们是国家的主人,应该处处为国家着想"

上世纪50年代的一天,几位行人背着背包,挽着裤腿,匆匆行走在湖南省望城县的山间小道上。

县委书记张兴玉走在前面,身后跟着机要秘书冯乐群和雷锋。为了解老百姓的生活,他们一家一户地走访群众。当看到一户人家穷得揭不开锅时,张兴玉从口袋里掏出30多元钱塞进老农的手中,说:"老乡,咬咬牙,好好把日子操持操持,会好的!"这一幕深深地印在了雷锋的脑海中。这颗播入心灵的爱的种子,从此便在他的生命中蓬勃生长着。

1957年,望城县委决定将团山湖开垦成一个国营农场,让荒芜的湖洲地变成米粮仓。当时,国家百废待兴,经济困难,财政拮据。为了购买建设农场所用的拖拉机,县团委发出了捐款的号召。雷锋把工作一年多来的全部积蓄20元钱,一分不留地拿出来支援国家建设。

那时,雷锋每个月的工资只有十几元钱。吃饭、穿衣、日常用品以及各种生活费用,都要靠这十几元钱。平时他每餐总是几分钱的菜,穿在里面的衣服已是补丁摞补丁。他攒的这些钱,本来是想买床新棉絮的。他盖的棉絮还是刚解放时发的救济被,早已经变得硬邦邦的了。在这次捐款活动中,雷锋是全县青少年中捐得最多的一个。

1960年,雷锋加入了中国人民解放军。他在日记中写道:"一个在旧社会受苦受罪的穷苦孤儿,居然能成为一个解放军战士,我真不知说什么好,我一定要把可爱的青春献给祖国最壮丽的事业。"

有一天,雷锋上街办事,看到抚顺市望花区的人民群众正在庆贺人民公社成立。这个欢欣鼓舞的场面让雷锋从心底里感到高兴。他想,作为一名战士,我能为刚刚建立的人民公社做点什么呢?

雷锋左思右想,脑子里闪出了捐款的念头。他到储蓄所取了200元钱,准备捐给人民公社。那时,雷锋的存折上总共有203元钱,都是他平时省吃俭用积攒下来的。

公社的工作人员非常感动,对雷锋说:"你的一片心意我们收下,但是钱我们不能收,还是留着你自己用或者寄回家里去吧。"雷锋激动而诚恳地说:"人民公社就是我的家呀!"在雷锋的一再要求下,公社的工作人员最终答应收下100元钱。

不久,雷锋得知辽阳地区遭受百年不遇的洪灾,又将剩下的100元钱,连同一封慰问信,寄给了辽阳市委。

"对待同志要像春天般的温暖"

雷锋不到七岁就成了孤儿。但是,在社会主义大家庭中,他得到了前所未有的关爱。正是这份关爱,让雷锋成为"东北的一团火",有一分热便发一分光,照亮了他人,温暖着他人。

在部队里,雷锋总是悄悄地替战友洗衣服、缝被子。当战友遇到困难时,雷锋总会毫不犹豫地伸出援手。

同班战友周述明一直是个乐观的小伙子。可是有一天,他在接到家里的来信后,情绪突然变得低落起来。雷锋关切地询问他怎么回事,小周却只是摇头,什么话都不说。后来,雷锋无意中得知,小周的父亲病了,家里希望他回去看看,或者寄些钱。

雷锋知道小周在经济上比较困难。他偷偷抄下小周家的通信地址,取出自己的存款,以小周的名义寄往小周家,还写信安慰老人家好好养病。过了几天,周述明接到家里的回信,说寄去的钱收到了,用于父亲的医药费和住院费,父亲的病情得到好转,现在已经康复出院。信里还叫小周在部队安心工作,不要惦记家里。

周述明读完信后纳闷起来:这是怎么回事?当他得知钱是雷锋寄去的时候,紧紧地握住雷锋的手,感动得不知说什么好……

有一天半夜,连队突然吹起了紧急集合号,大家连忙从酣睡中起床、穿衣服。匆忙之中,战士小韩的棉裤让电瓶里的盐酸水烧蚀了几个小洞。演习回来后，小韩又累又困，顾不上有洞的棉裤，直接脱了衣服钻进被窝睡觉了。

这天正好是雷锋值夜班。他回来后，看到有的战友蹬开了被子，便轻手轻脚地过去帮他们盖好。这时，他发现小韩的棉裤被烧了几个小洞，心想，这么冷的天，可不能让小韩穿着透风的衣裤去出操、出车。

于是，雷锋轻轻拿起小韩的棉裤，想给他缝补一下。可这大半夜里，哪里去找合适的补丁布呢？雷锋琢磨了一会儿，发现自己棉帽里的衬布很合适。他毫不犹豫地把衬布拆下来，一针一线地仔细缝补着。缝完之后，他把裤子放回原处，便睡觉去了。

第二天出完操，大家围着火炉烤火。小韩惊奇地发现自己的裤子已经补好了："哎，怪呀，这是谁给我补的裤子？"大家七嘴八舌地议论着，但都不知道是怎么回事。

后来，夜间站岗的小乔告诉小韩："为了给你补裤子，雷锋半宿都没睡啊！"

"我要把有限的生命，投入到无限的为人民服务之中去"

从1961年开始，雷锋经常应邀去外地作报告。出差的机会多了，为人民服务的机会也就多了。无论走到哪里，雷锋总会把好事做到哪里。人们流传着这样一句话：雷锋出差一千里，好事做了一火车。

有一次，雷锋在沈阳站换车。一出检票口，他就发现一群人围着一个背小孩的中年妇女。仔细一问，原来这位妇女从山东去吉林看丈夫，一不小心把车票和钱都弄丢了，着急得不知道怎么办才好。

雷锋用自己的津贴费补了一张车票，塞到她手里说："大嫂，快拿着上车吧，车快开了。"那位妇女看着手中的车票，含着眼泪感动地说："大兄弟，你叫什么名字，是哪个单位的？我好把钱给你寄去。"雷锋笑了笑说："我叫解放军，就住在中国。"

还有一次，雷锋乘火车回抚顺。准备上车时，他看见一位背着大包袱的老太太。她喘着粗气,走走停停,显得十分吃力。雷锋立马迎上前去,关切地问道:"大娘,您到哪儿去?"老人上气不接下气地说:"俺从关内来,到抚顺去看儿子的!"雷锋一听跟自己同路,就把大包袱接过来,扶着老人说:"走,大娘,我送您到抚顺。"

火车上的人很挤,雷锋给老人找好了座位,自己就站在她身旁。火车开动了,雷锋拿出在车站刚买的面包往老人手里塞。老人不好意思地说:"孩子,俺不饿,你吃吧!""别客气,大娘,吃吧!先垫垫饥。"雷锋笑着说。

老人说她是第一次来找儿子,还不知道儿子住在什么地方。老人边说边掏出一封信。雷锋接过来一看,上面的地址他也不知道。为了让老人安心,雷锋说:"大娘,你莫急,有地址就好办,下了车我帮你找。"

火车到站后,雷锋把自己的背包存放到车站,背上老人的包袱,领着老人四处打听。一直找了两三个小时,他们才找到那个地址和老人的儿子。

青春寄语

雷锋的一生,没有惊天动地、叱咤风云的丰功伟绩,只有一颗朴实无华、简单纯净的心。

平凡升华伟大,短暂铸造永恒。他坚守着"生为人民生,死为人民死"的信条,诠释了和平年代人民英雄的伟大与永恒。

半个多世纪过去,雷锋依然是无可替代的文化符号和精神象征。

习近平同志说:"雷锋精神,人人可学;奉献爱心,处处可为。积小善为大善,善莫大焉。当有人需要帮助时,大家搭把手、出份力,社会将变得更加美好。"他又强调,雷锋精神是永恒的,是社会主义核心价值观的生动体现。

5 降工资，减口粮，吃野菜
——三年困难时期的共和国领袖

1959年到1961年，由于自然灾害、苏联政府背信弃义地撕毁合同和我们工作中的失误，国家经济建设发生严重困难，出现全国性的粮食短缺。

不少地区因食物不足而普遍发生浮肿病，一些省份农村死亡人口增加。

面对工农业生产跌入谷底、生活资料匮乏的严酷现实，党中央号召全体共产党员带头实行"低标准，瓜菜代"，即粮食定量标准从低，以瓜菜代替口粮。

党和国家领导人以身作则，和全国人民共渡难关。

以身作则带头示范

面对严重的经济困难，党中央果断采取了三项措施：精简城市人口，支援生产第一线；压缩城市人口粮食定量；进口一部分粮食。

毛泽东带头示范，提出不吃肉、不吃鸡蛋，精简身边工作人员。1960年12月26日晨，毛泽东给身边的工作人员写了一封信："林克、高智、子龙、李银桥、王敬先、小封、汪东兴七同志认真一阅。除汪东兴外，你们六人都下去。"

"从1961年1月1日起,我不吃猪肉和鸡了,因为猪肉和鸡要出口换机器。"

"我看有米饭,有青菜和油盐就可以了。"

"买东西一定要给人家钱,一张纸、一支笔也如此。千万不能向地方上要东西。"

毛泽东不仅以身作则,而且对于身边工作人员也是严格要求。在他的感召下,几位国家领导人积极实行。粮食定量减少了,为了增加些营养,食堂的大师傅们采集一些可食的植物,如挖野菜、捋榆钱儿等,与粮食掺和着吃。

当时,几位国家领导人都不吃肉了。毛泽东有过七个月不吃肉、不喝茶的纪录。周恩来担心主席的健康,关切地劝他吃一点肉。毛泽东回了一句:"你吃了吗?"周恩来一下子不说话了。

一次,有一位警卫战士到北京大学看望毛泽东的女儿李讷。他见李讷在学校里吃不饱、容易饿,便把情况反映给李银桥。李银桥自作主张,让卫士悄悄送去了一包饼干。

毛泽东得知此事后,严厉批评了李银桥:"三令五申不要搞特殊化,为什么还要搞特殊化?"

李银桥辩解道:"别人的家长也有给孩子送东西的。"

毛泽东生气地拍着桌子说:"别人我不管,我的孩子一块饼干也不许送!"

见毛泽东如此较真儿,大家都不敢再违规了。李讷一点接济也得不到,消瘦了许多。

与人民同甘共苦

周恩来和邓颖超也精简了身边的工作人员,减少了自己的粮食定量。他们提出两人共用一名厨师、一名服务员,留两名卫士轮流值班。伙房管理员由邓颖超的司机兼任,家务由周恩来的司机协助,其他人都下去。

大家知道总理工作最忙,参加各种活动最多,为了保证他的工作和安全,都不同意这样的精简安排。周恩来坚持说,以后在中南海参加活动,自己骑自行车去,司机和卫士都不要去了。

当时粮食定量是男24斤、女23斤。周恩来说,我每天只要半斤,月定量改为15斤。邓颖超说,我比你吃得少,改成一个月13斤吧。

1959年4月初,周恩来去杭州参加会议。那时只有杭州市场供给不错,糖果、肉蛋等副食品不需要凭票购买。

临去参加会议前,周恩来特地对同行的工作人员规定和嘱咐了三条:一是车辆和随员要从简;二是到了杭州不许买东西和帮别人带东西;三是按标准吃饭、付钱,付全国通用粮票。

会议期间,中央首长和工作人员一起用餐,然后根据物价标准付钱,无一人例外。回京的前一晚,浙江省委接待处特意为总理准备了一筐蔬菜,请求随行人员带回北京。

工作人员解释说,来前总理就有规定,不准往回带任何东西。省委接待处的同志很不理解,因为这些菜在杭州的任意摊点都能买得到,而且都附了发票,照价付款就可以了。工作人员知道总理一向要求严格、绝不搞特殊化,还是坚决谢绝了。

第二天,工作人员发现有两筐蔬菜放在飞机的行李舱里。飞机上的负责同志说,是省委接待处安排给中办供应站带的,里边附了发票,中办供应站会按价结账的。

回京后的第二天,周恩来用餐时看到餐桌上摆的都是北京根本没有的杭州菜,生气地问卫士长:"临走前我是怎么规定的?不准买东西,带东西,你为什么不遵守?"

卫士长解释道,这是浙江省委接待处给中办供应站代买的,是卖给各位领导的,其他领导同志也都有。

周恩来听着这样的解释更火了:"我问你,北京的老百姓能不能吃上这样的菜?"

"北京的老百姓吃不上,我能吃上,这是不是特殊?"

"我是总理,国务院订的制度我不执行,怎么叫别人去执行?"

克己奉公渡难关

国家主席刘少奇几乎每天办公到深夜。按国家规定,机关工作人员工作到晚上12点时,可给2~3角钱的夜餐费。警卫局行政处根据这一精神,给刘少奇发了一部分夜餐费。刘少奇发现后,严厉批评了有关人员,并指示退回。

中共中央副主席陈云为了减轻国家负担,也精简了身边的工作人员。按规定他身边应配备厨师、服务员、司机和2~3名警卫人员,但他取消了小灶厨房、厨师和警卫员,只留了范金祥一名司机,包揽了司机、管理员、服务员、卫士的全部工作。

1961年11月上旬,突如其来的寒流使北京的气温陡降,有的机关开始提前供暖。陈云没有住在中南海里,而是一处独自供暖的小院。但他严格遵守当时国务院11月15日开始供暖的规定,不准工作人员提前点火烧暖气。

一天上午,周恩来一进办公室,就看到桌上放着值班秘书写的汇报单,其中有一条是陈云感冒发烧了,主要是天气冷,他不准烧暖气导致的。周恩来一看就急了,赶紧来到陈云的住处。只见陈云正靠坐在床头,披着大衣,围着被子批阅文件。

周恩来见面第一句话就是:"陈云同志,天这么冷,你不准烧暖气,不行啊!"临走时,周恩来又当着陈云的面,对身兼数职的范金祥说:"从今天起,你们一定要烧暖气,这件事你们要听我的。"

朱德家里人口多,还要接济家乡的亲戚,工资不够花,是中南海里有名的困难户。三年困难时期,朱德家里由于来往客人多,粮食亏了50多斤。工作人员想从有关单位补上,朱德坚决不同意。

后来,朱德亲自外出挖野菜,让家人用野菜做成"菜糊糊"。就这样,他坚持和全家人一起用红薯和"菜糊糊"代替主粮,硬是一斤一斤地补回了所亏粮食。

一次，朱德亲自指导厨师做了一顿菜糊糊，请身边的工作人员吃。他说，今天请大家吃这顿饭，是让大家不要忘了过去革命战争年代艰苦奋斗的精神。在井冈山斗争时期，粮食要自己到山下几十里以外去挑，吃的菜常是白水煮竹笋，里面连一点盐也没有。现在虽说有些困难，但是比过去好多了，我们要把毛主席开创的这种艰苦奋斗的作风永远保持下去。

1959年至1961年是新中国成立以后最艰苦的三年，从中央到地方，从城市到农村，全国六亿多人口都处在缺粮少衣的困境中。

在困难面前，毛泽东、周恩来等共和国领袖和全国人民同甘苦共患难，带领全国人民艰苦奋斗、勤俭建国。他们风雨同舟的担当意识和以身作则的光荣传统，使我们党拥有了崇高的威望。

新一代中央领导集体继承了我们党反对特权思想和特权现象的作风。习近平总书记在中央纪委全会上强调，共产党员永远是劳动人民的普通一员，除了法律和政策规定范围内的个人利益和工作职权外，所有共产党员都不得谋求任何私利和特权。

6 以身许国埋名大漠，二十八载两地相思
——邓稼先和许鹿希的传奇人生

邓稼先（1924~1986），中共党员，科学家、"两弹"元勋，中国核武器研制的组织者和领导者，中国核武器理论研究的奠基者和开拓者。

邓稼先26岁时获美国普渡大学物理学博士学位。当年回到祖国，1956年加入中国共产党。1958年，他开始了长达28年研制核武器的秘密历程。1982年获国家自然科学奖一等奖，1985年获两项国家科技进步奖特等奖，1986年获全国劳动模范称号。

邓稼先逝世后，其成果获1987年和1989年国家科技进步奖特等奖，1999年获"两弹一星"功勋奖章。我国在邓稼先逝世十周年纪念日进行了最后一次核试验，从此进入虚拟核实验阶段。

许鹿希（1928~ ），中共党员，北京医科大学教授、博士生导师，神经解剖学专家，全国人大常委会副委员长许德珩与著名学者劳展君之女。

邓稼先去世后的20多年里，许鹿希不顾年迈体弱，采访了100多位曾经和丈夫一起工作过的同事朋友，整理丈夫手稿，完成了《邓稼先传》《邓稼先图片传略》《邓稼先文集》等书的出版工作，纪录了邓稼先及那一代国防科技工作者的感人事迹。

神秘的失踪者

1971年夏天,曾获诺贝尔物理学奖的著名美籍华人科学家杨振宁首次回国访问,外事接待人员请他开列会见人的名单,第一个名字是——邓稼先。名单上报中央后,许多人茫然无措。邓稼先在哪里呢?

邓稼先是拿到博士学位九天后毅然回国投身建设,却在50年代末"失踪"的中国核物理专家。20多年间,他默默无闻地苦战在中国最荒凉、最偏僻的地方,隐姓埋名,不能发表学术论文,不能公开作报告,不能出国,甚至不能随便和亲戚、朋友交往。人们不可能听说他,他的好友甚至以为他已经离开了这个世界⋯⋯

1986年6月24日,这个神秘的失踪者终于出现了!这一天的《人民日报》《解放军报》在头版头条刊登了题为《"两弹"元勋——邓稼先》的长篇报道,介绍了邓稼先为研制原子弹、氢弹等核武器,隐姓埋名,艰苦创业,谱写"精忠报国"新曲的感人事迹。

邓稼先和许鹿希的许多亲友手拿报纸,激动万分。然而,许鹿希的内心却充满了哀伤。她含着眼泪默默翻看着日历,明天是爱人邓稼先62岁的生日⋯⋯此时,在解放军301医院的病床上,虚弱的邓稼先正在接受输血。他的生命已经进入最后阶段。

一个多月后,也就是1986年7月29日,邓稼先全身大出血逝世。许鹿希凝望着倚在自己怀里的邓稼先,怎么也不愿相信,这个曾经让东方产生巨响的人会这样倒下。她紧紧地抓住丈夫的手,悲痛地说:"你的血流尽了!"

生活的转折

1953年,留学归国的青年才俊邓稼先和刚从医学院毕业的许鹿希喜结连理。邓稼先性格开朗,许鹿希温婉恬静,两人度过了五年诗情画意般的幸福时光。

春天,他们去郊外踏青、放风筝;盛夏,他们到颐和园划船、游泳;金秋，他们去爬香山、看菊展；隆冬，他们去滑雪、滑冰。一有好看的京剧、芭蕾舞剧，邓稼先都会带着许鹿希去看。

邓稼先多才多艺，常用德、俄、英三种语言给许鹿希唱《欢乐颂》，扮青衣唱《苏三起解》，表演他的拿手绝活抖空竹，甚至抖锅盖和茶杯盖逗孩子们玩。

1958年盛夏的一天，平静的生活被打破了。这天，邓稼先回家比平时晚一些。夜里，他翻来覆去睡不着。许鹿希忍不住问道："稼先，是不是有些什么事儿？"

时间静静地流逝，不知过了多久，邓稼先终于开口了："我要调动工作了。"

"调到哪里呢？"

"这不知道。"

"干什么工作？"

"不知道，也不能说。"

"那么，到了新的工作地方，给我来一封信，告诉我回信的信箱，行吧？"

"大概这些也都不行吧？"

许鹿希茫然了。

一阵难耐的沉默后，邓稼先有些激动地说："我今后恐怕照顾不了这个家了，这些全靠你了。"又隔了一会儿，他突然坚定而自信地说："我的生命就献给未来的工作了。做好了这件事，我这一生就过得很有意义，就是为它死了也值得。"

许鹿希了解丈夫，他下了决心的事情，一定会义无反顾走到底。他要做的，也一定是不简单的事。许鹿希想了想说："放心吧，我是支持你的！"

原来那一天，时任核工业部副部长兼原子能所所长的钱三强把邓稼先叫去了。他对邓稼先说："国家要放个大炮仗，调你去做这个工作怎么样？"

邓稼先马上明白，这是要调他去参加原子弹的制造工作。邓稼先既兴奋又紧张，以身报国是他去美国留学时就许下的愿望，这一天终于到来了！

天各一方的相守

接受任务后,从不喜欢照相的邓稼先带着妻子儿女到照相馆照了一张相,作为留给亲人的纪念。然后,他就突然消失了。

生活的重担一下子全部压在了许鹿希身上。一天的工作结束后,她要给孩子们换洗干净;吃过晚饭后,她要查看两个孩子的学习情况;孩子们睡着后,她还要研读医学书籍或撰写论文。此外,她必须随时应对孩子们生病、发烧、出麻疹等情况,抽空照顾常年卧床的双方老人。

渐渐地,有些人开始窃窃私语,也有人直接询问怎么好久没看到孩子的爸爸了,惹得一向听话的两个孩子也会撅着嘴问:"爸爸哪里去了?"

面对人们的猜忌和风言风语,许鹿希内心弥漫着难言的苦衷。

虽然不知道爱人在什么地方,但偶尔有机会托人给丈夫捎去一点东西,是许鹿希可以尽情释放思念和情感的时候。为了给丈夫买生活用品,许鹿希在大雪和寒风中艰难行走着,不止一次摔倒在地;为了丈夫看书时能远离暑热和蚊虫,她想方设法买到了尼龙蚊帐和能放入蚊帐的小电扇。

三年自然灾害时期,家家生活都很困难,但远在天边的邓稼先和同事们却不时可以收到许鹿希托人带来的北京糖果和高级香烟。

邓稼先是个感情细腻的人。他知道这样的生活确实难为了妻子。一有机会,他便想方设法补偿妻子。当得知许鹿希要赴美进修时,他分门别类地录制了许多英文磁带,帮助她练习口语。那时候英汉字典奇缺,他担心许鹿希学错了,特别买了三联书店出版的权威字典。

物质上的支持毕竟有限,精神上的支持才是永久。28年间,由于工作纪律的要求,两人没有通过一封信,见面的次数也屈指可数。邓稼先什么时候会回家,许鹿希根本不知道,什么时候走更是没有定数。一个电话打来,许鹿希只能含着眼泪目送丈夫离开。

一般人无法体会,28年来他们牺牲了多少普通家庭的幸福与欢乐;一般人更无法想象,28年来两人何以能天各一方却心心相印、默默相守!

多年以后，许鹿希说："这28年的坚持，就是因为我说过'我支持你'。我遵守了诺言，我没有遗憾！"

最后的相聚时光

1985年7月，邓稼先终于回到了他的希希身边。由于核辐射的严重伤害，以及长时间高强度的工作劳累，邓稼先被查出直肠癌晚期，连尿液都含有很强的放射性。中央领导强制他接受治疗。

病魔的脚步并没有因手术和化疗而停下，邓稼先的身体日渐衰弱，预感到自己的日子不多了。他不止一次对许鹿希说："我有两件事必须做完，那一份建议书和那一本书。"他指的是关于我国核武器发展的建议和关于群论的著作。

在起草我国核武器发展的建议书时，邓稼先已经虚弱得无法挪步，几乎是在和生命赛跑。但是，这份建议书至关重要，关系到中国能否在国际核竞赛中取得强国地位，关系到中国在国际事务中的发言权。

为了写建议书，邓稼先不断地注射止痛剂来缓解剧烈的疼痛，身上的针眼密密麻麻，皮肉都扎烂了；几个小时的化疗时间，他只能躺着或靠坐着看材料。许鹿希时不时地给他擦拭满头的虚汗；背、腿、嘴、鼻子不停地出血，他就坐在可以缓解压力的橡皮圈上坚持工作。

经过反复修改，建议书终于完成了。当许鹿希拿着一大摞建议书文稿走出病房门时，邓稼先叫住了她："希希，这个建议书比你的命还重要！"是的，许鹿希明白丈夫对自己的信任。她紧紧地抱着建议书，按照邓稼先的嘱托，亲自交到核九院的领导手中。

正是这份具有远见卓识的建议书，保持了中国在核武器领域的辉煌十年，使中国与其他核大国一样跨越了原子弹、氢弹、第二代核武器、核禁试四个里程碑，进入了在实验室模拟的自由天地。

时间一点点靠近生命的尽头，邓稼先恋恋不舍地向这个世界诀别。有一天，他拉着许鹿希的手，用微弱而坚定的声音说："我不爱武器，我爱和平；但为了和平，我们需要武器。假如生命终结后可以再生，那么，我仍选择中国，选择核事业。"

有一天，他用流利的英语背出《大卫·科波菲尔》中的句子："当我的一生真正完结了的时候，但愿你的脸也像这样在我身边！"

有一天，他在舒伯特迷人的音乐中默默吟诵肖贝尔的歌词："你安慰了我生命中的痛苦，使我心中充满了温暖和爱情……"

许鹿希每天都到医院照顾丈夫，有时连续几昼夜不睡觉地陪伴。20多年来几乎没有机会这样近距离地照顾他。现在的相聚，虽然令人心酸，但也弥足珍贵。

后来，当许鹿希对邓稼先的挚友杨振宁说"中国原子弹的造价可比外国少得多"时，杨振宁答道："如果算上中国科学家的生命，则远不止这些！"

青春寄语

邓小平说过："如果六十年代以来中国没有原子弹、氢弹，没有发射卫星，中国就不能叫有重要影响的大国，就没有现在这样的国际地位。这些东西反映一个民族的能力，也是一个民族、一个国家兴旺发达的标志。"

为了一个强国梦想，邓稼先隐姓埋名，为大漠上的蘑菇云奋斗到生命的最后一刻。为了一句"我支持你"的承诺，许鹿希度过了28年的寂寞人生。

他们之间的感情早已同国家和民族的命运紧紧相连，超越了时间、空间、物质，升华为一种对理想的追求和对信仰的坚守。

邓稼先与许鹿希的传奇人生，是中国共产党员以身许国、无私奉献的缩影。

中国长缨在手、敢缚苍龙的背后，是无数像邓稼先与许鹿希一样默默付出的优秀中华儿女。他们的价值在这里实现，他们的生命在这里绽放。

7 即使翅膀断了，心也要飞翔

——"当代保尔"张海迪

张海迪，中共党员，全国政协常委，中国残疾人联合会主席，中国作家协会会员。

张海迪1955年9月16日出生于山东济南，五岁时因患脊髓血管瘤导致高位截瘫。她没有进过一天学校，但自学了小学、中学的全部课程和四门外语，翻译著作16部，创作了《向天堂敞开的窗口》《生命的追问》《轮椅上的梦》《绝顶》《天长地久》等作品。

1983年，张海迪被共青团中央授予"优秀共青团员"称号，同时获得"八十年代的雷锋"、"当代保尔"的美誉。

张海迪1993年获得吉林大学哲学硕士学位，1997年被日本NHK评为"世界五大杰出残疾人"，2001年被新华社《环球》杂志评为"环球二十位最具影响力的世纪女性"，2008年11月当选为中国残联第五届主席团主席，2009年9月被评为"100位新中国成立以来感动中国人物"。

我是船，书是帆

五岁那年，一场灾难性疾病降临到张海迪的身上。大夫拿着诊断书惋惜地说:"孩子得的是脊髓血管瘤,恐怕今后的路……"爸爸妈妈跑遍了各大医院,医生们仍然一筹莫展。

瘫痪给小海迪带来了难以想象的痛苦。第三次手术后,她只能一动不动地躺着,连脖子也不敢扭。可是,她多么想看书啊!

小海迪突然想起来,小时候躺在床上,能从镜子的反射中看到楼下的小朋友上下学,让镜子帮助读书,不是很好的办法吗?她让妈妈把书放在枕头边,在桌子上支一面与眼睛平行的镜子,这样她就能从镜子里看书了。

从镜子里看书很艰难,所有的字都是反的,一页书要看好半天。看的时间长了,眼睛里的字就变得模糊了,闭一会眼,字才能重新清晰。

就是靠这种"镜子书",她知道了很多历史人物。在《钢铁是怎样炼成的》里,她会见了保尔。从《我的大学》中,她结识了高尔基。后来,她又知道了海伦·凯勒。

徜徉于知识的海洋,她不再理会那不公平的命运。她开始懂得,在追求理想、追求知识的过程中,爬行是不行的。她已经感到有一股力量能推动她起飞、翱翔。

十几年里,张海迪以惊人的恒心和毅力,系统地学习了语文、数学、物理、化学、医学等知识,学习了一门又一门外语。为了检验自己的学习成绩,她参加了1981年山东省的高考预选,取得了总分336分的成绩,超过了入选分数线。1991年,她因患癌症再次手术。手术后,她开始学习哲学专业研究生课程。

书籍使张海迪开始重新审视自己的生命轨迹。生命是什么?她说,书本告诉她,即使是痛苦的生命,只要不放弃,也会绽放出艳丽的花朵。"我要像海伦说的那样,在知识的海洋里,不断吸取使生命之树常青的养料。"

知识使张海迪成了一个精神上健全的人、上进的人。面对生活,她的头上有了一盏不灭的灯,永远有光亮照射着前方。

她说:"我是船,书是帆。尽管生活在大海上还会浓雾弥漫,还会有狂风巨浪,但有了帆,我的航线就不会偏离,我的船就不会沉没……"

是颗流星，就要把光留给人间

1970年，国家正处在"文革"的动乱时期，15岁的小海迪跟随下乡劳动的父母来到鲁西平原一个小乡村——莘县十八里铺公社尚楼大队。

到了农闲时节，张海迪就帮忙辅导当地孩子们的功课，教他们唱歌，还抽空为孩子们理发、做书包、缝补衣服。农村的医疗条件很差，农民生了病常常得不到治疗，张海迪便开始自学针灸。

她用自己的零用钱买来了医学书籍、体温表、听诊器、人体模型和药物，努力研读《针灸学》《人体解剖学》《内科学》《实用儿科学》等书，先后为病人针灸一万多人次，甚至治好了一些疑难病症。耿其元大爷哑巴了六年，经过张海迪的治疗，竟然能开口说话了。张海迪还治愈了全身瘫痪的女青年，使她建立了幸福的家庭。几位残疾儿童在她的治疗下，也能又跑又跳地上学去了。

面对人们感激的话语，张海迪体会到了"社会需要我"的幸福。回望这段难忘的岁月，她充满激情地说："正是这段生活使我明白了……什么是幸福？幸福就是用双手多为人民做些什么。"

回到县城后，莘县城关医院聘张海迪为临时工，为她单独开了个针灸科。针灸大夫的功力全在一根针上。张海迪下肢截瘫，上身的力量全压在盆腔和臀部，躯干要保持平衡，全靠胳膊支在轮椅的扶手上。

给病人扎针时，如果是扎手、扎腿，她一只手拿针，一只手还可以支在轮椅的扶手上。但如果是扎耳、扎舌，她就必须两只手都腾出来。这时身体便瘫软在轮椅里，软肋硌在扶手上，肋间神经便会产生剧烈的疼痛。时间一长，扶手把右肋骨挤得塌陷了，足足陷进去一拳之深，脊柱也弯曲成"S"型了。

张海迪告诉挂号处，针灸科没有限额，挂多少，看多少，几点看完，几点下班。每当张海迪看完最后一个病人，医院下班的时间早就过了。

在医院工作一个月后，她在日记中这样写道："一个月来我治疗近七百个病人，这解放了多少劳动力啊！看到恢复健康的社员们在田间辛勤地劳动，我心里真是太高兴了。"

张海迪还做了大量的社会工作，积极参加残疾人事业的各项工作和活动。她为小山村建起了一所小学，帮助贫困和残疾儿童治病读书。她经常去福利院、特教学校、残疾人家庭，看望孤寡老人和残疾儿童，给他们送去礼物和温暖，以自己的演讲和歌声鼓舞青少年们奋发向上。

越是残疾，越要美丽

初次见到张海迪的人都会感到出乎意料，她是那样活泼、开朗、谈笑风生，充满朝气。她说："我做过很多美好的梦，我梦见自己正站着唱歌；我梦见自己在大道上奔跑；梦见自己展开双翅在天空翱翔……"

梦醒来后，她并不沮丧，而是加倍地热爱生活、享受生活。她写小说，画油画，拍电视，唱歌，读硕士……并能用手风琴、琵琶、吉他等乐器弹奏歌曲。张海迪曾经在接受采访时说过一句话："越是残疾，越要美丽。"

残疾并不能剥夺她渴望旅行和飞行的梦想。她在文集《独自飞行》中说，在很小的时候，她就渴望独自去旅行。

有一天，中央电视台《东方时空》节目组给她打来电话，邀请她去北京拍摄一部专题片。她答应了，并且一个人安全地到达北京。那一刻，她想起有一次美国大使馆文化处打电话问她，是否能独自去美国访问。那时她的回答是No，但现在她可以说，I can go everywhere by myself！

张海迪认为，残疾可以剥夺一个人的行动自由，却不能限制他的心去飞翔。1994年9月，第六届远东及南太平洋地区残疾人运动会在北京举行。张海迪作为运动员参加了女子气手枪40×10米的射击比赛。为了备战，在为期两个月的艰苦训练中，她进行了一次次超越极限、挑战潜能的练习。比赛时，张海迪在75分钟打完40发子弹，总成绩338环，平均每发8.45环，这个成绩超出了教练的预期。

关于婚姻和生活，张海迪有着非常美好的向往。身体的残疾并不意味着向世俗眼光妥协，而是要有决心像健康人一样生活。

在1983年被树成楷模之前,她就已经结婚了。她喜欢布置自己的家,为自己的家做装修设计,像健康人一样洗衣服、拖地,把家收拾得一尘不染。

虽然没有孩子,但张海迪说,母爱是博大的,我还可以爱更多的孩子。

青春寄语

在张海迪童年的时候,医生曾经断言她活不过27岁,而如今她已过59周岁了。这么多年来,张海迪带给我们的是对生命的感叹。

是什么使残缺的生命爆发出如此令人难以置信的勇气和力量?答案在于她从知识的海洋中、从帮助别人的过程中所感悟出的人生意义——一个人活着,不应是为我而存在,应该为别人的需要而存在。

残疾的躯体从未剥夺过她对美好生活的追求和想要飞翔的心。在追求生命价值的过程中,她创造了一个奇迹。

8 常修为政之德,常思律己之心
——新世纪的"时代先锋"

党的十六大以来,党中央把作风建设纳入党的建设总体布局中,极大地推进了党的优良传统和作风的发扬。

2007年1月,胡锦涛同志在中央纪委第七次全会上明确提出要坚持"八个方面良好风气",即:勤奋好学,学以致用;心系群众,服务人民;真抓实干,务求实效;艰苦奋斗,勤俭节约;顾全大局,令行禁止;发扬民主,团结共事;秉公用权,廉洁从政;生活正派,情趣健康。

党员干部在生活细节中表现出来的质朴平和、严谨自律、情趣高尚,更能反映出新时期共产党员的优良作风。

常修为政之德

生活琐事非小事,生活反映政治,琐事凸显形象。

"百姓书记"梁雨润曾先后任山西省夏县纪委书记、运城市纪检委副书记等职。他离开夏县赴运城任职的那一天感动了许多人:数百名群众敲锣放炮来相送,打出一幅幅写着"百姓的好书记"、"夏县人民想念您"的横幅,村嫂们还自编自演了《梁书记是咱百姓的好书记》的歌舞……

人民群众的口碑是对官员的最高褒奖，这种荣誉的赢得无疑与他生活中的点点滴滴所表现出的作风分不开。

梁雨润常说："管不住自己，就站不稳脚跟。"为此，他一直坚持"三个管住"：管住自己的嘴，不该吃的坚决不吃；管住自己的腿，不该去的地方坚决不去；管住自己的手，不该拿的坚决不拿。多年来，娱乐场所或高档饭店他不进，与案子相关的礼品宴请他一律不受，抵制了各种诱惑。

出生在黄河岸边的梁雨润，善良、正直、淳朴，对农民群众饱含一腔深情。他曾说："只要把老百姓的事当成自己的事，就没有办不了的事。"就这样，他总是把群众的事当头等大事办，践行着为官最朴素的道德。而他一家却住在70平方米的房子里多年没换过。

在当地一所师范学校工作的妻子许倩玲也从没沾过丈夫的光，家里大大小小的事情都指望不上他。

女儿中专毕业时想去公检法机关工作，他不仅坚决不托人说情，还不让打着他的旗号办事。女儿气得好长时间怨恨他，后来通过公开招考，成为高速公路收费站的一名临时工。

对从小拉扯自己长大的奶奶，他始终心怀内疚。奶奶93岁时离世，按当地风俗，高寿老人谢世是喜事，家里人想操办得体面些。梁雨润得知后坚决不同意，还召集了家庭会议，提出少通知些亲属，不录像也不收礼金，祭奠仪式、酒席等一律简化。他的三叔哪里肯，非要请来戏班子要热热闹闹唱三天。梁雨润硬是把已经进村的戏班子给截了回去。气得三叔大骂他是不孝子孙。梁雨润看着跟他吵翻脸而去的三叔，含着泪花默默地守在奶奶的灵堂前："奶奶，请您老人家在九泉之下原谅孙子吧！"

梁雨润长期在一线奔波，早已满身病痛，但面对群众，他总是精神百倍，干事雷厉风行。担任山西省信访局副局长后，他依然不论严冬酷暑，总是七点钟就来到省委或省政府门口，看看有没有上访群众，准备开始一天的工作。他常说："人总是要有一点精神的。没有良好的精神，就没有一流的工作；没有过硬的作风，就不可能攻坚克难。"

常思贪欲之害

人民村官沈浩，给群众心中留下温暖，让小岗村人难舍难分。

沈浩作为安徽省直机关的优秀年轻干部，在2004年2月被选派到小岗村担任党支部第一书记。

沈浩有个十岁的女儿沈王一，因为属狗，沈浩亲昵地叫她"汪汪"。汪汪舍不得爸爸走，临别前把一个嵌着自己照片的相框送给爸爸，还在背面写了一串字："我爱你爸爸。祝你身体健康、万事如意，还有别做贪官！"

这个相框被沈浩常年放在办公桌上，陪伴他在小岗整整六个年头。一张照片、一句话，就像一盏明灯，也像一面镜子，给他带来温暖和思念，也带来警示和无尽的力量。

沈浩在日记中写道："贪是万恶之源，因为贪会不计后果，鲁莽行事。再者绝不可狂。狂与妄是相联的，人要自信但不可狂妄。何时何地何人何事都不可狂妄，狂妄就会冲动，冲动就犯错误。另外，平时要加强修养，少说多做，多筹划，做有把握之事，说管用之语。""遵纪守法才是最大的谨慎，为人民服务才是最大的做人做事。"

沈浩坚守小岗，六年如一日。初到小岗村，他很快就入乡随俗了：抽的是两块钱一包的香烟，穿着村里五块钱买的老棉鞋；到村民家里从不讲究，谁家的剩茶端起来就喝、剩饭端起来就吃；遇见以前财政厅的老同事，说话张口就是"我们小岗村"；手上长了老茧，整个人黑了，瘦了……

小岗人评价沈浩"眼皮不往上翻，跟咱亲近"，"嗓门大，老远就跟人招呼"。他总是笑着踱进村民的院子，随意坐在人家的门槛上，跟老人唠嗑。留他吃饭，他总爱开玩笑地问："行，给不给吃肉啊？"

沈浩服务小岗，不辞辛劳，两袖清风，殚精竭虑，赢得百姓的一致称赞。2006年底，沈浩在小岗村任职满三年到期。村民们舍不得他走，起草了一份言辞恳切的挽留信，强烈要求把他留下来。

村民们按下的98颗鲜红手印，感动了组织，也感动了沈浩。他又一次不顾家人的期盼留在了小岗村。

2009年11月6日，正当离他第二个任期结束只有一个月，家中妻子、女儿，还有92岁高龄的老母亲所盼望的全家团聚的日子就要到来时，他却积劳成疾，在小岗村的沃土上猝然离世。

常怀律己之心

曾任内蒙古自治区党委常委、呼和浩特市委书记的牛玉儒始终严于律己、洁身自好。

在牛玉儒只有七岁的时候，他母亲就离开了他们兄妹六人。而父亲的身体状况不好，又在"文革"期间被当做所谓的"内人党"，遭到隔离关押。他们兄妹六人只能靠奶奶抚养，在相依为命的成长过程中建立了极为深厚的感情。

兄妹们感情虽好，却没有一个人敢要求牛玉儒以公务之便给自己办私事。因为大家都知道即便开口，也会遭到拒绝。他的五个兄妹都是普通百姓。唯一的姑姑是厕所清扫员，姑父和大侄子至今仍在通辽市蹬三轮车。二叔家的孩子也大多在农村务农。

牛玉儒为素不相识的老百姓办过无数好事儿、实事儿，却对找自己办事的亲戚十分"无情"，还为家人定下了一条不成文的规矩：任何人都不许打着我的旗号办事、谋利。亲戚们一度认为他"六亲不认"。

牛玉儒的老父亲一直在老家由二哥二嫂照料。在牛玉儒看来，二嫂是全家的功臣。但功臣也会碰壁。

二嫂的儿子电大毕业后一直在家待业。有人给他出主意：有你叔叔的关系，找份儿工作还不容易？但他知道叔叔的脾气和原则，就一直闷着不敢开口。

爱子心切的二嫂觉得这事关孩子的前途和未来，硬着头皮给牛玉儒打了电话。谁知，牛玉儒一听就断然拒绝了。

他说："孩子的前途要靠自己去闯，这个绿灯我无权开，也不能开！"二嫂被这个"不通情理"的小叔子气得摔了电话。

牛玉儒的二妹妹和二妹夫从1993年开始先后下了岗，又赶上大哥的退休金发不下来，全家人的生活陷入了极大的困境。

牛玉儒仍然拒绝了妹妹们的请求："下岗是一个普遍问题。我想的是怎么让更多的人实现再就业，而不是咱家那几口。你们自己要多想想办法，给别人带个好头儿。"

牛玉儒在包头市任市长和在呼和浩特市任市委书记期间，几乎拒绝了所有兄妹、亲戚、朋友和同学要他帮忙找工作的请求。然而，他却想尽一切办法帮助几万名下岗职工再就业，解决了数千名困难群众的就业问题。

2014年1月27日晚，在内蒙古考察的习近平看望了牛玉儒的家属。他说，先进模范不能忘记，牛玉儒同志是新时期广大党员干部的楷模。

青春寄语

一个人的政治立场、思想观念和生活作风、生活情趣密不可分。如果没有健康的生活情趣，就会失去高尚的精神追求，难以抵御各种诱惑的侵袭。

2014年5月，习近平同志在河南考察时谈到，面对纷繁复杂的社会现实，党员干部特别是领导干部务必把加强道德修养作为十分重要的人生必修课，以严格标准加强自律、接受他律，努力以道德的力量去赢得人心、赢得事业成就。

9 实干兴邦，从自身做起
——"六项禁令"传递正能量

党的十八大以后，新一届中央领导集体站在新的历史起点上，面临新的形势，着力加强和改进党的作风，制定并实施"六项禁令"——

严禁用公款搞相互走访、送礼、宴请等拜年活动；严禁向上级部门赠送土特产；严禁违反规定收送礼品、礼金、有价证券、支付凭证和商业预付卡；严禁滥发钱物，讲排场、比阔气，搞铺张浪费；严禁超标准接待；严禁组织和参与赌博活动。

"六项禁令"传递着正能量，令人耳目一新，激起人民群众更多的期盼、更坚定的信心和更强大的前行动力。

禁令出台的背后

节俭是一种美德。它不仅是国家的治国之道，社会的兴业之基，家庭的持家之宝，更是个人的修身之要。"勤俭节约是咱们的传家宝"，在任何时候，都不应该被忘记和丢掉。

但是一段时间以来，一些人特别是部分党员干部却有了摆阔气、讲排场、比奢华等不良习惯，"舌尖上的腐败"成为网络热词。有数据表明，我国在餐桌上一年浪费的粮食高达800万吨、价值2000亿元，被倒掉的食物相当于两亿多人一年的口粮。

如果把公款吃喝称作"舌尖上的腐败"，那么官员的奢华排场就是"面子上的腐败"。一些官员爱面子，不仅醉心于抽名烟、戴名表、开好车、住豪宅，还热衷于享受一些规模宏大、豪华奢侈的场面。春节前后，各种名目的团拜会、节庆宴排满了高档酒店的档期，恭贺新禧成为了"公贺新禧"。

一些领导干部成为奢侈品的代言人，如"全身上下皆是名牌"的原辽宁沈阳市市长慕绥新，佩戴价值13万元的"溥仪眼镜"的山西安监局"微笑局长"杨达才。送礼选送奢侈品的情况大量出现。2013年之前，礼品销量占到了奢侈品市场72%的份额。

铺张浪费的行为虽然不像贪污受贿那么引人注目，但同样是败坏社会风气、污染政治空气的"痼疾"。清除作风之弊、行为之垢，猛打浪费、腐败这只"老虎"，显得十分重要。

2013年初，习近平同志针对网民遏制"舌尖上的浪费"的呼吁作出批示——

"浪费之风务必狠刹！"

"各级党政军机关、事业单位、各人民团体、国有企业，各级领导干部，都要率先垂范……"

打铁还需自身硬。

各地各部门从各自实际出发，从小事做起，从点滴做起，开展"光盘行动"等一系列活动，颁布"禁酒令"等条令。新的变化始见于细微之处，铺张浪费之风逐步得以扭转。

反浪费、反腐败带来的正能量

在"厉行勤俭节约、反对铺张浪费"的号召下，在"八项规定"、"六项禁令"的制约下，一股清新的"节俭风"吹了起来。贪污腐败的违法违纪行为得到遏制，奢侈浪费、追求物质享受的不良风气有了极大的改善。

2012年12月，中央军委颁布"禁酒令"，结合军队实际制定改进作风的具体措施，并出台十项规定，要求在各项接待工作中"不安排宴请，不喝酒，不上高档菜肴"，赢得公众广泛赞誉。

2013年1月，习近平同志在十八届中央纪委二次全会上告诫各级领导干部，"要坚持勤俭办一切事业，坚决反对讲排场比阔气，坚决抵制享乐主义和奢靡之风"，狠刹"舌尖上的腐败"。

岁末年初，饭店的团体订餐出现"退单潮"，酒宴预订变得"冷飕飕"。国家统计局的数据显示，2013年第一季度全国高档酒店餐饮收入同比下降了2.6%，而上年同期是同比增长了14.2%。这一数据说明公款消费受到一定程度的抑制。

针对一些商务宴会浪费严重的现象，北京逐步推行商务餐"分餐制"，把一盘菜分到每个客人的餐盘里，并提供菜量和价格均减半的"半份菜"、"半价菜"，减少餐饮消费中的浪费。部分餐饮企业采取餐盘分号的方式，将盘子分为大、中、小三种型号，所盛菜品的重量和价格按一定比例计算，以满足不同就餐人的不同需求。

面对中国式"剩宴"，越来越多的民众开始反思"舌尖上的浪费"。许多知名人士、公众人物和餐饮行业也加入到"光盘行动"中。周恩来的侄女周秉德在作客人民网谈及"光盘行动"时说："吃饭浪费就是面子工程，幸福不等于奢华。""总想把自己的面子搞得好像很高很高，这样的话，别人就会高看你。要是碰到这种情况，我会觉得这是摆谱。实际上是浪费宝贵的粮食，浪费国家的财产。钱是你的，但资源是国家的。"

中央出台"八项规定"、"六项禁令"以来，奢侈品的增长速度出现了"急刹车"的迹象。据世界奢侈品协会最新报告显示，2013年1月20日至2月20日，中国内地奢侈品销售总额为8.3亿美元，比2012年春节期间同期销售减少近53%，中国奢侈品市场销售已经呈明显放缓的趋势。

针对社会上出现的许多吃喝玩乐一应俱全的奢华会所，各种高尔夫、美容、餐饮等会员卡，2013年5月，全国纪检监察系统率先刮起一股清退收受会员卡的清风，持有会员卡的人必须自行清退并作"零持有"报告。

截至6月28日，纪检系统共有81万人提交"零持有"会员卡报告。清退会员卡活动实实在在地给广大干部职工敲响警钟、打预防针，并向全社会传递和释放了作风建设的正能量。

2013年3月"两会"期间，李克强同志"约法三章"：本届政府要建成"廉洁政府"，政府性的楼堂馆所一律不得新建，财政供养的人员只减不增，公务接待、公费出国、公费购车只减不增。

财政部公布了"三公经费"数据，2013年本级预算"三公经费"较上年减少1.26亿元。

2013年7月，中共中央办公厅、国务院办公厅印发《关于党政机关停止新建楼堂馆所和清理办公用房的通知》，规定各级党政机关五年内一律不得以任何形式和理由新建楼堂馆所。

截至2013年12月底，全国共查处违反中央八项规定、六项禁令精神的问题24000多起，处理30000多人，给予党纪政纪处分近7700人，显示了新一届中央领导集体纠正"四风"的坚定决心。

"老虎"、"苍蝇"一起打

过去，老百姓对反腐败有这样一个说法："老虎"作报告，"狐狸"听报告，"苍蝇"、"蚊子"戴手铐。

2012年11月17日，新一届中央政治局第一次集体学习时，习近平同志向全党发出警示："物必先腐，而后虫生。""腐败问题越演越烈，最终必然会亡党亡国！我们要警醒啊！"

新一届中央领导集体掷地有声地提出，坚持"老虎"、"苍蝇"一起打。中央派出多个巡视组赴各地寻找"老虎"和"苍蝇"，强调"把权力关进制度的笼子里"，加强对"裸官"的监管，表达了中央反腐工作上下一同进行、一查到底、绝不姑息的坚定态度。

原十二届全国政协副主席苏荣被查处就是最好的说明。2013年5月27日到8月20日，中央纪委第八巡视组对江西省巡视期间，原江西省新余市人大常委会主任周建华的前妻姚敏建，向中央巡视组实名举报苏荣的妻子涉及新余市土地交易和建设工程的贪腐问题。之前周建华曾向纪委监察部门举报，遭到苏荣等人陷害被抓。接到举报后，中央纪委立即行动，苏荣被查，在江西官场引起震动。

随着办案人员的深入调查，这场关系复杂的贪腐大案逐渐浮出水面。苏荣对于亲属任意插手干涉工程项目不闻不问，自己还卖官鬻爵，接受下属的利益输送，进而培植自己的势力。最终，在苏荣的周围聚集了一个庞大的政商朋友圈，在政治上形成了一个"一荣俱荣、一损俱损的攻守同盟"。官场腐败程度可想而知了。

在苏荣主政地方、担任主要领导期间，他和家人、亲属的违纪违法发展到了登峰造极的程度，搞权力寻租，搞家族式腐败。

2015年1月15日，《人民日报》发表评论员文章说，过去一年，从坚决查处周永康、徐才厚、令计划、苏荣等严重违纪违法案件，到狠抓惩治"四风"问题，党以铁腕反腐向世人证明，中国共产党敢于直面问题、纠正错误，勇于从严治党、捍卫党纪，善于自我净化、自我革新。腐败没有"铁帽子王"，反腐败绝不封顶设限。

较之于这些"大腐败"，嗡嗡乱飞的"苍蝇"对党和政府形象的损害也犹如"温水煮青蛙"。各种层出不穷的"房叔"、"房姐"、"房妹"、"房媳"，屡禁不止的"房事腐败"和"小官大贪"也在不断挑战着公众的容忍底线。

贪官不论大小，都是党和国家的蛀虫，危害社会的和谐健康。坚持"老虎""苍蝇"一起打，既要严厉打击大贪污、大腐败，也要打击小贪小腐。

党中央反腐败的决心异常坚定，措施非常有力。有统计，截至2014年1月15日中央纪委三次全会公报，中央已经下发15道禁令，严禁公款宴请、赠送节礼、违规消费；严查领导干部到私人会所活动、变相公款旅游；将领导干部收受礼金行为纳入重点纠正范围,严格消除"灰色利益"。当官不易、当官经常"守"将会成为一种常态。

  诗人李商隐在总结唐朝由盛世走向衰败之时感叹道:"历览前贤国与家,成由勤俭败由奢。"

  这句名言,无论是对于一个国家、一个民族、一个政党、一个团体,还是对于每一个家庭或个人,都是警世良言。

  以习近平同志为总书记的新一届中央领导集体作出的"六项禁令",体现了中央领导集体带头改进作风的决心和勇气,体现了中央领导集体实干兴邦、从自身做起的态度和魄力。

  "厉行节俭,反对浪费","将权力关进制度的笼子里","坚持老虎苍蝇一起打",是实现政治清明、自然和谐、人民安乐的和谐社会,实现中华民族伟大复兴的中国梦的关键。

后　记

　　编写历史书籍、讲述历史故事，必须以原始资料为基础，切忌道听途说、无中生有。历史本身是书稿鲜活生动的源泉，既有研究成果是故事精彩纷呈的基础。

　　本书在编撰过程中，吸取了学术界和当事人的大量研究成果、文献资料和回忆材料。未能一一注释，在此一并表示感谢。

　　历史是鲜活的，但要把故事讲生动却是一件非常困难的事情。本书历时三年，虽然几易其稿，仍然存在很多不足，敬请广大读者批评指正。

　　本书由王树荫、张润枝主编，编委有温静、连欢、高斐、周翔、吴巧慧。参加撰稿的还有吕艳华、汪雪琴、王萍、石亚玲、陈艳飞、杨瑞芳、欧阳佳子、李芳、陶雨擎。全书由王树荫、张润枝修改、定稿。

　　中国青年出版社王瑞、庄庸同志为出版本书付出了大量辛劳，提出了诸多宝贵建议，特致谢意。

本书编写组

2015 年 4 月 30 日

附 录
本书获得授权使用的油画、国画画家简介
（按书中作品的插入顺序）

1.《启航：中共一大会议召开》，何红舟、黄发祥绘

何红舟（1964~ ），男，现为中国美术学院油画系新具象绘画工作室主任，副教授。其画作多次获奖：《青苹果》1990年获中国首届中国油画精品展金奖；《孕》1999年参加第九届全国美展，获省展银奖；《午后》2003年获第三届中国油画展优秀作品奖；《热土》2005年参加第十届全国美展，获省展银奖；油画《启航》（合作）2009年参加"与时代同行——纪念改革开放三十周年长三角美术作品联展"，并获"浙江省重大题材美术创作工程"金奖；《启航》（国家重大历史题材美术创作工程）顺利交付；《桥上的风景》2014年获第十二届全国美展金奖。

黄发祥（1953~ ），现为中国美术学院副教授。作品先后在国内及美国、日本、意大利和东南亚各国展览出版。1995年应意大利博洛尼亚美术学院邀

请，以访问学者身份赴意大利、法国、西班牙、德国、荷兰等欧洲国家研究考察西方绘画。主要作品有以少数民族生活为题材的油画《吾土吾民》系列。作品形式力求单纯、和谐，着力于刻画人物的个性和淳朴、真诚的内心世界。近几年主要从事历史画创作，多幅作品为各纪念馆、美术馆收藏。编著有新世纪百科知识金典丛书中的《中外油画名作赏析》等。

2.《黄河大合唱——流亡·奋起·抗争》(组画)，詹建俊、叶南绘

5.《潮》，詹建俊绘

詹建俊（1931~   ），男，现任中央美术学院教授、博士生导师、学术委员会顾问、造型艺术研究所所长，中国油画学会名誉主席，中国国家画院油画院院长，欧洲人文、学术、科学院客座院士，中国文联荣誉委员，中国美术家协会顾问。曾任中国人民政治协商会议第八、九届委员，中国美术家协会油画艺术委员会主任、第五届副主席，为国家级有突出贡献的专家。

长期从事油画专业的创作、教学及学术工作。代表作有《狼牙山五壮士》《回望》《高原的歌》《潮》《雪域高原》《黄河大合唱》等，作品风格壮丽雄健、气势流畅。曾获全国美术作品展览金质奖章，北京市美术作品展览一等奖、荣誉奖，中国文联文艺评论一等奖，中国文联"造型艺术成就奖"及由中国文化部、中国文联、中国美协共同颁发的"中国美术奖·终身成就奖"等多项奖励。一些作品被国内外美术馆及收藏家收藏。

3.《南泥湾》，靳之林绘

靳之林（1928~   ），男，中国当代著名油画家、美术教育家、中国本原文化研究学者。现任中央美术学院教授、博士生导师，文化部"中国非物质文化遗产民间文化生态保护工程"专家委员会委员。曾获法国功勋与敬业最高颁奖委员会金十字勋章，中国文联颁发的"从事新中国文艺工作60年荣誉证书"。

代表作品有《南泥湾》《公社女书记》《玉米地》《黄土群峦·大河九曲

十八弯》等。多次在国内外举办个人作品展,多幅作品被国内外重要美术馆展览馆收藏。

著作有《抓髻娃娃与人类群体的原始观念》《生命之树与中国民间民俗艺术》《绵绵瓜瓞与中国本原哲学的诞生》《中华民族的保护神和繁衍之神——抓髻娃娃》《中国的民间艺术造型体系——中国的抓髻娃娃》(法文、英文版)《生命之树》《中国民间美术》(中文、日文、英文版)《绵绵瓜瓞》(中国台湾版)《延安石窟艺术》等。

4.《载歌行》,黄胄绘

黄胄(1925~1997),出生于河北省蠡县梁家庄,姓梁原名淦堂,后来以"炎黄子孙"为荣改名为梁黄胄。少年丧父辍学,曾拜韩乐然、赵望云为师。1942年在韩乐然先生处读到毛泽东《在延安文艺座谈会上的讲话》,两次去黄泛区写生并及时向外报道灾区人民的真实情况,开始受到社会的关注。1949年参加中国人民解放军,在西北军区基层连队从事美术工作。1955年调到军委总政治部,先后担任创作室、军事博物馆创作员。1975年转业任轻工业部工艺美术公司顾问、工艺美术学会副理事长,并参与创建中国工艺美术馆。1980年借调文化部创建中国画研究院任副院长。全国政协委员、常务委员,政协书画室副主任,1984年画院建成后,先后在国内国外进行个人画展,并对文化艺术进行考察学习。1986年倡议出钱出画筹募资金,建立"民办公助"型的"炎黄艺术馆",并倾其全部财力精力投入筹建工作。1991年,炎黄艺术馆建成开馆,成为文化艺术改革开放方面具有里程碑性质的文化艺术机构。1997年4月23日病逝于广州。

黄胄坚持生活是文艺创作的唯一源泉的观点,在生活中"闹",在生活中起草稿,练功夫寻找表现形式进行创作。他把这归纳为"生活之路"的艺术道路,在这条道路上他大量地创作了反映民族地区生活的主题画。1957年黄胄创作的《洪荒风雪》获第六届世界青年与学生友谊联欢节金质奖章。之后,他又深入学习祖国优秀文化传统、中国画笔墨技巧和书法,使作品具有独特欢快的时代气息和个人风格,被评论家称为"人物新、意境新、手法新",深受海内外人民群众喜爱。

黄胄的社会活动与艺术实践,为中国文化艺术事业的发展做出了杰出贡献。代表画作有《洪荒风雪》《赶集》《百驴图》《西沙女民兵》《南海女民兵》《欢腾的草原》《巡逻图》《叼羊图》《牧马图》《广阔天地大有作为》《井冈山第一面红旗》《亲人》等。

图书在版编目（CIP）数据

故事我党好作风：与青少年谈优良传统／王树荫，张润枝主编.
—北京：中国青年出版社，2014.5
ISBN 978-7-5153-2318-3

I.①故… II.①王… ②张… III.①中国共产党—党风建设—青少年读物
IV.①D261.3-49

中国版本图书馆CIP数据核字（2014）第063963号

书　　名：故事我党好作风——与青少年谈优良传统

主　　编：王树荫　张润枝
策　　划：郗杰英
组　　稿：王　瑞
责任编辑：庄　庸
特约编辑：张瑞霞
出版发行：中国青年出版社
社　　址：北京东四十二条21号
邮　　编：100708
网　　址：www.cyp.com.cn
门 市 部：（010）57350370
印　　刷：三河市君旺印务有限公司
经　　销：新华书店
开　　本：700mm×1000mm　1/16
印　　张：19.25
插　　页：8
字　　数：300千字
版　　次：2015年6月北京第1版
印　　次：2020年1月河北第2次印刷
定　　价：29.80元

本图书如有印装质量问题，请凭购书发票与质检部联系调换。
联系电话：（010）57350337